中国资源型企业国际化风险辨识、评估与防范研究

Research on the Risk Identification, Evaluation and Prevention of the Internationalization of Chinese Resource-based Enterprises

陈冲 著

人民出版社

国家社科基金后期资助项目
出版说明

后期资助项目是国家社科基金项目主要类别之一,旨在鼓励广大人文社会科学工作者潜心治学,扎实研究,多出优秀成果,进一步发挥国家社科基金在繁荣发展哲学社会科学中的示范引导作用。后期资助项目主要资助已基本完成且尚未出版的人文社会科学基础研究的优秀学术成果,以资助学术专著为主,也资助少量学术价值较高的资料汇编和学术含量较高的工具书。为扩大后期资助项目的学术影响,促进成果转化,全国哲学社会科学规划办公室按照"统一设计、统一标识、统一版式、形成系列"的总体要求,组织出版国家社科基金后期资助项目成果。

全国哲学社会科学规划办公室

2014 年 7 月

目　　录

前　　言

随着全球经济的逐步复苏以及世界经济一体化进程步伐的加快,世界各国对资源的需求量越来越大,越来越多的企业参与到国际资源的竞争中,资源性企业的国际化发展变得愈加炙手可热。在全球矿产资源呈"刚性"需求下,资源短缺已经日益成为制约世界各国经济发展的瓶颈。党的十八届三中全会《决定》指出:"适应经济全球化新形势,必须推动对内对外开放相互促进、引进来和走出去更好结合,促进国际国内要素有序自由流动、资源高效配置、市场深度融合,加快培育参与和引领国际经济合作竞争新优势,以开放促改革。"

近年来,随着我国经济持续快速的发展和资源需求的不断增加,为解决国内矿产资源供需不平衡的被动局面,顺应我国"走出去"战略的要求,国内大型资源型企业开始步入国际化发展阶段,陆续在全球开展跨国经营活动,加大资源型企业对外直接投资的广度和深度。越来越多的资源型企业通过参与国外矿产资源的开发,保证了国内资源的持续稳定供给,使得我国资源型企业能够参与全球矿产资源的配置,在一定程度上缓解了我国资源紧张的局面,确保了我国经济社会的稳定增长和国家的经济安全。当今,世界的主题虽然依然是和平与发展,但局部地区的冲突仍然存在,并且愈演愈烈,我国资源型企业的国际化发展往往处在这些动荡区域。而且,由于矿产资源自身的国际战略特征,使得我国资源型企业正常的国际商业竞争也被一些人炒作为"中国资源威胁"。因此,我国资源型企业在国际化发展进程中,不可避免地遭受国际环境带来的各种冲击,时时刻刻威胁着企业的正常运营。当前,国际化风险管理已经成为资源型企业各项战略决策及日常管理的重要内容,如何辨识、评估、控制国内外环境中各种因素带来的风险,已经成为管理学界和企业界普遍关注的焦点。

本书综合运用战略管理、企业国际化、国际贸易、风险管理、熵理论和系统论等理论知识,研究了我国资源型企业国际化风险的辨识、评估和防范等几方面问题。基于企业国际化路径、发展阶段和风险管理等理论,结合对我国资源型企业国际化发展的实际状况,创建了资源型企业国际化风险"三维"辨识理论框架,提出我国资源型企业国际化风险辨识路径。进而把熵评估模型、NPV模型引入我国资源型企业国际化风险管理研究中,建立了我国资源型企业国际化风险评估模型和目标国投资效益评价模型,运用实地调研、专家访谈、问卷调查等方法对风险指标进行量化统计与分析。同时,借助于国内外权威部门发布的统计数据,进一步完成模型的实证分析,从而完成了我国资源型企业国际化风险的辨识与评估分析。依据风险评估的结果,对企业国际化项目进行投资效益的评价分析,并最终提出了我国资源型企业国际化风险的防范体系。

首先,在对企业国际化路径、发展阶段和风险辨识等理论分析的基础上,结合资源型企业自身特性和国内大型资源型企业国际化发展的实际状况,从我国资源型企业国际化路径和发展阶段等两个视角,对我国资源型企业国际化风险进行系统性分析,创建了企业国际化风险"三维"辨识理论框架,进而形成了我国资源型企业国际化风险辨识路径,划分了国际化风险类型,并提出了六种有效的企业国际化风险类型。以其中的一个风险类型作为研究对象,结合对我国资源型企业国际化风险辨识方法、原则和程序的分析,从"国家"和"企业"两个层面,辨识国际化的风险源、风险因素等,详细分析了国际化过程中面临的风险因子,提出了我国资源型企业国际化风险的构成。具体包含三十五个二级风险因子,划分为八个一级风险类别,即:政治风险、政策风险、经济风险、文化风险、管理风险、资金风险、技术风险和市场风险等。

把熵理论引入我国资源型企业国际化风险管理的研究中,提出了资源型企业国际化风险熵,构建了我国资源型企业国际化风险的熵评估模型。结合我国资源型企业的自身特性和国际化发展的实际状况,对评估模型作了一定的分析,阐述熵权、熵值的含义。通过对资源型企业国际化过程中面临风险的系统性分析,提出我国资源型企业国际化风险评估指标体系。以兖矿集团在澳大利亚开展的国际化投资项目为例,借助于国内大型资源型企业国际化管理团队、中国石油和化学工业联合会、中国煤炭工业协会以及高校科研机构的相关人员,运用实地调研、专家访谈、问卷调查等方法,完成了风险因子的赋值,进而对我国资源型企业国际化风险进行量化分析。根据对企业国际化进程总风险值的影响程度,完成各类风险因子的评判分析,从而完成了我国资源型企业国际化风险评估的实证分析。

在我国资源型企业国际化发展过程中,海外投资项目已扩展到世界多个国家,形成北美洲、中南美洲、欧洲、非洲、亚洲和澳大利亚等六大海外矿产资源勘探的开发区域。通过对海外资源勘探开发区域的进一步分析,基于资源量、投资风险和国家区位等三个因素的考虑,选取了三十六个主要矿产资源国作为我国资源型企业国际化发展的投资目标市场。将数据包络分析方法（DEA）引入企业国际化目标市场投资效益评价中，建立了我国资源型企业国际化投资目标效率的评价模型。通过对各投资目标国内外环境和发展局势的进一步分析，基于各投资目标国的国际化投资风险与资源的相关指标量，选取了政治风险、经济风险、政策风险、支付风险作为评价模型的输入变量，资源的潜在储量、产量和消费量作为评价模型的输出变量。结合对国内外权威机构的统计数据的比较分析，运用基于产出不变的 C^2R 模型对主要资源国的投资效益进行评判，完成我国资源型企业国际化投资效益评价的实证分析，为我国资源型企业国际化投资目标国的选择提供了参考依据。

运用国际上应用较为成熟的项目投资评价方法——净现值法（NPV），构建了基于风险修正的资源型企业国际化投资项目 NPV 评价模型。由于不同投资目标市场面临着不同的投资风险，结合对传统 NPV 评价模型的进一步分析，考虑到不同投资目标国的国际化投资风险，通过引入国际化投资风险系数，对传统 NPV 评价模型做进一步的修正与完善，提出基于风险修正的 NPV 评价模型。以兖矿集团在澳大利亚的国际化投资项目为例，结合国内外权威机构的统计数据的比较分析，依据前文企业国际化风险评估的结果，完成我国资源型企业国际化投资项目效益评价的分析。运用传统 NPV 评价模型和风险修正的 NPV 评价模型对同一个的企业国际化投资项目进行评判分析，通过对比二者计算结果的不同，得出具有重要参考意义的分析结果，为我国资源型企业国际化投资项目的选择提供参考依据。

在对我国资源型企业国际化风险因素与投资目标效益分析的基础上，结合企业国际化发展阶段和风险防范理论，针对企业国际化发展的准备、筹建、经营等不同阶段，建立了我国资源型企业国际化风险防范体系，提出了具有针对性的风险应对措施。通过探寻企业国际化风险与防范措施之间的对应关系，提出了我国资源型企业国际化风险动态防范机制。在准备阶段，企业要审慎选择投资目标，选择合适的国际化路径，合理评估目标价值，做好国际化人才储备；在筹建阶段，要选择恰当的投资方式，掌握商务谈判技巧，采取科学的资本运营模式，积极争取国家政策支持，构建科学合理的组织架构；在经营阶段，要打造国际化管理团队，实施本土化经营战略，充分开发国际人力资源，提升技术创新能力，建立科学的利润分配模式，及时应对国际经济局势的变化，等等。这些对策建议为指导和帮助我国资源型企业走出国门、迈向世界、进行安全高效的国际化发展与管理具有重要的借鉴意义。最后，本书以兖矿集团为例，阐述了企业国际化风险防范体系对其国际化成功实施的重要作用。

需要说明的是,由于受作者研究能力和研究条件的限制,在研究中还存在一些局限和不足。比如:选择使用专家赋值法时,应该对专家的选择方法及选择标准等方面进行更为全面和仔细的分析。另外,在选择投资目标市场时,由于一些国家评价指标数据的获取难度较大,使得在国际化投资目标选择的全面性方面存在一定的不足,在后续研究中将对以上不足做进一步的补充和完善。

第一章 绪 论

本章是绪论部分,包含本书的研究背景、国内外研究现状、研究目的及意义等。在研究背景中,通过对当前国内外经济发展形势、资源产业发展趋势的分析,阐明我国资源型企业国际化发展的必要性,以及我国资源型企业国际化发展面临的问题,并分析我国资源型企业进行国际化风险防范的必要性。最后,提出本书的研究内容、研究结构、研究方法和研究创新。

第一节 研 究 背 景

一、国内外经济发展形势

(一)世界经济发展形势

到 2014 年,2008 年国际金融危机爆发已逾六年,世界经济复苏进程艰难曲折,脆弱性、不确定性和不平衡性成为世界经济发展的重要特征。当前呈现在我们面前的世界经济总体图景是,全球经济维持低速增长,而推动增长的力量格局在改变。2013 年,世界各国的经济处于政策刺激下的脆弱复苏阶段,总体形势相对稳定,但继续向下滑行,维持着"弱增长"格局。国际货币基金组织(IMF)统计,2014 年世界经济将增长 2.6%(见表 1.1),发达经济体经济运行分化加剧,发展中经济体增长放缓,世界经济复苏依旧艰难曲折。2015 年,世界经济发展形势较上一年要好,但存在的不确定因素进一步增多[1]。

1. 全球经济增长缓慢。近年来,世界各国经济发展呈现缓慢下滑趋势。2010 年,全球 GDP 增速为 5.2%,2014 年已经下降至 2.6%。虽然,美国受金融危机的影响较大,但是在金融危机后采取了一系列经济补救措施,2010 年,美国的 GDP 增速为 2.5%,2014 年增速为 2.4%,五年期间经济增速未发生较大波动。2014 年,欧元区主要国家中,发展形势最好的当属英国,经济增速达到 2.6%,西班牙经济恢复发展同样较快。相对而言,德国和法国的经济发展势头还处于比较缓慢的状态。总体来看,欧盟还处于较慢的发展过程。与欧盟相似,日本经济发展状况同样不好,2014 年经济增速为 -0.1%。发展中国家中,俄罗斯与巴西的降速较大,分别由 2010 年的 4.5%

与 7.5% 的增长速度降至 2014 年的 0.6% 与 0.1% 的增速。另外,印度与中国的经济增速相对较好,虽然对其经济发展也有影响,但是 2014 年两国的经济增速都达到了 7% 以上。

表 1.1　2010—2014 年全球 GDP 增长情况

（单位:%）

年　份	2010	2011	2012	2013	2014
世界 GDP 增长	5.2	3.9	3.2	2.9	2.6
美　国	2.5	1.8	2.8	1.6	2.4
欧元区	2.0	1.5	−0.6	−0.4	0.8
德　国	3.9	3.4	0.9	0.5	1.6
法　国	1.7	2.0	0.0	0.2	0.4
意大利	1.7	0.4	−2.4	−1.8	−0.4
西班牙	−0.2	0.1	−1.6	−1.3	1.4
日　本	4.7	−0.6	2.0	2.0	−0.1
英　国	1.7	1.1	0.2	1.4	2.6
加拿大	3.4	2.5	1.7	1.6	2.5
俄罗斯	4.5	4.3	3.4	1.5	0.6
巴　西	7.5	2.7	0.9	2.5	0.1
印　度	10.5	6.3	3.2	3.8	7.2
中　国	10.4	9.3	7.7	7.6	7.4

资料来源:IMF. *World Economic Outlook*,2014。

2. 经济运行分化加剧。2014 年,美国第一季度 GDP 环比折年率下降 2.1%,第二、三季度分别增长 4.6% 和 5.0%,其中第三季度为 2003 年三季度以来的最高增速;全年经济增长速度为 2.4%,比 2013 年加快了 0.2%。在欧元区国家,前三个季度的 GDP 环比分别增长了 0.3%、0.1% 和 0.2%,始终处于停滞的边缘;全年经济增长速度为 0.8%,而上一年的增速下降了 0.5%。在日本,因其国内消费税上调引发了提前消费潮,第一季度 GDP 环比增长 1.4%,但第二、三季度环比分别下降了 1.7% 和 0.5%,使得国内经济出现了技术性衰退。另外,全球多数发展中经济体的经济增长放缓。2014 年,韩国、印度尼西亚、新加坡和中国香港的经济增长分别是 3.2%、4.8%、2.0% 和 2.0%,比 2013 年第四季度分别下降了 0.5%、0.9%、2.9% 和 0.9%。马来西亚和菲律宾经济在波动中保持较快增长,2014 年第四季度分别增长 5.2% 和 6.2%,增速与上一年的第四季度大体持平。2014 年,全球主要经济体中只有印度的经济增长有所加快,第四季度增长 7.5%,增速比上一年第四季度加快了 1.1%。

3. 世界主要发达经济体消费处于低迷状态。2014 年,美国的零售额同比增长了 4%,比 2013 年同期下降了 0.2%,如果剔除价格因素的影响,同期则下降了 1.2%;日本的零售额同比增长了 1.8%,比上一年同期的增速加快了 1%,剔除价格因素的影响,同期增长下降了 0.3%。欧元区的零售量同比增长 1.2%,而上一年的同期则下降了 0.9%。2014 年,美国个人消费同比增长速度为 2.3% 左右,比上一年增长加快了 0.3%;日本的家庭消费支出同比仅增长了 0.1%,比上一年同期增长下降了 1.4%。从全年看,美国个人消费保持稳定增长,各月同比增速保持在 2%—3% 的范围内。但是,日本家庭支出形势不容乐观,一季度剧烈波动,二至四季度持续负增长。

4. 世界贸易处于低速增长。据统计数据表明,2014 年,全球的贸易量增长速度为 3.4%,虽然比 2013 年的增速 3% 要高,但大大低于国际金融危机前增速约为 7% 的平均增长水平。同时,波罗的海干散货运指数回落。2014 年,波罗的海干散货运指数基本在海运平衡点以下波动回落,从 1 月 2 日的 2113 点降至当年 12 月 24 日的 782 点,累计下降了 62.9%。

5. 全球通货膨胀冲高回落。2014 年,世界各国、发达国家和发展中国家的主要经济体 CPI 同比分别上涨 3.7%、1.7% 和 7.4%。按照月份来看,三者涨幅轨迹呈冲高回落走势,世界各国的 CPI 由 5—7 月份的年内最高值 3.9%,下降至 11 月份的 3.6%,发达国家由 4—6 月份的最高值 2.0%,下降至 11 月份的 1.5%,发展中国家由 8 月份的最高值 8.1%,下降至 11 月份的 7.8%。

6. 就业状况总体稳定。2014 年,美国国内的失业率为 6.2%,比上一年同期降低了 1.2%,就业形势逐渐好转;2014 年,日本和欧元区地区的失业率分别为 3.6% 左右和 11.5% 左右,均比上一年同期下降了 0.4%。其他各主要经济体就业形势基本保持稳定,但是扩大就业仍是各国的政策导向。另外,一部分国家的失业率仍然比较高。比如,希腊和西班牙的失业率均高于 20%,而法国、意大利和葡萄牙的失业率也超过 10%。

(二) 中国经济发展形势

2014 年,我国国内生产总值达到了 63.6 万亿元,按可比价格计算,比上一年增长了 7.4%。如果分季度看,第一季度同比增长了 7.4%,第二季度增长了 7.5%,第三季度增长了 7.3%,第四季度增长了 7.3%。如果分产业看,第一产业增加值为 5.8 万亿元,比上一年增长了 4.1%;第二产业增加值为 27.1 万亿元,增长了 7.3%;第三产业增加值为 30.7 万亿元,增长了 8.1%。如果环比来看,第四季度国内生产总值增长了 1.5%。总体而言,我国宏观经济运行总体基本平稳,经济增长保持在合理的区间,经济运行中出现一些好的发展趋势。但是,投资增长后劲不足、融资瓶颈约束明显、企业经营困难等问题依然较为突出,经济下行压力和风险依然较大。

1. 经济运行中向好的发展变化

2014 年,我国国内的经济增长速度虽有所回落,但在结构调整、改善民生等方面取得了一些向好的发展变化。

(1)经济结构继续优化。供给结构与需求结构均出现了一些积极变化。在产业结构方面,第三产业增长的速度比第二产业高了 0.5%,第三产业增加值比重达到了 46.7%,同比提高了 1.2%。在服务业中现代服务业部分保持着较高的增速,比重在不断地提高。而且,服务业增长对工业增长的依赖在逐渐减弱,独立增长能力在增强。工业中的高新技术制造业增加值的增长速度要快于工业整体的增长速度。在需求结构方面,全年的消费对经济增长的贡献率接近 50%,比上一年同期提高了近 3%,是我国国内经济增长的首要拉动因素。

(2)就业与居民收入增长比较快。2014 年,尽管经济的增长速度在下降,但与改善民生密切相关的就业与居民收入指标表现比较好,国民收入的分配格局呈现出向居民特别是农村居民倾斜的态势。到 2014 年 9 月底,已实现新增就业人数为 1082 万,提前一个季度完成了全年的目标。全国居民人均可支配收入同比名义增长超过了 10%,实际增长超过了 8%,高于同期经济的增长速度,同时,还高于财政收入的增长速度。

(3)消费热点继续保持着热度。其中,网络零售业保持增长的趋势,通信器材的销售在加快,绿色健康的消费增长较快。2014 年,全国网上零售额增长近 50%,其中,限额以上单位的网上零售额增长了 55% 左右。在 4G 网络建设及新产品更新加快的带动下,限额以上企业通信器材的销售额同比增长超过了 30%,增速比上一年同期加快了近 8%。

(4)化解产能过剩和节能减排取得积极进展。在化解产能过剩方面,通过扩大国内市场等方式,使得曾经产能过剩的光伏产业等行业供需趋于正常。同时,钢铁等传统行业淘汰落后的产能工作也在逐渐推进,比如,河北省削减钢铁产能达到了数千万吨。在节能减排方面,与上一年相比,单位国内生产总值能耗下降了 4.6%,下降的幅度高于全年的预定目标。

2. 经济运行中的突出问题和矛盾

2014 年,我国国内经济发展取得了一定的效果,但同时要认识到当前经济运行中还存在着一些突出的问题,特别是经济下行压力较大的风险不容忽视。

（1）投资增长后劲不足。投资增长乏力是拖累当前经济增长的主要原因,也是未来一段时间经济下行风险的主要来源。各主要投资领域和投资主体都面临着一些困难与问题。具体情况有,一是受制造业持续产能过剩、需求不足影响,民间投资意愿减弱,2014年,全年的民间投资增长速度约为18%,虽高于整体投资的增长速度,但比上一年的增速下降了5.4%,降幅大于整体的投资。二是房地产市场深度调整带动房地产投资持续下行,2014年的房地产开发投资增长了约12%,比2013年年底下降了约有7.5%。三是税收和土地出让收入减少,偿债进入高峰期,地方政府投资能力受限,基础设施投资增长难度加大,与上一年同期相比,2014年全年的中央投资项目增长速度提高了约2.3%,而地方投资项目的增长速度则下降了约4.5%。四是受预期以及其他各种因素影响,我国国有大中型企业和外商企业投资步伐放慢。五是新开工项目减少,目前新开工项目增速低于近10年来的20%左右的平均水平。而且,从统计调研过程中还发现,部分地区在建项目和储备项目接续不好,一批重大项目陆续开工投产后,项目的补充跟进出现了比较严重的"断档",这将直接影响到投资增长的可持续性。

（2）融资瓶颈约束凸显。社会融资规模和货币信贷大幅回落,凸显资金面紧张。尤其是在2014年,全年的社会融资总量只是上一年社会融资总量的60%左右。除了普遍存在的小微企业融资难、融资贵和贷款利率上浮等问题外,由于企业盈利能力在减弱,银行基于违约风险的考虑,惜贷、限贷等现象逐渐在增加,甚至还出现了抽贷的现象,进一步加剧了融资难、融资贵等问题。目前,在建设领域,拖欠工程款问题有所增多,工业企业应收账款净额和比例也在不断地呈现上升的势头。

（3）企业经营依然困难。一方面,由于主要工业品价格下降影响,工业企业产成品存货持续回升,而且其大幅高于主营业务收入增长幅度。同时,库存周转率持续下降,企业去库存压力加大,经营效益普遍下降。另一方面,除了传统的资金、用工、土地和运输成本等上升外,当前企业内部的结构进行调整升级,比如,环保、技改和节能减排等方面的投入明显增加,在一些财政增收压力较大的地方,还存在着收过头税等加重企业负担的现象。此外,一些企业出于业绩考核和融资等问题的需要,有意地人为调高利润,因而,企业实际的经营困难程度比数据显示的更为严重。

就中国经济形势而言,全球金融危机的持续蔓延与艰难复苏给中国经济的进一步发展带来了巨大挑战,经济增长速度比较低。但是,从全球范围看,仍比世界其他一些主要经济体增速要快。而且,加之中国经济的增长很大程度上要依靠化工、有色、钢铁、建材等耗能行业增长的推动,因而必将进一步增加对资源的需求。但是,当前由于能源资源需求显著下降,需求方面也经历了惊人的变化。2014 年,全球一次能源消费仅增长了 0.9%,这是自20 世纪 90 年代末以来,除了亚洲金融危机时期的增长速度以外的最低增速。由于我国经济结构的转型,经济增长的重心逐步从能源密集型行业向其他行业转移,导致能源消费需求增速跌至自 1998 年以来的最低点。尽管如此,如果从全球范围来看,中国依然是资源需求增长速度最快的国家之一。

(三) 外部环境对我国经济的影响

1. 外需有所回暖。一方面,全球经济形势会有所改善,以及全球贸易量的增长将有利于我国出口贸易规模的进一步扩大;另一方面,但是这种改善的程度是有限的,由于还存在全球贸易保护加剧、汇率波动扩大等不利因素,我国出口个位数增长可能会成为一种新常态。

2. 原油价格下跌有利于我国经济的发展。一是国际油价下跌将降低我国原油进口成本,当前是增加原油战略储备的好时机;二是油价下跌对我国交通运输业、农业等多个行业和相关产业将带来成本的降低;三是国际油价下跌有利于我国消费者的消费支出,进一步刺激经济的增长。依据联合国的数据测算,油价每下降 10%,原油进口国 GDP 增长将加快 0.1—0.5 个百分点。

3. 美国升息的负面外溢效应。美国升息会对世界经济尤其是发展中国家的经济产生较为明显的溢出效应。国际资本的流动规模在扩大,国际汇市的波动将对我国经济发展稳定性造成一定的冲击,美元升值还会加重我国的外债负担,使得我国可能面临着新兴经济体货币政策两难的境地。

4. 警惕地缘政治局势恶化带来的冲击。随着我国在海外投资的逐年增加,受地缘政治的影响也越来越大。当前,我国推行的"一带一路"国际发展战略,涉及多国之间的合作,涵盖了西亚和东欧等一些敏感地区,我们应密切关注相关地区的局势发展,做好应对异常情况的预案,努力避免出现较大的经济损失。

二、世界能源形势及资源产业发展趋势

(一) 世界能源形势

世界能源形势主要表现为全球矿产资源分布不均匀,矿产品价格波动加剧。具体情况如下。

1. 全球能源分布不均衡。由于地球结构的不均匀性和资源分布区域差异性,全球资源空间分布不均匀,大多数矿产资源集中在少数国家。2015年《BP 世界能源统计年鉴》中数据显示,全球 80.8% 的石油资源主要分布在中东、北美和南美三个地区。其中,石油输出国组织成员国占到 71.6%,沙特阿拉伯、委内瑞拉和加拿大三个国家各自的储量都超过了 10%。全球94.6% 的煤炭资源主要分布在欧洲、北美和亚太三个地区,其中的 72.4% 集中在美国(26.6%)、俄罗斯(17.6%)、中国(12.8%)、澳大利亚(8.6%)和印度(6.8%)。这种地区间的能源差异使得任何国家或地区都不能完全依靠自身的能源推动经济的发展。所以,必须在全球范围内通过广泛的国际贸易和投资合作等方式实现资源的优化配置和互补[2]。

2. 世界经济增长仍需依靠储量相对丰富的传统化石能源。目前,由于全球经济发展速度趋于平稳,按照现有的矿产开采水平计算,全球矿产资源产量基本能够满足世界经济增长的需要。加之新能源研发的周期较长,当前经济的发展仍主要是依靠传统的化石能源。比如,全球能源结构中,石油、天然气、煤炭等资源所占比重相对较大,需求量也比较大。以煤炭资源生产量计算,按照目前的开采速度计算,世界现有已经探明的煤炭资源可利用 100 年以上(见表 1.2),而天然气资源可以利用 50 多年,石油可利用 40多年[3-4]。

表 1.2　2014 年年底世界煤炭剩余可采储量

国　家	烟煤和无烟煤	次烟煤和褐煤	总　计	所占比重(%)	储采比
美　国	108501	128794	237295	26.6	262
加拿大	3474	3108	6582	0.7	96
墨西哥	860	351	1211	0.1	87
巴　西	—	6630	6630	0.7	*
哥伦比亚	6746	—	6746	0.8	76
委内瑞拉	479	—	479	0.1	189
其他中南美洲国家	57	729	786	0.1	234
保加利亚	2	2364	2366	0.3	76
捷克共和国	181	871	1052	0.1	22
德　国	48	40500	40548	4.5	218

国　家	烟煤和无烟煤	次烟煤和褐煤	总　计	所占比重(%)	储采比
希　腊	—	3020	3020	0.3	61
匈牙利	13	1647	1660	0.2	174
哈萨克斯坦	21500	12100	33600	3.8	309
波　兰	4178	1287	5465	0.6	40
罗马尼亚	10	281	291	·	12
俄罗斯	49088	107922	157010	17.6	441
西班牙	200	330	530	0.1	136
土耳其	322	8380	8702	1.0	125
乌克兰	15351	18522	33873	3.8	*
英　国	228	—	228	·	20
乌兹别克斯坦	47	1853	1900	0.2	432
其他欧洲国家	1389	18904	20293	2.3	337
南　非	30156	—	30156	3.4	116
津巴布韦	502	—	502	0.1	120
其他非洲国家	942	214	1156	0.1	379
中　东	1122	—	1122	0.1	*
澳大利亚	37100	39300	76400	8.6	155
中　国	62200	52300	114500	12.8	30
印　度	56100	4500	60600	6.8	94
印度尼西亚	—	28017	28017	3.1	61
日　本	337	10	347	·	265
新西兰	33	538	571	0.1	143
朝　鲜	300	300	600	0.1	19
巴基斯坦	—	2070	2070	0.2	*
韩　国	—	126	126	*	72
泰　国	—	1239	1239	0.1	69
越　南	150	—	150	·	4
其他亚太国家	1583	2125	3708	0.4	97

续表

国　家	烟煤和无烟煤	次烟煤和褐煤	总　计	所占比重(%)	储采比
世界总计	403199	488332	891531	100.0	110

注:1.单位:Mt。2.证实储量是在现有经济和生产条件下,已经查明的可开采储量。3.储采比(R/P)是指年末剩余储量除以当年产量,得出尚可开采的年数。4. * 为500年以上。5. · 为小于0.05%。

资料来源:*BP Statistical Review of World Energy*,2015。

3. 跨国矿业企业进一步控制全球能源市场。随着全球矿业企业的大规模联合与兼并,使得全球矿业资源集中度进一步提高。特别是发达国家的跨国矿业企业凭借其雄厚的资金、技术以及管理经验,在新一轮的跨国、跨地区并购浪潮中,通过不断地扩大经营规模来增强其自身实力,在竞争日益激烈的矿业市场占据先机,对全球矿产资源市场的控制力和影响力进一步扩大,在全球范围内角逐并主宰能源市场和能源产品价格。

4. 能源产品价格持续波动。随着世界经济的加快复苏,全球能源、重要原材料需求强劲增长,加之政治因素和投机资金炒作的共同影响,带动了能源、原材料价格大幅度上涨。主要表现在:国际原油价格不断上升,煤炭的产能与消费越来越高,石油、天然气和煤炭等能源原材料的国际市场价格普遍上涨。BP《2030 年世界能源展望》数据显示,石油的年均实际价格在2007—2011 年的五年期间比 1997—2001 年期间高出 220%,煤炭价格上涨了 141%,天然气价格上涨了 95%。即使当前全球经济发展速度放缓,也只是对能源产品的价格产生一定程度的波动。据统计预测表明,如果世界经济保持持续的增长态势,对化石能源的需求量将会继续增加。因此,跨国矿业企业的大规模扩张,对全球能源市场的进一步控制,未来化石能源产品的价格波动趋势可能更加明显。

5. 世界能源消费结构走向多元化,化石能源仍是消费主体。2014 年,世界一次能源消费为 12928.4 百万吨油当量(Mtoe)(见表 1.3),化石能源的占比为 86.31%,其中,石油占 32.57%,天然气占 23.71%,煤炭占30.03%。随着世界各国越来越关注环境问题以及能源技术的不断进步,替代石油、天然气和煤炭的清洁能源将会不断涌现,在能源中所占比重进一步提升,而石油、天然气和煤炭在一次能源总需求中的份额将可能下降。但是,由于可再生能源的发展不仅要受技术因素的影响,而且还会受到经济发展的制约,非化石能源大规模替代化石能源还需要相当长的一段时期。预计 2030 年前,石油、天然气和煤炭等传统的化石能源仍将是世界经济发展的主流能源。

表1.3　2014年世界部分国家一次能源消费量及消费结构

	一次能源消费量（Mtoe）	消费结构（%）					
		石油	天然气	煤炭	核电	水电	可再生能源
中　国	2972.1	17.51	5.62	66.03	0.96	8.1	1.79
美　国	2298.7	40.72	30.25	19.72	8.26	2.57	2.83
俄罗斯	681.9	21.72	54.01	12.49	6.0	5.76	0.01
印　度	637.8	28.33	7.15	56.48	1.22	4.64	2.18
日　本	456.1	43.15	22.19	27.74	—	4.34	2.54
加拿大	332.7	30.96	28.19	6.37	7.21	25.76	1.47
德　国	311.0	35.85	20.51	24.89	7.07	1.48	10.19
巴　西	296.0	48.14	12.06	5.17	1.18	28.24	5.2
韩　国	273.2	39.53	15.74	31.04	12.96	0.29	0.4
伊　朗	252.0	36.98	60.79	0.44	0.4	1.35	0.04
沙特阿拉伯	239.5	59.29	40.67	0.04	—	—	+
法　国	237.5	32.38	13.6	3.79	41.52	5.98	2.74
墨西哥	191.4	44.51	40.33	7.52	1.15	4.49	1.93
英　国	187.9	36.88	31.93	15.7	7.66	0.69	7.03
印度尼西亚	174.8	42.28	19.74	34.78	—	1.95	1.26
意大利	148.9	38.01	34.32	9.07	—	8.66	9.94
西班牙	133.0	44.74	17.82	9.02	9.77	6.69	12.03
南　非	126.7	22.97	2.92	70.56	2.84	0.24	0.47
土耳其	125.3	26.98	34.88	28.65	—	7.26	2.23
澳大利亚	122.9	37.02	21.4	35.64	—	2.69	3.34
泰　国	121.5	43.62	39.01	15.14	—	0.99	1.23
阿联酋	103.2	38.08	60.47	1.45	—	—	+
乌克兰	100.1	10.19	34.57	32.97	19.98	1.9	0.4
经合组织	5498.8	36.96	26.05	19.14	8.18	5.74	3.93
非经合组织	7429.6	29.33	21.98	38.08	1.67	7.58	1.36

	一次能源消费量（Mtoe）	消费结构（%）					
		石油	天然气	煤炭	核电	水电	可再生能源
欧 盟	1611.4	36.77	21.61	16.74	12.31	5.2	7.37
独联体	999.3	20.71	51.2	16.27	6.15	5.54	0.13
世 界	12928.4	32.57	23.71	30.03	4.44	6.8	2.45

注:1.一次能源包括进行商业交易的燃料,包括用于发电的现代可再生能源。2.+为小于0.04。
资料来源:*BP Statistical Review of World Energy*,2015。

（二）资源产业现状与发展趋势

近年来,全球矿产资源消费快速增长,资源勘查持续繁荣。主要矿产资源储量并没有因为大量消耗而减少,相反,多数资源储量增长显著。总体而言,全球矿产资源有保障,但分布格局的变化值得注意。以石油为例,2014年全球石油储量为2398亿吨,比2000年的1747亿吨增长了37.3%。值得注意的是,1998年以来,全球石油储量增量的61%来源于美洲的非常规石油。全球石油储量的快速增长以及分布格局的巨大变化,对全球石油政治,尤其是美国的全球石油战略产生重要影响。

全球资源消费与工业化和人口增长密切相关。过去100年,全球资源消费呈周期性不断上升趋势。2014年,世界各国的一次性能源、石油、天然气、煤炭等资源的消费量分别为129.3亿吨油当量、42.1亿吨、33930亿立方米和38.8亿吨油当量,相比于2000年,分别增长了34.8%、15.6%、60.7%和38.3%。2012年,全球的粗钢、铜、铝、镍消费量分别为15.2亿吨、2045万吨、4573万吨与175.5万吨,分别比2000年增长了78.8%、34.6%、80.2%和49.8%。过去10年期间,中国工业化快速发展带动全球经济持续增长,资源消费进入新的增长周期并达到空前程度。在2000—2012年期间,中国占全球资源消费的比例有了很大的变化情况,一次能源由10.8%增至21.9%,石油由6.2%增至11.7%,煤炭由30%增至50.2%,天然气由1%增至4.3%,粗钢由19%增至44%,铜由12.7%增至43%,铝由13.1%增至44%,镍由4.9%增至47.7%。由于煤炭资源在我国能源结构中所处的重要地位,具体情况以煤炭资源为例进行分析。

1.主要资源消费国的煤炭消费情况

在全球主要的煤炭消费国家中,我国煤炭的消费量占世界总消费量的48.2%。其中,经济合作与发展组织(以下简称经合组织)国家煤炭消费量占世界煤炭消费总量的31%,非经合组织国家占69%,在经合组织国家中,美国煤炭消费量占47.5%。从全球范围看,世界煤炭消费主要用于发电、钢铁、化工、建材等行业,截至2010年年底,通过燃煤发电占世界发电总量的30%左右。据国际能源署预测,到2030年,燃煤发电量将增长60%。目前,世界以燃煤发电为主的国家主要包括南非、澳大利亚、中国、哈萨克斯坦、印度、希腊、美国和德国等。另外,世界钢铁工业每年用煤量约为717吨,其中,中国钢铁的生产量约占世界钢铁产量的70%。因此,无论是对发达国家还是发展中国家而言,煤炭在发电和钢铁生产方面的消费量都是巨大的。

2. 世界煤炭消费量

据国际能源署统计,2011年,中国、美国、印度、日本和俄罗斯等五个国家的煤炭消费量占世界煤炭总消费量的76.4%,高于2010年的75.7%。在经合组织国家中,煤炭消费量为1512.8百万吨煤当量,占世界煤炭消费总量的28.7%,其中,美国、日本和韩国煤炭消费量分别占经合组织国家煤炭消费量的46.1%、10.23%和7.51%。非经合组织国家煤炭消费量为3754.3百万吨煤当量,占世界煤炭消费总量的71.28%,其中,中国、印度、俄罗斯煤炭消费量分别占非经合组织国家煤炭消费量的67.94%、11.88%和4.73%。2011年,印度煤炭消费量比2010年增长8.75%,俄罗斯增长7.1%,中国台湾增长4.65%,印度尼西亚增长22.1%,哈萨克斯坦增长6.56%。

3. 世界煤炭需求预测

根据《2030年世界能源展望》预测,世界煤炭需求量将从2007年的4548百万吨煤当量(Mtce)增加到2030年的6980百万吨煤当量(Mtce),年均增长1.9%(见表1.4)。经合组织国家在世界煤炭需求有所减少,在2011年至2030年期间每年下降0.8%左右。但非经合组织国家在世界煤炭消费需求量在以每年1.9%的速度继续增长。目前,中国仍是最大的煤炭消费国,在全球煤炭消费中占比为52%,印度占比约为12%,将在2024年超越美国成为世界第二大煤炭消费国,预计到2030年,中国和印度在全球煤炭消费增长中所占比重将分别达到63%和29%。统计数据显示,2011—2020年期间,全球用于发电的煤炭消费增速每年约为2.4%。

表1.4　世界煤炭需求量预测

年国别	1980	2000	2007	2015	2030	2007—2030＊
OECD国家	1379	1563	1654	1588	1576	-0.2%
北　美	571	832	848	843	888	0.2%

国别＼年	1980	2000	2007	2015	2030	2007—2030＊
美 国	537	777	792	784	830	0.2%
欧 洲	663	467	482	420	378	−1.0%
太平洋	145	264	325	325	310	−0.2%
日 本	85	137	164	155	139	−0.7%
非 OECD 国家	1181	1711	2895	3880	5405	2.8%
东欧/欧亚	517	292	301	306	373	0.9%
俄罗斯	—	158	146	166	227	1.9%
亚 洲	572	1250	2396	3351	4748	3.0%
中 国	446	899	1847	2633	3424	2.7%
印 度	75	235	346	436	837	3.9%
东南亚国家联盟	5	42	109	173	314	4.7%
中 东	2	12	14	16	32	3.7%
非 洲	74	129	151	158	182	0.8%
拉 美	16	29	32	49	70	3.4%
世 界	2560	3275	4548	5468	6981	1.9%
欧 盟	—	459	472	401	334	−1.5%

注:1. 单位:Mtce。2. 煤炭包括硬煤(动力煤和炼焦煤)、褐煤和泥煤。3. ＊平均年增长率。
资料来源:*World Coal Outlook* 2012。

（三）我国矿产资源特点

我国矿产资源在储量、勘探程度、区域分布、资源品种及资源质量等方面有以下特点。

1. 矿产资源丰富,但人均占有量相对较低。我国矿产资源虽然很丰富,但经济可采储量较少,而且勘探程度较低。经济开采储量是指经过勘探后,实际可以开采并能加以利用的储量。目前,在我国经勘探证实的储量中,确认的勘查储量只有30%左右,而且大部分已勘查储量已经被开发利用,导致我国矿产后备储量非常紧张。另外,我国人口众多,人均矿产资源占有量较低,远远低于世界人均占有量,更低于一些资源丰富的发达国家人均占有量。所以,与世界其他国家相比,我国的人均矿产资源占有量较低。

2. 矿产资源的区域分布极不平衡。在我国,矿产资源的总体分布是北方多南方少,西部多东部少,这与其消费区域的分布相矛盾。从各大行政区看,矿产资源分布也极为不平衡,比如煤炭资源:华东地区 87% 的煤炭资源集中在安徽和山东两省,而工业主要分布在长江三角洲地区;中南地区72% 的煤炭资源集中在河南,而工业主要分布在武汉和珠江三角洲地区;西南地区 67% 的煤炭资源集中在贵州,而工业主要分布在四川地区。而东北地区的情况稍微好一些,但也有 52% 的煤炭资源集中在黑龙江地区,而工业则主要分布在辽宁地区。

3. 地区间资源品种和质量差别较大,分布也不合理。各地区的矿产资源在分布上很不平衡,比如煤炭资源:瘦煤、焦煤、肥煤有一半左右集中分布在山西地区,而拥有大型钢铁企业的华东、中南和东北等地区,其炼焦煤分布却很少。其中,在东北地区,钢铁工业主要集中于辽宁地区,而炼焦煤大多分布在黑龙江地区;而西南地区,钢铁工业主要集中在四川地区,而炼焦煤则主要分布在贵州地区。

三、我国资源型企业国际化发展的必要性

国际金融危机爆发后,由于国内经济政策的刺激,我国成为推动全球经济复苏的火车头。在 2009 年,我国的出口贸易量一举超越德国位居世界第一位。2010 年,国内生产总值(GDP)超过日本,成为全球第二大经济体。因此,经济的快速发展使得越来越多的我国企业竞相走出国门[5],进入国际市场寻求更大的发展机会。据统计,在 2010 年,我国煤炭的进口量就已经超过 1 亿吨。随着我国工业化、城市化进程的加快,逐步增加了对资源性产品的需求,经济发展与资源紧缺的矛盾日益凸显,以石油、天然气、煤炭、铁矿石等为代表的不可再生性资源凸显了稀缺性,矿产资源短缺成为我国经济发展的瓶颈。到 2030 年,我国除煤炭资源之外,主要的矿产资源都将出现短缺,其中,石油缺口超过 60 亿吨,天然气缺口超过 20000 亿立方米,钢铁缺口总量 30 亿吨,铜缺口超过 0.5 亿吨,精炼铝缺口 1 亿吨。因此,我国国内的资源型企业开展国际化投资经营活动,利用国内外两个市场和两种资源,保证了资源的持续稳定供给,有效填补了国内重要资源性商品的供应缺口,既符合了国家能源发展战略的要求,又是企业实现可持续发展的必然选择。因此,我国资源型企业的国际化不仅是经济发展大势,而且又非常有必要[6-7]。

1. 国际矿产资源的优化配置,缩小国内资源的供需缺口。随着我国社会经济的持续发展,对资源的需求量越来越大。但是,我国矿产资源的供应量却没有增加太多,所以这必将导致我国资源的供给与需求之间会存在着

较大的缺口,因此,我国就必须要通过增加资源的进口量,以缓解国内较大的资源需求带来的压力。在这种背景下,要积极推进我国资源型企业开展国际化经营活动,使其走进矿产资源丰富的国家和地区从事资源工业的投资,这对我国解决资源供需缺口的问题十分有利。

2. 有利于我国资源型企业的发展壮大。在我国,矿产资源产业的发展有着悠久的历史,为我国经济社会的发展作出了巨大的贡献。但是时至今日,由于国内矿产资源相对枯竭,很多资源型企业在发展过程中面临着严峻的形势。在此背景下,企业要选择恰当的时机进行国际化运作,走进国际化市场可以为我国资源型企业寻求更大的发展的空间,实现国内资源型企业的进一步发展。

3. 有利于提高我国资源型企业的管理水平。在国际化发展中,我国资源型企业有着自身独特的优势,比如拥有世界领先的资源开采和安全生产技术,拥有大量经验丰富的劳动力和专业技术人员等。同时,我们也存在着一些自身发展的不足,比如在矿产企业管理方面,与世界先进水平相比还存在着不小的差距。这就要求国内企业不仅要通过自我学习提高其管理水平,同时,也要通过积极引进国外先进的管理模式,吸收和借鉴国外企业的成功经验[8]。

4. 有利于增强我国资源型企业的国际市场话语权。虽然我国是部分资源的生产和消费大国,同时拥有世界上最大的矿产资源生产和销售企业,但从整体看,资源产业在国际上的影响力还比较弱。原因主要来源于两个方面,一是我国资源型企业在全球矿产资源产业市场的占有率比较低;二是我国资源型企业在技术方面还存在着不足之处,尤其是在资源装备技术、深加工技术和清洁高效利用技术等方面。因此,这些方面存在的问题都可以而且也需要通过资源型企业的国际化经营得以解决[9]。

四、国内主要资源型企业国际化发展历程

在我国资源型企业国际化发展过程中,涌现出了一批以中石油集团、中石化集团、神华集团等为代表的资源型企业。本书选取了中石油集团、中海油集团、宝钢集团、神华集团、中煤集团、兖矿集团等几家国内大型资源型企业,下面将对这些资源型企业的国际化发展历程进行概要的分析。

(一) 中石油集团

中石油海外油气业务1993年起步,历经初期探索、奠定基础、快速发展和规模发展四个阶段,实现了从无到有、从小到大、从弱到强的跨越。

目前,中石油海外业务分布在全球29个国家,投资运作80多个油气投

资项目,初步建成中亚—俄罗斯、非洲、中东、美洲、亚太五大油气合作区。同时,国内西北、东北、西南和海上引进境外资源的四大油气战略通道的建设在快速的推进,亚洲、欧洲和美洲等三大油气运营中心已经初具规模。另外,还有595支海外工程技术服务队伍在46个国家开展运营作业,物资装备出口到97个国家,油气投资业务与工程技术等服务保障业务一体化协调发展的格局已经形成。

2011年,中石油海外油气作业产量当量突破1亿吨、权益产量超过5000万吨,完成了"海外大庆"的建设目标,成为中石油海外业务发展史上的一个重要里程碑。由此,中石油适时提出了建设综合性国际能源公司的奋斗目标,海外业务要占公司整体业务的半壁江山,海外油气作业当量规模具备2亿吨的资源储量。

由于中石油"走出去"历程只有十多年的历史,加之资源禀赋条件的影响,其海外战略布局多在政治风险高、安全形势差的一些地区,比如苏丹、伊朗和伊拉克等,其国内的汇率、利率和货币等风险比较大。

海外经营风险主要来自政治风险、金融风险以及其他的风险,比如经营、市场、法律和劳工等方面。欧洲债务危机以来,全球流动性紧缩,融资成本不断上升,对企业的海外融资业务工作提出更高的要求,主要货币进入贬值通道,对企业的汇率风险管理提出更高的要求。而且,中东、北非等地区的政局不稳以及美国在伊朗、缅甸等敏感地区的外交活动,对于跨国企业在敏感地区的资金结算提出更高的要求。

相对于美国、日本和韩国等一些发达国家,我国海外投资风险保障机制还比较不完善。比如,唯一承担国家风险保险职能的中国出口信用保险公司受其规模有限的影响,对海外项目保驾护航的职能发挥也有限。另外,国际盛行的准备金保障制度在中国仍处于空白范畴,海外投资风险基本由企业来承担。

但是,当前的机遇仍然大于挑战。据美国能源信息署(EIA)预计,至2030年,中国石油和天然气对外依存度将分别达到80%和40%。我国国内油气储产量相对经济发展需求明显不足,海外油气资源与市场成为"两个资源、两个市场"的重要组成部分。目前,海外发展的优势主要有,国家"走出去"政策的支持,为国际业务发展提供了坚强保障,中石油集团十几年的海外发展,初步奠定了海外发展的资源基础。同时,中石油集团一体化运作的发展模式,凸显了其整体的国际化发展优势,促进了其国际业务的发展,提升了中石油品牌的知名度和国际的美誉度。

在二十年的国际化投资经营中,中石油集团逐步摸索出了一套适合自身发展的模式,也积累了一些国际化运作的经验。其中,在其国际化发展过程中,提升集团的主营业务核心竞争力至关重要。同时,专注石油、天然气上游勘探开发业务的发展,配套发展中下游的产业,比如管道和炼化业务。通过主营业务投资带动工程技术服务队伍,有力保证了投资项目的运作效果,也促进了工程服务队伍的国际化发展,一体化发展战略得以实施。多年的海外发展历程,使其积累了运作国际大型项目的宝贵经验,具有了可以和国际大企业平等竞争的实力。

此外,中石油在新项目开发、收购并购等业务方面,在策略上注重公司的发展方针和目标相匹配,在收购时机上善于把握良机,注重国际市场的资本运作。尤其是在 2008 年金融危机期间,中石油在低油价期间并购了几个大型项目,以理性的成本收购了符合公司发展方向的项目,进一步完善了中石油在全球范围内的业务规模和布局,奠定了坚实的资源基础,使中石油全球化发展的步伐加快。

按照国际化油气合作的惯例,组建了联合作业公司,发挥各自的发展优势,分散其投资风险。以合资、合作协议等法律文件进一步规范合作,以董事会、联管会、技术管理委员会等形式进行管理项目。对工程建设项目和设备采办严格实行国际招标,有效地控制了投资的成本。同时,工程设计、施工和生产作业等环节全部实行第三方监理,更好地保证了投资项目的建设质量。另外,实行严格的企业资金集中管理和全面预算管理,实施分级授权等管理办法,从而减少了投资过程中的经营风险。

(二) 中海油集团

中国海洋石油总公司(简称中海油)是国务院国有资产监督管理委员会直属的特大型国有企业,公司总部在北京,现有近 10 万名员工,有天津、湛江、上海和深圳四个上游分公司。2014 年度,在美国《财富》杂志发布世界 500 强企业排行榜中排名第 79 位。自 1982 年成立以来,中海油通过实施改革重组、资本运营、海外并购、上下游一体化等举措,实现了跨越式发展,综合竞争实力不断增强,保持了良好的发展态势,由一家单纯从事油气开采的上游公司,发展成为主业突出、产业链完整的国际能源公司,形成了上游(油气勘探、开发、生产及销售)、中下游(天然气及发电、化工、炼化、化肥)、专业技术服务(油田服务、海油工程、综合服务)、金融服务以及新能源等产业板块,具体包括了油气勘探开发、专业技术服务、炼化销售及化肥、天然气及发电、金融服务、新能源等六大业务板块。

中海油紧紧抓住国家建设"海洋强国"带来的新机遇,积极应对发展中所遇到的困难,加快转变经济发展方式,推动产业结构调整,不断提升发展质量和效益,现已形成油气勘探开发、工程技术与服务、炼化与销售、天然气及发电、金融服务等业务板块,为建成国际一流能源公司奠定了坚实基础。

截至 2013 年年底,中海油的海外资产占到公司总资产的 40%,公司业务遍及 20 多个国家和地区,主要勘探区的净面积约为 6.9 万平方公里。其中,海外生产原油 2746 万吨,天然气 89 亿立方米。海外的油气勘探取得了较大的成效,比如,在美国墨西哥湾的勘探取得了一定的成果,在西非刚果勘探项目钻探获得了新的发现,以及在北非阿尔及利亚和东非乌干达地区均取得了不小的效果,这些为中海油集团在海外建立生产基地奠定了坚实的基础。同时,由于油田服务业务贯穿石油天然气勘探开发生产的各个阶段,既可以提供单一业务的专业服务,也可以提供一体化的整装、总承包油田服务。另外,服务区域覆盖中国海域,基本完成东南亚、美洲、欧洲、中东四大海外区域布局,其装备能力持续在增强,技术成果不断地涌现,国际化运营水平得到大幅提升。2013 年,公司继续巩固国内市场,积极开拓海外市场,在文莱、加拿大、泰国湾、墨西哥湾和欧洲等国家和地区的油田服务业务取得了重大进展。

当前,中海油的海外业务发展模式已经从机遇导向型向战略导向型进行转变。集团建立了完善的海外资产并购管理制度、海外油气资产管理办法和海外机构应急管理办法等 14 项制度,初步构建了海外资产的运营体系。同时,采取资产并购、风险勘探、资源引进等多种途径不断地开拓海外业务,以便获取海外资源。2013 年 2 月 26 日,成功收购加拿大尼克森公司,这是我国国内企业迄今为止最大的海外并购案。另外,中海油联合中标巴西利布拉油田,战略性步入超深水领域,中标了澳大利亚 WA-484-P 勘探区块,而且在乌干达成为第一个获准在乌干达开展油气田开发生产作业的石油公司。

2013 年,中海油能源发展股份有限公司(简称海油发展)正式成立乌干达住勤基地建设项目工作组,标志海油发展在境外投资兴建基地正式启动。同时,挪威国家石油公司委托开展的 Peregrino 油田聚合物驱研究工作取得重大进展。中海油始终坚持"合作共赢"的原则,不断扩大国际间的能源合作。在"走出去"的同时,通过"引进来"加大对外的合作力度,迄今为止,已经与全球 21 个国家和地区的 79 个国际石油公司签订 200 多项对外的合作合同。

另外,中海油与文莱国家石油公司签订了关于成立油田服务领域合资公司的协议,使得钻井业务首次进入泰国湾市场,而技术板块积极布局墨西哥湾市场。集团公司还进入了 ExxonMobil、TOTAL、Adma、ENI 等合格承包商的名录,相继与 Kvaerner、Fluor、Technip、Petrofac、WorleyParons 等国际工程公司建立了长期合作关系。同时,与英国天然气集团签署系列协议,向其采购为期 20 年,生产规模为 500 万吨/年的 LNG 资源,以 19.3 亿美元增持澳大利亚昆士兰柯蒂斯液化天然气项目的权益。因此,在第十四届全球 LNG 峰会上,一举领取 LNG 界公认的"奥斯卡"大奖——"2013 年度世界 LNG 行业杰出贡献奖"。

（三）宝钢集团

宝钢集团有限公司(简称宝钢),是国务院国有资产监督管理委员会监管的国有重要骨干企业,它的总部位于上海。其下属子公司宝山钢铁股份有限公司(简称宝钢股份),是宝钢集团在上海证券交易所的上市公司。

宝钢集团公司是中国最大、最现代化的钢铁联合企业。宝钢股份以其诚信、人才、创新、管理、技术诸方面综合优势,奠定了在国际钢铁市场上世界级钢铁联合企业的地位。《世界钢铁业指南》评定了宝钢股份在世界钢铁行业的综合竞争力为前三名,认为也是未来最具发展潜力的钢铁企业,其专业生产高技术含量和高附加值的钢铁产品。在汽车用钢,造船用钢,油气开采和输送用钢,家电用钢,不锈钢和特种用钢,以及高等级建筑用钢等领域,宝钢股份在成为中国市场主要钢材供应商的同时,产品出口至日本、韩国、欧美四十多个国家和地区。

自 1978 年,宝钢由于其经营特权的获得得以控制了宝贵和稀缺的矿产资源,进一步赢得了优先发展的契机。随着逐渐积累起来的生产经验与市场营销渠道,宝钢集团于 1985 年开始了国际化经营的初探。具体来看,宝钢集团的国际化经营是从进出口贸易开始的,大致经历了三个发展阶段:国际贸易阶段、海外投资办矿阶段、海外办钢厂阶段。

1. 国际贸易阶段

1985 年宝钢开始投产,首次委托中国化工进出口公司出口化工产品,标志着宝钢迈出了国际化经营的第一步。在此之后,宝钢在海外得到一系列的发展,比如,1988 年 11 月,在东京合资创办宝华贸易公司,1993 年 8月,在日本创办了宝和通商株式会社,1993 年 10 月,在德国汉堡创办了宝欧公司,1995 年 10 月,在香港创办宝岛贸易有限公司,1996 年 4 月,在美国创办了宝美公司。

2003 年 6 月,宝钢建立了"海外事业发展部"。自成立以来,促进了宝钢产品在海外的销售,扩大宝钢在海外的影响力。通过网络的建立,宝钢实现了海外出击的梦想与战略部署。同时,海外公司的努力对宝钢改变品牌形象,扩大企业知名度起到了关键的作用。在为宝钢赚取大量外汇的同时,宝钢海外分公司也积极地拓展了宝钢高附加值产品的销售，取得了良好的经济效益。到目前为止，宝钢在海外的贸易网络包括：宝和通商株式会社、宝岛贸易有限公司、宝钢欧洲有限公司和宝钢美洲贸易有限公司。

（1）宝和通商株式会社。宝和通商株式会社是宝钢在日本投资设立的全资子公司，注册资本9000万日元。公司以钢材贸易和设备、备件、资材贸易为主，兼营国内外旅游、船舶运输、计算机软件开发业务，贸易网络覆盖澳大利亚、韩国等国家。宝和通商株式会社作为宝钢的海外子公司，一方面积极营销宝钢产品，成功地将宝钢产品推入日本、韩国市场，同时与国际著名厂商（Sony、TOSHIBA、松下、大宇汽车等）建立了直接供应关系，使宝钢产品制造的零部件已广泛运用于日本家电产品上；另一方面代理宝钢生产所需的资材、备件的进口，并以市场为导向，努力发展社会贸易，增强了公司的抗风险能力。宝和通商株式会社自1993年9月开业以来，已与日本、韩国和中国台湾、中国香港地区的500多家公司建立了业务关系，成为中国"驻日中资机构联谊会"的会长单位，也是日本钢铁产品进口用户组成的"钢铁输入协会"的副会长单位。

（2）宝岛贸易有限公司。宝岛贸易有限公司是由宝钢投资设立的全资子公司，于1995年10月10日在中国香港注册成立，公司作为宝钢集团在香港的窗口，自1996年3月开始正式经营以来，在贸易、航运等领域进行了有益的尝试，贸易量和贸易额逐年稳步增长。公司以贸易为主体，以航运为辅助，以宁波北仑港为集散中心，利用宝钢的规模优势和香港特殊的地理优势，凭借公司与在港的美、日、欧等19家世界著名大银行建立起的银企合作关系，为世界各地用户提供最优质的服务。

（3）宝钢欧洲有限公司。宝钢欧洲有限公司是由宝钢全额投资，于1993年10月在德国汉堡成立的有限责任公司，注册资金为400万德国马克。公司主要经营钢铁制品、原辅材料、设备、资材、备件和化工产品。现公司已从原来的中小型贸易公司，一跃跨入德国大型贸易公司的行列，公司的经营业绩和信誉多年来位居在德中资公司的首位。公司已经成为紧密联系飞速发展的中国和世界钢铁市场，尤其是欧洲钢铁市场的重要桥梁。公司在从事传统钢铁贸易外，还结合多年来在营销、采购和船运方面的经验，积极拓展冶金焦炭、铁矿石、生铁、备品备件和轧钢设备的贸易，其经营范围已向与钢铁贸易相关的大宗贸易发展。宝欧公司目前在法国巴黎、德国多塞道夫、独联体的莫斯科和南非的约翰内斯堡设有分支机构，使宝欧公司的贸易范围覆盖了整个欧洲、非洲地区和中东的阿拉伯地区。

（4）宝钢美洲贸易有限公司。宝钢美洲贸易有限公司是宝钢于1996

年4月在美国休斯敦注册设立的全资子公司,注册资本98万美元。公司主要从事钢铁制品、矿石、原材料、备品备件、成套设备及项目引进等,是宝钢在美洲地区重要的贸易窗口。为了提高贸易中的技术含量,进一步开拓宝钢的高附加值产品在美洲的市场,宝钢在镀锡板、汽车板的销售上,积极开展市场调查,努力寻求与美洲地区著名的大公司(如美国通用汽车公司)建立合作关系,其海外机构主要从事产品销售、材料采购、第三方贸易、商情搜集和分析等业务。这是宝钢参与国际化竞争从无到有的一个重要迈进,对于宝钢集团后续的国际化发展具有极其重要的战略性意义。

2. 海外投资办矿阶段

为应对持续出现的境外原料价格上涨和上游资源的垄断,解决中国钢铁企业低盈利能力难以长期支持的低成本优势,宝钢采取海外办矿的方式,以便获取战略资源,从而主动地配置国际资源,与海外巨头合资办矿。

2001年5月,宝钢集团与巴西淡水河谷公司(简称CVRD)在上海签订了《战略联盟意向书》《合资矿山框架协议书》和《合同销售框架协议书》等重要合作文件。文件涉及宝钢与CVRD合资组建宝华瑞。2002年4月,宝华瑞矿业公司在巴西里约热内卢开业,并将持续20年每年向宝钢集团提供600万吨铁矿石供应。

在与巴西签订意向后,宝钢一鼓作气于2002年6月投资设立宝澳矿业有限公司,与澳大利亚哈默斯利合资办矿,控制每年1000万吨铁矿石资源,并继续在国外寻找长期提供铁矿石的来源。

2007年5月,武汉钢铁集团公司、宝钢集团有限公司、鞍山钢铁集团公司和首钢总公司在北京签署合资协议,设立北京钢企联矿产资源投资有限责任公司。钢企联矿投资公司的成立将改变目前中国钢铁产业在海外拓矿过程中的散兵效应,成为我国国内钢铁企业联合境外投资、开发矿产资源的初步尝试。

3. 海外办钢厂阶段

面对国际反倾销诉讼和国内日益增高的采购和人力成本,宝钢探索构建低成本的海外生产基地。2002年,宝钢与CVRD就在巴西圣路易斯建设钢厂一事达成意向,从此宝钢就开始筹备组建第一家海外生产企业,从而促成了钢厂后期的建设与进一步开展宝钢的海外拓展计划。2003年6月,宝钢建立了"海外事业发展部"。2004年1月,宝钢联合欧洲阿赛洛公司与巴西CVRD签署了在巴西建设BV钢厂的前期合作框架协议。该项目总投资额为80亿美元,三家将斥资超过25亿美元兴建370万吨产能的工厂,成为中国截至目前最大的海外直接投资项目。由此看到,宝钢到巴西投资办厂,不但降低采购成本,还能享受巴西政府的国民待遇,有利于拓展当地钢铁市场——巴西是世界十大汽车生产国之一。更为重要的是宝钢可以借道巴西进入美洲其他市场。同时,巴西是美国的自由贸易伙伴,不受美国 201 条款制约,可以避免美国的反倾销诉讼。因此,在缜密的筹备与细致的谈判后,2004 年双方就合资组建钢厂举行前期合同签约仪式,标志着宝钢正式启动了第一个海外钢铁生产基地建设项目的前期工作。

4. 宝钢进入新历史阶段

2003 年,宝钢集团明确提出了宝钢未来发展的战略目标,即把宝钢发展成为一个跻身世界 500 强、拥有自主知识产权和强大综合竞争力、备受社会尊重的"一业特强、适度相关多元化"发展的世界一流跨国公司,为此宝钢集团制定了国际化的经营战略。处在新的历史时期,中央提出的"中国钢铁产业政策"有两个特点:一是淘汰落后,即那些资源消耗大、污染大的落后企业;另一个是钢铁产业结构调整,提高产业的集中度。为促进中国钢铁产业竞争优势的形成,国家鼓励今后中国钢铁企业中有三至五家成为特大企业,以应对世界钢铁产业的竞争。目前,中国还拥有 800 多家钢铁企业,宝钢作为其中资源最丰富、竞争力最强的公司,在国家产业政策的指导下,必将是最具话语权产业整合领导者。因此,在国内钢铁产业势必联合重组的前提下,作为中国最大钢铁企业的宝钢必将成为并购重组最直接的受益者。

宝钢通过实施国际化经营战略,已形成了近 20 个境外和国内贸易公司组成的全球营销网络,与国际钢铁巨头合资合作,广泛建立战略合作联盟,在技术和管理上吸收先进经验,同时起到了资源共享与取长补短的作用。宝钢集团宣布和巴西 CVRD 公司合资成立宝钢维多利亚钢铁公司,位于巴西圣艾斯普里图州安奇艾达地区,计划分期建设,一期规模为 500 万吨板坯,并保留发展下游产品的余地。其中,新公司的出资比例情况,宝钢占了其中 60%,CVRD 占了 40%。同时,该投资建设项目 2009 年开工建设,2011 年就顺利建成投产,总投资额度约为 30 亿美元。而除了建设 500 万吨的板坯生产线,该项目还包括建设一条铁路、一个深水港和一个发电站。就近利用巴西的铁矿资源优势和宝钢集团钢铁生产方面的技术优势,是宝钢集团运筹帷幄实现国际化经营的关键一步。

在与 CVRD 公司合资建厂获得重大进展的同时,宝钢与巴西国家黑色冶金公司(CSN)洽谈合作项目,在巴西合建一座产能 500 万吨的钢厂。巴西国家黑色冶金公司是巴西最大的也是拉丁美洲最大的钢铁联合企业,还是世界上最大的 3 家镀锡板生产商之一,镀锡板的产量占美洲镀锡钢板总产量的 22%。该公司不仅是钢厂，也是铁矿石供应商，CasadePedra 铁矿年产能达 4000 万吨，并将自己钢厂不用的剩余铁矿石全部出口。扩大全球化的视野，宝钢不仅关注美洲与澳洲的资源，今后还将加强对中亚地区的资源开发。由此可见，海外上市、国外合资建厂、增强世界范围内原材料供应保障，已成为宝钢建设成为世界第一流钢铁企业的具体战略和步骤。

截至目前，经过 20 多年的国际化经营发展，宝钢国际化经营已经形成了以贸易服务、资源开发、航运和生产实体为主体的功能性架构。在企业国际化的过程中，在海外市场已成立了多个全资和合资公司，在欧洲已建成了比较成规模的钢材集散中心，初步完成了初期的战略构想，即完成了国际化初期须解决的，从以往单一的批发贸易向批发、仓储、分销、配送等多功能服务性贸易的转变。其中，钢铁产品出口仅仅是完成宝钢国际化战略的一个手段，同时宝钢还积极寻求与全球知名钢铁企业合作，实现优势的互补。另外，宝钢先后与新日铁、阿赛洛等世界钢铁巨头进行合作，在国际业内已经造成了一定的影响，提高了产品的品牌知名度与美誉度。

宝钢的国际化经营立足钢铁完成上下游一体化的建设。自 2000 年起，宝钢就已经陆续开展了直接向海外投资的初探，先后与澳大利亚哈默斯利、巴西 CVRD 等公司合资办矿，并已完成了海外投资建设钢厂的初期举措。如今，宝钢海外销售收入在总收入中的比例达 18% 以上。在开展和推进对外直接投资的同时，宝钢不忘引进先进的技术项目，并对现有的海外公司进行整合，优化集团公司海外采购和海外营销业务流程，制定与集团一体化相适应的海外事业管理制度，已初步形成以区域为单位，世界范围内的国际化战略布局。

但是，与世界一流公司相比，宝钢在新技术的研发能力、企业核心竞争力、高精尖的专业人才、国际化经营能力等方面还有一定的差距。宝钢国际化仍处在初级阶段，以低端产品出口和获取海外资源为主，与跨国钢铁公司相比，在海外生产能力、高端产品竞争、跨国并购和技术与管理输出方面还处于较大的劣势。因此，宝钢集团可以通过合资和合作的方式来不断提升自己的技术和管理水平，形成生产高附加值钢铁产品的能力，同时，也可利用跨国公司的境外渠道推进自己产品的国际化发展进程。

（四）神华集团

神华集团有限责任公司（简称神华集团）是于 1995 年 10 月经国务院批准组建的国有独资公司，是以煤炭的生产和销售，电力、热力的生产和供应，煤炭的深加工，以及相关铁路、港口等运输服务为主营业务的综合性大型资源型企业。近年来，神华集团加快国际化发展步伐，积极稳妥地推进海外投资项目的开发,比如,在俄罗斯、印度尼西亚、蒙古国、澳大利亚、美国、加拿大等国家开展了一些实质性的探索活动[10],具体的项目建设如下。

1. 印度尼西亚南苏煤电一体化项目

该项目位于印度尼西亚南苏门答腊省,其中,电厂建设的规模为 2×150兆瓦,而且具备了进一步扩建的条件。项目配套的当库煤田储量估计约为4 亿吨,可采储量约为 8000 万吨,年产量约为 210 万吨,可满足电厂 30 年的用煤需要。项目于 2009 年 7 月开始动工建设,到了 2011 年两台机组全部投入生产,由神华国华(印度尼西亚)南苏发电有限公司(PT. GHEMM IN-DONESIA)负责运营。其中,神华集团占了 70% 的股份,印度尼西亚PT. EMM 能源公司占了 30% 的股份。

2. 神华澳大利亚沃特马克勘探项目

沃特马克井田位于澳大利亚新南威尔士州的西北部,距离纽卡斯尔港282 公里,探矿证面积为 195 平方公里。根据最新 JORC 标准勘探报告,资源量可达 20.9 亿吨,可开采资源量为 11.58 亿吨。截至 2012 年年底,该项目已累计完成投资 6.94 亿澳元,2013 年 2 月,沃特马克露天煤矿项目开始环评公示。

3. 神华塔州风电投资项目

2012 年 2 月,神华清洁能源控股公司收购了乌淖斯(Woolnorth)风电场75% 的股权,在 2013 年 2 月,又收购了马斯洛(Musselroe)风电场 75% 的股权。这两个项目收购完成后,神华集团在澳洲风电装机容量已经超过了 30万千瓦,成为目前我国在新能源领域拥有最大规模海外风电项目的企业。值得注意的是,自乌淖斯风电场成功收购以来,神华集团的可再生能源品牌逐渐得到了当地政府和民众的认可,神华集团以此为契机大力拓展与澳方的合作,进一步加快神华集团新能源事业在海外的发展。

(五)中煤集团

中国中煤能源集团有限公司(简称中煤集团)是由国务院国有资产监督管理委员会直接监管的大型能源企业,其前身是 1982 年 7 月成立的中国煤炭进出口总公司。自成立以来,经过多次资产重组,成为中国煤炭行业颇具特色的大型企业集团,主营业务包括煤炭生产、煤机制造、煤炭贸易、煤化工、煤层气开发、煤矿建设及相关工程技术服务等,是我国最大的煤机制造企业、煤焦化企业和煤矿建设企业。中煤集团重组多年以来,其主营业务得到快速发展,主要的生产经营指标稳定增长,企业综合实力得到显著增强,使其步入了中央企业的第一方阵和世界煤炭公司的前列。

中煤集团在"走出去"方面主要开展出口和进口煤炭贸易、煤矿机械设备贸易、煤炭施工工程承包和海外资源开发业务。近年来,先后在多个国家承担十多项国际工程,并在澳大利亚开始进行海外资源投资的项目。目前,中煤集团在海外设立多家境外机构,经营业务定位涵盖煤炭进出口贸易,煤炭勘探、开发、贸易,电力,运输等煤炭产业相关投资,煤矿机械装备贸易等领域。

1.境外投资情况

中煤集团目前境外投资主要集中于亚太地区,包括澳大利亚、日本、中国香港等地。2010年,中煤集团投资了首个海外资源开发项目——澳大利亚哥伦布拉勘探许可区勘探项目。此项投资为中煤集团全资子公司中国煤炭进出口公司与澳大利亚都市煤炭公司(MetroCoal Ltd.)采用非公司制契约式合作方式(UJV)共同勘探开发的项目,其中都市煤炭公司以探矿权实物出资,占合作企业49%权益,中国煤炭进出口公司投入3000万澳元勘探费,占合作企业51%权益。

2.煤炭及煤机装备国际贸易情况

在境外其他业务方面,中煤集团主要从事煤炭进出口贸易及煤矿机械装备贸易。煤炭出口至日本、韩国、中国台湾等国家和地区,并进口印尼、越南等国煤炭。煤矿机械设备贸易业务主要包括综采成套设备、输送机、转载机、破碎机、液压支架等产品出口,投资市场主要在印度、俄罗斯、澳大利亚、越南、土耳其、美国等国家。

3.对外承包工程业务

近年来,中煤集团先后承担十多项国际工程,主要包括:中煤集团第五建设有限公司洽谈的印度Kulti和Sitarampur两个煤矿项目,越南河林煤矿、土耳其卡拉洞风井、库兹鲁煤矿井筒修复及延深工程等三项国际工程项目,伊朗帕瓦德4#井、IMPASCO公司施工承包等两项工程等。另外,2007年,中煤西安设计公司又承揽了印尼南苏门答腊省4×600兆瓦电厂及配套露天煤矿的可行性研究项目。2010年,中煤集团建筑安装工程公司中标并实施了蒙古资源能源公司UHG项目。

(六) 兖矿集团

兖矿集团有限公司(简称兖矿集团)是山东省首家国有资产授权经营企业和山东省属国有重点资源型企业,是以煤炭、煤化工、煤电铝及机电成套装备制造为主导产业的国有特大型企业,是华东地区最大煤炭生产、出口、深加工企业,是全国规模最大煤泥、煤矸石综合利用基地。

兖州煤业股份有限公司(简称兖州煤业)是1997年9月25日由兖矿集

团独家发起设立的股份公司,主营业务为煤炭开采、销售以及煤炭深加工产品的生产与销售等,是中国华东地区最大的煤炭生产商。兖州煤业于 1998年分别在香港、纽约和上海三地上市,是中国目前唯一一家在三地同时上市的资源型企业。

自 20 世纪 90 年代起,兖矿集团和兖州煤业就认识到海外扩张对企业长期发展战略的重要性,并积极开展海外投资的研究和准备。十多年来,先后与澳大利亚矿业公司、设备供应商、研究机构进行了广泛接触,并与澳洲研究机构共同开展了综放开采技术、防灭火技术在澳大利亚的应用研究工作,在澳大利亚注册了煤炭开采技术专利。同时,密切关注投资收购澳大利亚及其他国家优质煤矿资产的机会,先后考察调研了十余个煤矿项目,完成了一系列的收购项目。

2004 年 10 月,兖矿集团收购澳思达煤矿,成为我国第一家"走出去"全资开发海外煤炭资源的企业,实现了中国煤炭行业由人才、技术、资金"三输入"向"三输出"的转变。通过收购澳思达煤矿以及对澳思达煤矿的运营管理,兖州煤业对澳大利亚政治体制、法律及人文环境有了深入的理解,对当地的劳工关系、商业环境、煤矿管理有了更加成熟的认识,积累了在澳大利亚开展资源型企业运营和资本运作的经验。

2008 年,受国际金融危机影响,世界经济增速放缓,面临衰退风险。兖矿集团抓住机遇,于 2009 年 8 月收购了澳大利亚菲利克斯公司的全部股权,这次收购是我国在澳洲历史上最大的收购。2011 年 4 月,采用"内存外贷"方式,收购澳大利亚新泰克控股公司和新泰克 II 控股公司 100% 股权。另外,2011 年 9 月,收购了加拿大萨斯喀彻温省 19 项钾矿资源探矿权,估算获得钾矿潜在资源量约 397 亿吨。

近年来,兖矿集团通过收购兼并一系列国际化项目,从而取得了不小的发展成果。目前,兖矿集团已累计获得海外煤炭资源量 63 亿吨、铝土矿2.4 万平方公里资源地 70% 的勘探及开采权益、钾矿资源量 397 亿吨。共拥有生产矿井 12 个,在建和勘探矿井 8 个,到 2015 年具备年产 5000 万吨以上生产能力。2011 年兖煤澳洲公司产煤 2168 万吨,占到兖矿集团总产量的近 1/3;营业收入 93.81 亿元、经营利润 28.26 亿元,成为我国最大海外煤炭企业。具体如下:

1. 澳思达煤矿项目。收购完成后,采用综采放顶煤生产工艺实施开采取得圆满成功,成为澳洲历史上第一个采用综采放顶煤技术的矿井,煤炭回采率也由 47% 提高到 85% 以上。澳大利亚工业部、联邦科学院撰文称,该技术是澳洲厚煤层开采的一次革命。2009 年年底,该矿实现的现金流已与投入基本持平,相当于收回全部投资。澳思达煤矿连续 5 年被评为新南威尔士州安全最好的矿井。

2. 菲利克斯公司项目。菲利克斯公司原为澳大利亚上市公司,煤炭资产包括 5 个运营煤矿、1 个在建煤矿和 3 个煤炭勘探项目,按澳大利亚 JORC 标准的资源量为 20.06 亿吨;持有纽卡斯尔港煤炭基础设施集团 15.4% 的股权及与股权比例相应的港口吞吐量配额。2011 年菲利克斯公司生产原煤 1036 万吨,销售收入 51.67 亿元,实现净利润 7.32 亿元。

3. 新泰克项目。煤矿全部为露天开采,产品主要为优质动力煤,总资源量 17.32 亿吨。2011 年 4 月,兖矿与该公司签署《股份出售协议》,采用"内存外贷"方式,以 2.025 亿澳元的现金对价收购新泰克公司 100% 股权,目前已完成股权交割。

4. 普力马煤矿项目。普力马煤矿是西澳州目前仅有的两座运营煤矿之一,资源量约为 5.35 亿吨,矿井为露天矿开采,生产能力 500 万吨/年。2011 年 9 月,兖矿与澳大利亚西农有限公司签署《股份出售协议》,以 2.968 亿澳元打包收购西农普力马煤矿有限公司和西农木炭私有公司 100% 股权。

5. 格罗斯特煤炭项目。格罗斯特煤炭公司拥有 6 个煤矿,资源量约为 19 亿吨,主要煤炭品种为焦煤和动力煤,持有纽卡斯尔港煤炭基础设施集团 11.6% 的股权。交易完成后,兖煤澳洲取代格罗斯特在澳交所上市交易,将成为澳大利亚市值最大的纯煤炭公司。兖煤澳洲将持有纽卡斯尔港煤炭基础设施集团 28% 的股权,成为其相对控股股东。

6. 西澳铝土矿项目。2011 年 1 月双方签订所有的协议文件。根据协议,兖矿获得 2.4 万平方公里资源地 70% 的勘探及开采权益,保有资源储量约为国内目前探明储量的 2 倍,对于保障我国铝土矿资源供应具有重要战略意义。

7. 加拿大钾肥资源项目。2011 年 9 月以 2.6 亿美元完成萨省 19 项钾矿资源探矿权收购,矿权总面积约 5363.84 平方公里。根据保守原则估测钾矿资源量约 397 亿吨。目前,兖矿控制的钾矿资源量位居世界前列。

（七）徐矿集团

徐州矿务集团有限公司(简称徐矿集团)是国家六部委首批核定的特大型企业,是江苏省人民政府授权的国有资产投资主体,也是中国井工开采历史最长的资源型企业之一,已有 130 多年的煤炭开采历史。徐矿集团是江苏省和华东地区重要的煤炭生产基地,是集煤矿、电力、煤化工、机械制造、工程施工、物流于一体的大型能源企业集团。近年来,徐矿集团坚持以煤基产业链为方向,以建设新型能源基地为目标,按照煤基产业高级化、区域基地规模化、产业发展生态化原则,积极实施"走出去"创业和"引进来"开发战略。"走出去"工作起步于20世纪80年代末,最初为对境外矿井进行技术指导,之后逐步发展为承包工作面达产、矿井生产经营承包,并对境外投资类项目进行了有益尝试。

1. 矿井技术指导项目。1988年5月至1994年5月,在菲律宾嘉秦公司波利略煤矿(Boliliao),徐矿集团派遣几名技术专家全面负责矿井的安全生产、技术和管理工作,完成了年产10万吨的生产目标。

2. 承包工作面达产项目。1998年4月至2000年期间,徐矿集团派遣了35人达产队伍,在印度东南煤炭公司牛空达矿和拉金达矿进行达产,用了120个工作日完成37万吨产量,比合同约定提前30天、超产2万吨。其中最高日产量达到6500吨,创造了该矿最高日产量纪录,并将设备顺利移交给矿方。

3. 承包矿井生产项目。2005年4月,徐矿集团与中国机械进出口集团有限公司组成联合体,承包孟加拉国巴拉普库利亚煤矿生产经营。2010年,徐矿集团和郑州煤矿机械集团股份有限公司(简称郑煤机)组成联合体,承担了土耳其GLI公司的ÖMERLER井工矿项目,郑煤机负责设备出口,徐矿集团负责技术服务。2011年3月,徐矿集团与中煤海外组成的联合体承包印度江基拉煤矿项目,合同总价近8000万美元,六年包产期间采掘产量为940万吨。

4. 境外投资类项目。2006年至2009年,徐矿集团相继参与了澳大利亚七座煤矿和Minyango勘探区项目的竞购。2011年,徐矿集团就澳大利亚Cooroorah(EPC1827)煤炭项目分别两次向LCC顾问公司提交意向竞标书,并通过对方公司审核,同年5月,收到了EPC1827项目资料在线数据库授权。

近年来,徐矿集团还深度参与了其他的境外合作项目。比如:博茨瓦纳的煤电油一体化项目,加拿大德华公司的盖森煤田项目,泰国意泰公司在马达加斯加的Sakoa煤矿项目,巴基斯坦的杰鲁克煤电一体项目,加拿大Peace River Coal公司及其煤炭资源的收购项目,加拿大的哈斯勒煤炭项目,加拿大Mount Klappan Property的无烟煤项目,以及蒙古国Galshar的煤田项目,等等。

五、我国资源型企业国际化面临的问题

随着我国资源型企业"走出去"步伐的加快,海外矿产资源开发的力度

不断加大,这不仅能保障未来我国资源的持续供应,也能提高我国资源型企业的国际竞争力。但是,在"走出去"过程中,政治风险和政策风险等投资风险也随之而来,战争等不可抗力也给正在或准备走出国门的企业带来了隐忧。因此,我国资源型企业国际化进程中将面临着不少的问题和风险,主要体现在以下几个方面[11-15]。

（一）企业国际化发展需面对东道国的各种不确定因素

企业国际化发展面临的是国际市场,需要面对东道国以及各种相关经济体的不确定因素。由于国家政治体制不同、文化存在差异、制定的政策差异。所以,企业国际化发展面临的风险除了以往传统的战争,被国有化风险之外,还包括更为复杂的其他风险,譬如:贸易保护、政治制裁、东道国内部利益集团的干预、宗教矛盾等。特别是依靠煤炭、石油等能源资源的矿产资源型企业,由于能源资源特殊的战略性质,使得企业在东道国的发展受到东道国国家利益、民族主义等的影响,面临的风险极高。资源类企业跨国经营常常受到多方面的阻碍和干扰,这使得我国企业的海外拓展受到很大限制,在国际化发展过程面临较多的主要是东道国的国家干预问题。比如,东道国出于对国家和社会公共利益的需要,对外资企业实行国有化;东道国实行外汇管制,禁止投资者将所有的利润转移出境;东道国由于政局动荡而发生战乱,使外国投资者遭受重大损失;等等。

在企业国际化发展初期,由于对东道国政策法规缺乏深入了解,使得企业面临着各种不确定性,而这种不确定性是发展初期面临的主要风险。比如,20世纪90年代,首钢集团在收购秘鲁马尔科纳铁矿时,由于对当地政府政策不熟悉,导致巨大损失。在收购时,首钢集团承诺在3年内每年投入5000万美元用于矿山发展,并按承诺投入资金进行矿山运营,但马尔科纳铁矿方面认为中方失约。究其原因是,秘鲁所指的每年投入5000万美元必须是从秘鲁境外投入,用企业盈利进行再投资不符合合同约定。这种由于不熟悉当地政策规定带来的国际化风险使得中国企业在"走出去"发展的过程中走了不少弯路,也使得企业蒙受了巨大损失。

（二）企业内部经营决策及人才缺乏国际化视野

在企业层面上,企业自身问题可能加大其在国际化过程的风险性。由于高层管理者的决策对企业国际化发展的重要性,如果企业未能对发展过程可能遭遇的风险进行充分的分析论证,在经营决策上可能就会出现纰漏,给企业带来风险甚至导致国际化发展失败。同样,企业要想进入国际市场进行经营,必须要有国际化视野的管理人才。在国际化企业中,其员工自身素质、工作状态、价值观等,应该符合企业国际化发展的理念,否则的话,就会对企业国际化发展产生很大的阻碍作用。因此,资源型企业国际化发展需要高层决策者周密的决策,同时,提高企业员工自身素质,使其价值观念与企业理念保持高度一致,而且必要时还要引进具有国际化视野的高层次人才,服务于资源型企业的国际化发展。

（三）资金技术问题制约资源型企业国际化发展

在资源型企业国际化发展过程中,企业承担的投资项目往往具有较高的科技含量,需要巨大的资金投入,而且伴随着较长的投资回收期,这种前期投入比较大,资金回收比较慢的问题是制约资源型企业国际化发展的重要问题。矿产项目从起初的矿产勘探、设备采购进驻一直到最后实施完工,任何一个环节出现失误都可能造成企业巨大的经济损失,甚至导致投资的彻底失败。尤其在资源开采环节,由于井下矿藏储量、资源品质优劣的不确定性,大大提高了对开采技术的要求标准,由此加大了资源型企业国际化发展的风险性。所以,资金技术问题是困扰我国资源型企业国际化发展的重要问题。

（四）企业国际化风险预测及防范能力弱

企业对其国际化发展过程的风险预测及防范能力较弱,究其原因,很大程度上在于企业在制定自身发展战略时急于求成,没有充分了解企业在东道国可能面临的问题与风险。比如,首钢集团在秘鲁收购铁矿时,由于企业高层管理者之前从未遇到过劳资纠纷的情况,缺乏相关的国际经验,导致与秘鲁工人、职工两个工会签订了不合理的集体协议,使得职工工资在两年时间内累计增长了300%以上。又比如,中航油新加坡事件,由于企业管理者擅自扩大企业经营业务范围,导致中航油在期权交易中遭受巨额损失,等等。这些案例说明,企业在国际化进程中,要不断提升自身对风险的预测、辨识与防范能力,及时应对面临的各种风险问题,要把可能产生的损失降到最低程度。

第二节　相关研究现状

一、国外研究现状

"风险"是指事件不确定性的来源。通常情况下,风险研究分为理论研究和应用研究两种,前者包含了风险的界定、分类、评价以及管理等,后者主要是将风险问题与特定的领域结合起来,比如金融领域、企业管理、项目管理以及产品、能源等领域。20世纪初,美国学者威雷特最早提出了风险定义,对风险问题进行系统性研究,由此开始了风险管理的研究。1921年,奈特提出了风险预警的概念,引起了众多学者对风险预警研究的关注。20世纪中期以后,关于风险及其预警问题的研究得到学者们广泛的重视,研究内容主要涉及风险的形成、类型和预防等方面,而且较多侧重于企业财务风险方面。

随着全球经济一体化的加快,企业在国际市场遇到的风险逐渐增加,使得企业国际化风险成为广泛讨论的热门话题,同时引发了国内外众多学者对企业国际化风险问题的研究。在国外的研究中,比较有代表性是美国W. C. Arther 的 *Risk Management and Insurance*,英国 Gordon C. A. Dickson 的 *Risk Management*,武勤勋的《风险管理》以及英国迈克尔的《经营风险与危机处理》等,研究内容主要涉及企业国际化进程的政治风险以及企业自身的风险问题[16]。另外,Beamish 和 Banks 分析了东道国风险对企业进入国际市场的影响,尤其是在情景风险和交易风险等方面。已有的研究表明,对企业国际化发展预期风险进行定性与定量分析之前,需要人们对未来发生事件的原因、影响因素和变化规律等进行感知分析。学者 W. C. Kim,P. Hwang(1992)[17]认为风险识别是企业从事国际化经营进行风险管理应采取的首要步骤,是进一步对风险进行分析与控制并采取措施有效规避的基础和前提。Miller(1992)[18]从管理人员感知的角度将国际化投资环境风险分为三类,分别是一般环境不确定性、行业不确定性和公司不确定性,在研究中首次对企业在国际市场面临的不确定性问题进行了系统而全面的分析,并提出一体化框架,为国际化风险的进一步研究奠定了基础。荷兰学者Keith D. Brouthers(1995,1996)[19]从经验的角度出发,对 Miller 的一体化国际风险模型进行了实证分析与检验,得出随着企业进入国际市场程度的不同、目标国经济发展水平及政治稳定性的差异,企业遇到的国际化风险会有不同,风险对企业带来的影响也不同,并进一步对国际化风险进行分类,主要包括政府政策风险、宏观经济风险、公司资源与服务风险、产品市场需求风险、竞争和行业技术风险等。而 Root(1994)[20]通过将企业国际化发展的战略路径划分为贸易式、契约式和投资式三种,进而总结归纳出相应的风险。具体来看,还可以分为基于东道国制度和文化等两个视角的研究。

首先,如果基于东道国制度视角进行分析。Blonigen(2005)从以下三个方面展开了对外直接投资的影响机制分析,具体包括:一是在产权制度不完善的国家,政府可能存在着非法侵占投资者资产的事件发生,恶劣的环境影响到外来投资者的利益;二是制度的不完善将会产生寻租行为,从而增加了企业的运营风险和经营成本；三是制度的不完善将会影响到公共产品的供给，比如质量问题等。Asiedu（2006）和 Gani（2007）在自己的研究中，发现东道国制度与国际投资之间存在着显著的关系，即好的制度环境可以更好地吸引国际直接投资。Habib 和 Zurawicki（2002）基于全球八十多个国家的统计数据分析了国家之间的制度差异与对外直接投资之间关系，认为制度差异程度越小，越有利于双边国家的合作发展。在中国企业国际化发展过程中，Kolstad 和 Wiig（2009）通过研究发现，中国的企业可能会借助于投资目标国的制度缺陷展开企业的国际化投资活动，并从中获取更大的收益。甚至蒋冠宏和蒋殿春（2012）[21]在研究中发现，中国的对外直接投资（OFDI）对发展中国家的制度不足可能存在着"偏好"问题。

其次，基于文化视角进行分析。Morosini 等人（1998）在研究中发现，文化差异对跨国并购企业将会产生的影响，给投资企业产生融合成本的同时，文化之间的差异性将为企业带来多样化的文化，促进企业的多样化发展，有利于企业提供多样化的产品和服务。但是在 Sirgal 等人（2012）的研究中，却发现平等意识存在着差异的文化可能不利于跨国企业的国际化投资，影响到了双方交易量的增加。有些学者从文化特征与企业风险之间存在关系的角度进行研究，Li 等人（2012）在从国家制度和管理者行为等视角研究中，分析了企业文化如何可以增加或减少企业面临的风险。而 Desender 等人（2000）在国家文化中的个人主义与平等观念方面进行了研究，发现这两个因素与企业管理者的个人收益之间存在着一种负相关的关系，即意识越强，管理者的收益越低。

另外，在关于企业国际化风险评估方面的研究也为数不少，但大多集中在某类风险方面。在关于个别国际化风险的测度研究中，如 Agarwal 和 Ramaswami（1991）[22]、Kim 和 Hwang（1992）在对企业国际化进程中面临的政治风险的测量。另外，Haner（1979）则最早提出了第一个反映宏观经济和金融体系风险的综合评价指数，即国家风险预测指数，亦称富兰德指数，主要由定量评级系统、定性评级系统和环境评级系统构成，可以对国际化投资风险进行评估。Miller（1996）[23]建立了风险感知模型（即 PEU 模型），该模型包括三十五个问题，用于分析和评价企业在不同领域所感知到的风险。

二、国内研究现状

20 世纪 80 年代之前，在我国关于企业国际化风险管理的研究较少，但随着世界经济一体化的趋势,国内越来越多的学者开始从事这一问题的研究。当前,其研究的侧重点也有了一些变化,开始从注重引进风险管理思想转变为对具体风险问题的深入研究。

近年来,国内学者从不同的研究角度分析了风险识别问题。学者刘宏伟(2002)认为风险识别是风险管理中所要解决的核心问题;熊小奇[24](2003)则把风险识别作为识别流程来进行讨论,认为风险识别的动态性就是对风险识别的全过程;李筱光(2006)[25]在探讨风险识别时把关注的焦点集中在对识别机制内容的分析;许晖和姚力瑞(2006)[26]则是从国际化和系统化两个角度对企业国际化的风险识别进行了分析与研究;许晖和余娟(2007)[27]对企业国际化经营风险的来源理论进行了拓展与描述,提出了国际化风险的三种来源,分别是宏观环境层面、行业环境层面和企业内部层面。其中,宏观环境层面的风险包括政治风险、政府政策风险、宏观经济风险和人文风险,行业环境层面的风险包括竞争风险、产品市场风险、原材料市场风险和行业技术风险,企业内部层面的风险包括经营决策风险、交易风险、筹资风险、投资风险、营运风险、社会责任风险和人力资源风险等。通过问卷调查和实证分析,对企业采取不同市场进入模式所面临的风险进行分析,结合企业自身的发展阶段,对关键风险进行识别和规避。仲谋和郭周明(2014)在对企业工程承包投资项目风险的识别中,结合各自项目的特性,运用暮景分析法、项目分解法和专家调查法等,以中铁在麦加的建设项目为例,从政治风险、经济风险、文化风险、法律风险、自然风险、合同风险和管理风险等七个方面展开对项目风险的分析。桑一和刘晓辉(2014)在研究中海油并购尼克森的过程中,认为并购过程中主要面临着政治风险、财务风险和整合风险等,结合尼克森的管理现状给出了企业整合的对策。

目前,关于企业国际化风险的研究多限于某些特定风险方面。吴显英(2003)[28]通过运用因子分析模型、解析结构模型对文化风险进行分析,同时运用模糊层次综合评价模型对文化风险进行测度,结合企业国际化发展实际,提出企业国际化发展中应对文化风险的策略。成金华和童生(2006)通过对跨国公司面临的政治风险进行分析,指出应从加强风险评估、战略性选择东道国、适当的股权性安排、加强内部管理等方面进行应对。孙铭国(2010)[29]通过运用层次分析法对企业在国际化发展中遇到的国家风险进行评价,并构建判断矩阵,确定风险得分,结合具体的实例做了分析。闫雪(2012)分析了国有企业在对外投资过程面临的风险,指出政治风险是其对外投资面临的主要风险,此外还有市场风险和管理风险等。林芝(2010)

运用层次风险法的模糊综合评价对中石化对外投资风险进行分析,并运用灰色关联法将对外直接投资影响因素进行分类。张艺腾(2012)通过分别运用SWOT分析和ARCH、GARCH、EGARCH检测法,得出外汇风险是企业国际化进程面临的重要风险,并且对度量方法的有效性进行验证。董海华(2014)从当前碳排放限制、环保标准差异和环保评估缺失的角度分析了环境责任风险,并进一步分析了环境责任风险产生的原因,给出了降低和防范环境责任风险的对策。陈传兴和徐颖(2014)从定价风险、融资风险、支付风险和整合风险四个方面对并购过程中企业面临的财务风险进行分析,并运用F值模型检验了我国跨国企业国际化并购进程面临财务风险的实证分析,进而给出了我国跨国企业并购财务风险的防范对策。

另外,国内关于矿产企业国际化风险问题的研究为数不多。戴晓俊(2008)构建了中国矿产企业跨国经营的适应性机制理论框架,提出了矿产企业战略适应性机制的分析方法,并进而构建了矿产企业跨国经营的决策者知识体系。高丽(2011)[30]运用整体识别、部分识别法对资源型企业国际化发展进行风险识别,并运用模糊层次分析法对风险进行测度,构建风险辨识机制、流程模型及风险控制机制,进而使资源型企业面对国际化发展中的风险进行有效应对。王杰明(2011)通过对资源型企业跨国投资风险,特别是跨国企业人员安全风险进行分析,提出资源型企业规避跨国经营风险的途径与对策。赵麟(2011)通过运用层次分析法、模糊评价法和实物期权法综合分析评估了矿业企业跨国并购的风险,特别是市场价格风险问题,并建立矿产企业跨国并购风险评估决策模型,对跨国企业并购风险管理信息化提供思路。刘桂珍(2012)通过运用模糊综合评判模型,建立了包括十四个风险在内的二级模糊综合评判模型,并指出国内石油企业应建立海外投资风险预警机制,规避政治风险和管理风险。王秀岩(2008)利用DEA方法构建了企业国际化投资效益评价模型,并进一步完成了中国石油企业国际化发展投资效益评价的实证分析。聂晓愚、李志祥和刘铁忠(2014)[31]运用专家调研法和文献分析法建立了我国石油涉外企业社会风险指标的构成体系,借助于因子分析法和主成分分析法构建了企业社会风险评价的理论模型。田泽(2014)[32]基于中国的视角,选取了非洲十个国家为分析对象,分析了中国对非洲十国国际化投资风险评价指标构成,基于层次分析法和专家评价法,完成了中国对非洲十国国际化投资风险评价的实证分析。俞锋和池仁勇(2015)[33]在对风险评价过程中,运用风险矩阵和Borda序值评价分析了并购双方的7个法律风险因素,即国别风险、行业风险、并购方式风险、组织形式与上市地风险、主营业务风险、采购以及销售行为发生地风险、企业管理行为风险,以"吉利-沃尔沃并购案"为分析对象,总结出中国企业跨国并购过程中法律风险防控的"浙江模式"。位春苗(2015)[34]结合风险的自身特性,建立了我国国际化企业跨国战略并购风险评价指标构成体系,依据并购风险评价的结果,从政治风险、文化风险、财务风险和知识产权风险等方面给出了针对具体风险的应对之策,从而提供了有效规避风险的具体路径。

三、目前研究评述

当前,从已有的研究我们发现,关于企业国际化风险管理的研究已为数不少,但是已有的相关研究多局限于某类风险或企业国际化风险管理的某些方面的问题,比如:某类风险的识别与防范问题,某些风险的评价问题,等等。而针对企业国际化风险的辨识、评估、防范以及基于风险为出发点的企业国际化投资效益评价等问题的系统性研究较少。另外,从我国跨国企业国际化发展的实际状况来看,在其风险管理方面还存在如下几个问题:一是企业国际化风险防范的意识不强,对风险产生危害程度的认识存在不足;二是缺乏有效的企业国际化风险评估监督机制,由此可能导致企业领导层决策出现失误等问题。具体而言,比如:人们在关于资源型企业、国际化经营和风险管理等方面分别都有了大量的前期研究,但是这三者结合起来的系统性研究较少,针对资源型企业国际化风险辨识路径、风险的量化评估以及投资目标的效益评价等方面,尚存在不足。因此,必须综合运用企业国际化与风险管理等理论,结合我国资源型企业国际化风险管理面临的问题,不断地探索和完善企业国际化风险管理的理论。

本书将结合资源型企业这一特定领域,展开对企业国际化风险辨识理论框架、风险评估、目标国投资效益评价与风险动态防范机制的研究,探究企业国际化路径、发展阶段与风险辨识的内在机理,以及国际化风险辨识、评估与投资效益评价、风险防范之间的逻辑关系。

第三节　研究目的与意义

一、研　究　目　的

本书的研究目的是完成我国资源型企业国际化风险管理的系统性研

究。首先，基于对企业国际化路径、发展阶段和风险管理等理论的分析，结合我国资源型企业国际化发展的实践历程，创建了资源型企业国际化风险"三维"辨识的理论框架，形成我国资源型企业国际化风险的辨识路径，从而完成我国资源型企业国际化风险的构成分析。其次，把熵理论和 NPV 理论模型引入资源型企业国际化风险管理研究中，完成了我国资源型企业国际化风险的评估分析，以及企业国际化投资项目的效益评价分析。最后，依据风险评估的结果，结合企业国际化进程阶段和风险防范等理论的进一步分析，提出了我国资源型企业国际化风险的防范体系，为我国资源型企业国际化风险的防范制定具体的应对措施。

二、研　究　意　义

（一）理论意义

在对国际化路径、发展阶段和风险管理等理论分析基础上，创建了资源型企业国际化风险"三维"辨识的理论框架，基于此理论框架，全面分析了我国资源型企业国际化风险因素的构成。通过对资源型企业国际化风险的评估、投资目标市场以及国际化项目投资效益的分析，完成了熵理论、DEA 模型、NPV 理论在资源型企业国际化风险管理研究领域的应用分析，拓宽了以上理论的应用范围。在对企业国际化项目进行投资效益评价时，基于企业国际化风险的评估结果，完成了对传统 NPV 评价模型的进一步修正，使其更加适用于存在不确定性的国际化市场。这为我国资源型企业国际化风险评估与投资项目效益评价提供理论支撑，以此丰富现有的相关理论研究，为今后的进一步研究提供有益的参考。

（二）实践意义

在对我国资源型企业国际化实践历程分析的基础上，完成了我国跨国企业国际化风险的辨识、评估、防范以及投资目标的效益分析。对我国资源型企业国际化面临的风险因子进行量化分析，进而分析了各类风险对总风险的影响程度。基于投资目标的资源量、投资风险与国家区位等三方面要素，界定了我国资源型企业国际化投资的目标市场，依据企业国际化风险的评估结果，完成了我国跨国企业投资项目效益评价的实证分析。以上这些研究的分析过程和方法可以供跨国企业在国际化实践中参考和借鉴，为我国跨国企业的国际化经营活动提供一些有益帮助。同时，希望为政府部门以及相关行业管理部门的决策制定过程提供参考依据，为科研工作者在相关领域的进一步研究提供参考思路。

第四节　研究内容与结构

一、研　究　内　容

为解决我国资源型企业国际化风险的辨识、评估和防范问题,本研究以我国资源型企业在国际化进程面临的各种风险因素为研究对象,通过构建适合我国资源型企业国际化风险管理的理论体系,建立切实可行的评价指标体系以处理资源型企业在国际化进程中面临的风险问题,以求降低并控制风险的发生概率,保持企业国际化发展的竞争力。鉴于此,本书主要的研究内容是:

(1)通过对国内外经济发展形势的分析,结合国内外矿产资源产业的发展状况,以及我国国内主要资源型企业国际化的发展历程,分析了我国资源型企业国际化发展面临的问题,指出了我国资源型企业国际化发展与风险防范的必要性分析。同时,结合着前人已有的研究成果,本书对资源型企业的内涵作了重新的界定分析。

(2)在对企业国际化路径、发展阶段和风险辨识等理论分析的基础上,从企业国际化路径、发展阶段和风险辨识等三个维度,构建了资源型企业国际化风险"三维"辨识理论框架,形成了基于国际化路径和发展阶段的我国资源型企业国际化风险辨识路径。同时,从企业国际化路径和发展阶段两个维度,提出了九种企业国际化类型。根据企业国际化由低级向高级发展的阶段进程,划分了企业国际化的有效性类型和无效性类型,其中无效的企业国际化类型被排除,由此确定了六种企业国际化风险类型。结合我国资源型企业自身的发展特性和企业国际化发展的实践历程,完成了对我国资源型企业国际化面临风险因素构成的分析。

(3)基于企业国际化风险辨识的理论框架对国际化风险进行分析,以企业国际化进程中的一种风险类型为例,使企业国际化风险的辨识更具有科学性和可行性。结合着企业国际化风险辨识的方法、原则和程序,本书从"国家"和"企业"等两个层面着手,对企业在国际市场中的风险源和风险因素进行辨识。运用企业实地调研、专家研讨以及调查问卷等方法,系统性分析了企业在国际化进程中面临的风险因子。提出了我国资源型企业国际化风险指标的构成体系,具体包含了三十五个二级风险因子,划分为八个一级风险类别,其中一级风险因子分别是政治风险、政策风险、经济风险、文化风险、管理风险、资金风险、技术风险和市场风险。

（4）把熵理论引入我国资源型企业国际化风险的评估研究中，结合对熵理论的进一步分析，提出了企业国际化风险熵，构建了我国资源型企业国际化风险的熵评估模型。结合企业的自身特性和国际化发展的实际状况，对该评估模型作了一定的分析，阐述了模型中熵权、熵值的含义。同时，由前文对我国资源型企业国际化风险指标体系的分析，提出了我国资源型企业国际化风险评估指标体系，作为企业国际化风险评估模型的评估指标体系。借助于我国国内主要大型资源型企业的国际化经营管理团队、中国石油和化学工业联合会、中国煤炭工业协会以及相关专业院校科研机构等一些相关的专业性人员，运用实地调研、专家访谈以及问卷调查等方法，结合兖矿集团在澳大利亚的国际化投资项目，完成对企业国际化风险因子的量化赋值，基于熵评估模型对我国资源型企业国际化风险进行评估分析，并根据各类风险对总风险值的影响程度，完成了八个一级风险因子的分析与排序，从而完成了我国资源型企业国际化风险评估的实证分析。

（5）运用数据包络分析方法（DEA）对我国资源型企业国际化投资目标市场进行效益评价分析，构建了资源型企业国际化投资目标市场的评价模型。基于资源量、投资风险和国家区位等三个因素的考虑，本书选取了澳大利亚、俄罗斯、加拿大、美国、墨西哥、巴西、哥伦比亚、委内瑞拉、保加利亚、捷克、德国、希腊、匈牙利、哈萨克斯坦、波兰、西班牙、土耳其、乌克兰、南非、印度、印度尼西亚、新西兰、巴基斯坦、泰国、越南等三十多个主要资源国作为我国资源型企业国际化发展的投资目标市场。通过对各投资目标对象的国内外环境和发展局势的进一步分析，基于投资目标国面临的投资风险以及相关资源的有关指标，选取了政治风险、经济风险、政策风险、支付风险作为评价模型的输入变量，资源的潜在储量、产量和消费量等相关指标作为评价模型的输出变量。结合国内外权威机构发布的统计数据的比较分析，运用 C^2R 模型对上述主要投资目标国的投资效益进行评价分析，对我国资源型企业进入上述投资目标国市场的投资效益作了对比分析，从而完成了我国资源型企业在国际市场中投资效益评价的实证分析，为我国资源型企业国际化投资目标的选择提供了一定的参考依据。

（6）衡量一个企业国际化投资建设项目的好坏，主要取决于投资的风险状况和收益状况等两个方面。运用净现值法（NPV）对我国资源型企业国际化项目进行投资评价分析，依据企业国际化风险的评估结果，构建了基于风险修正的资源型企业国际化投资项目的 NPV 评价模型，在投资项目作出决策之前，根据净现值的大小来评价投资项目或方案的可行性。由于不同投资目标市场面临着不同的投资风险，结合对传统 NPV 评价模型的进一步分析,考虑不同投资目标国的国际化投资风险,通过引入国际化投资风险系数,对传统 NPV 评价模型做进一步的修正与完善,提出基于风险修正的企业国际化投资项目的 NPV 评价模型。结合国内外权威机构的统计数据的比较分析,完成了我国资源型企业国际化项目的投资效益评价分析。以兖矿集团在澳大利亚的投资项目为例,运用风险修正前后的两种评价模型对该国际化项目进行投资效益的评价分析,由计算的结果可以看到,运用风险修正的 NPV 评价模型计算得到的数据结果更具有科学性和合理性,可以更好地体现国际化风险对企业国际化投资造成的影响程度,从而得出更具参考意义的分析结果,为我国资源型企业国际化投资项目的选择提供一定的参考依据。

(7)在对企业国际化风险的辨识、评估以及投资项目效益评价的基础上,结合企业国际化发展阶段和风险防范等理论,考虑到企业国际化的不同阶段面临着不同的风险,针对企业国际化的准备、筹建和经营等三个不同的阶段,结合企业国际化的不同进程和面临风险因素之间的对应关系,建立了我国资源型企业国际化风险的防范体系,给出了企业国际化风险的防范原则,提出了具有针对性的风险应对措施。具体而言,在筹备阶段,企业要审慎选择投资目标,选择合适的国际化路径,合理评估目标价值,做好国际化人才储备;在筹建阶段,选择恰当的投资方式,掌握商务谈判技巧,采取科学的资本运营模式,积极争取国家政策支持,构建科学合理的组织架构;在经营阶段,打造国际化管理团队,实施本土化经营战略,进行国际人力资源开发,提升技术创新能力,建立科学利润分配模式,及时应对国际经济局势变化,等等。这些对策建议为指导和帮助我国资源型企业走出国门、迈向世界,开展安全高效的国际化经营发展具有重要的借鉴意义。最后,以兖矿集团为例,从上述的企业国际化进程的三个阶段,分析了兖矿集团在澳大利亚的投资经营活动取得成功的经验,阐述了企业国际化风险防范体系对其国际化发展战略顺利实施的重要作用。

综上所示,本书系统地分析和探究了我国资源型企业国际化风险的辨识与评估问题,依据风险评估的结果,对企业国际化投资项目进行评价分析,并最终提出了我国资源型企业国际化风险的防范体系。这些研究成果将为我国资源型企业国际化风险的防控提供了一种分析思路和解决途径,有助于提升我国资源型企业在国际市场中的竞争力。

二、研 究 结 构

根据理论及应用研究的需要,本研究按照以下研究结构展开,如图 1.1

所示。

逻辑 起点	**文献 综述**	√确定研究框架（理论分析） √界定资源型企业概念与内涵 √确定研究范围（产业划分、界定）	**现实关注** √政府部门监管 √企业海外投资
风险 辨识	**理论分析** √国际化发展阶段；√ 进入模式；√风险管理	**理论架构** √风险"三维"辨识 理论架构	**风险体系** √风险类别 √国际化风险熵
风险 评估	**模型构建** √熵评估模型 √熵权分析法	**数据获取** √实地调研；√专家 访谈；√调查问卷	**实证分析** √风险因子排序 √选择关键因子
投资 市场 分析	**投资目标国** √选择原则 √选择方法	**DEA模型构建** √输入变量（风险） √输出变量（资源量）	**实证分析** √C²R模型 √超效率DEA模型
投资 项目 评价	**投资项目选择** √选择原则 √选择方法	**NPV评价模型** √传统NPV模型 √国际化风险系数	**投资项目评价** √NPV测算分析 √投资项目排序
风险 防范	**国际化进程** √准备期；√筹建期； √经营期	**风险防范体系** √风险状态 √损失最小原则	**结论与建议** √政府；√企业； √科研机构

结论与展望

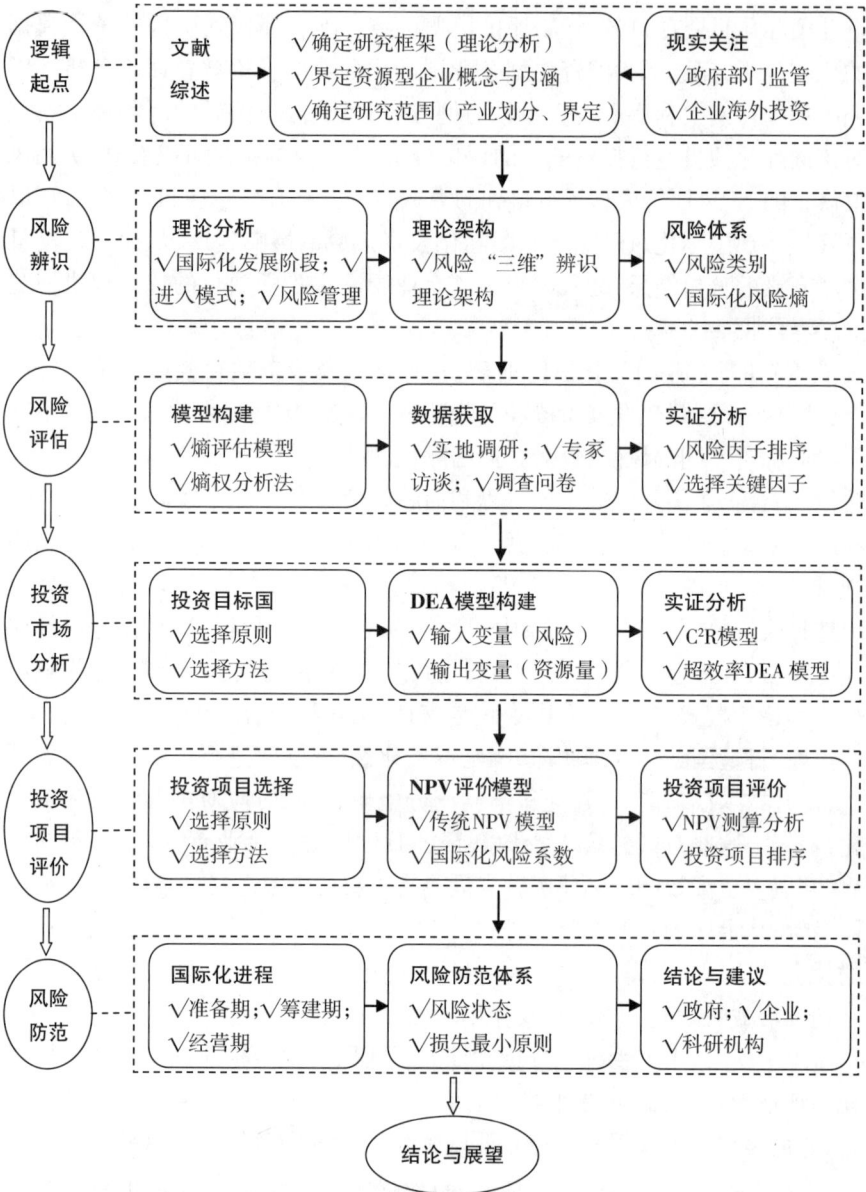

图 1.1　研究结构

第五节　研究方法与创新

一、研 究 方 法

在大量阅读国内外相关文献的基础上,综合运用战略管理、企业国际化、国际贸易、风险管理、熵理论、DEA 模型和 NPV 理论等有关理论,对我国资源型企业国际化风险管理进行了深入的分析和研究。具体研究方法如下:

(1)理论分析和实证分析相结合。运用企业国际化路径、发展阶段和风险辨识等理论,提出我国资源型企业国际化风险辨识的理论框架,并借助于此理论框架对我国资源型企业国际化面临的风险进行了全面分析,建立了我国资源型企业国际化风险指标构成体系。将熵理论、DEA 模型和 NPV 理论引入资源型企业国际化风险管理的相关研究,结合我国资源型企业国际化发展的实践历程,完成我国资源型企业国际化风险的评估与实证分析,以及我国资源型企业国际化项目的投资评价与分析。

(2)定量分析和定性分析研究相结合。借助于熵权分析法构建了资源型企业国际化风险评估模型,通过专家访谈、问卷调查等方法对评估模型的风险指标因子进行量化处理,完成了我国资源型企业国际化风险因子的评估分析。运用 NPV 理论方法,构建了资源型企业国际化投资项目评价模型。考虑不同目标投资国面临着不同的投资风险,通过对传统 NPV 评价模型做进一步的修正与完善,提出基于风险修正的 NPV 评价模型。借助于国内外权威机构发布的统计数据,完成了我国资源型企业国际化投资项目的评价与分析,为我国资源型企业国际化投资目标的选择提供参考依据和经验借鉴,针对企业国际化进程的不同发展阶段为我国资源型企业制定具体的风险应对措施。

(3)综合分析法。包括实地调查、专家讨论和问卷调查等方法,在对资源型企业国际化风险的辨识、评估和投资目标效益评价的基础上,提出了我国资源型企业国际化风险的防范体系。

二、研 究 创 新

(1)基于对企业国际化路径、发展阶段和风险辨识等理论的分析,构建了我国资源型企业国际化风险"三维"辨识理论框架,提出资源型企业国际化风险辨识路径,从国际化路径、国际化阶段及风险辨识三个维度进行了分析,划分了国际化风险类型,完成了我国资源型企业国际化风险的构成分析。

(2)通过熵理论的梳理分析,结合我国资源型企业国际化发展的实践历程,提出了企业国际化风险熵,构建了资源型企业国际化风险熵评估模型。运用专家访谈、问卷调查等方法,对企业国际化风险指标因子量化赋值,完成了我国资源型企业国际化风险评估的实证分析。

(3)在传统 NPV 评价模型的分析基础上,通过引入投资风险系数,建立了基于风险修正的我国资源型企业国际化项目的 NPV 评价模型。结合国内外权威机构统计数据的比较分析,完成了我国资源型企业国际化项目的投资效益评价分析,为我国资源型企业国际化投资项目的选择提供参考依据。

(4)依据我国资源型企业国际化风险评估的结果,给出了资源型企业国际化投资风险的防范原则及措施。针对企业国际化发展进程的不同阶段,为企业制定了具体风险的应对措施。

第二章　相关理论回顾

本章对资源型企业内涵作了界定,同时,对企业国际化、风险管理、熵、DEA 模型和 NPV 等相关理论进行梳理分析。具体包括:企业国际化内涵、动因、路径和发展阶段等理论概述;风险概念、国际化风险分类、识别、评估与防范的研究现状;熵的概念、性质、理论演进及相关研究现状;DEA 理论的概述、基本原理及基础模型;NPV 理论的基本内涵、依据原理及计算方法等。本部分的理论分析为后续章节的应用研究奠定了理论基础。

第一节　资源型企业

一、资源型企业内涵的界定

资源型企业概念本身是对开采和以资源为主要投入的企业的统称,相类似的概念有资源企业、资源采掘企业、矿业企业等。一般而言,狭义的概念主要是指矿产资源领域运作的企业。从这个角度出发,与资源型企业近似的定义比如有:李祥仪(2001)认为矿山企业是以矿产加工和经营为主的企业,包括石油和天然气开采业、煤炭开采业、金属矿开采业和其他开采业等;朱院利(2008)认为资源型企业是从事不可再生矿产资源开采和加工的企业,包括煤炭、石油、有色金属和黑色金属等资源企业。而广义的概念主要是指与自然资源领域相关的企业,指那些依托自然资源生产经营,具体包括矿藏、森林、河流、荒地等企业经营的要素,利润是通过这些资源的变卖或增值而实现的。从这个角度出发,近似定义比如有:潘文宇(2000)认为此类型企业是指通过利用和开发自然资源,包括自然资源的加工及其后续工序,以实现经济增长的企业。

结合上述资源型企业的相关定义,本研究认为:资源型企业是指从事不可再生矿产资源生产经营的企业,包括开采、加工、经营等。该定义的范围介于广义和狭义之间,可再生资源和不可再生资源有着本质的不同,其生产活动会给经济社会环境带来很多难以消除的影响,同时也要受到经济社会环境的制约。

简言之,对世界各国来说,矿产资源都是其重要的自然资源,它不是随着地球的出现而出现,也不是上帝给予人类的恩赐,而是在地球地质结构的不断变化中形成的。这个过程需要经过几百万年,甚至几亿年才能够完成,是人类社会生产发展的重要物质基础,当今世界,各国经济的发展和人们的生产生活都离不开它。目前,在我国已经发现的矿产资源种类大约有180个,具体可以分四大类别,包括能源矿产(比如:石油、天然气、煤炭等)、金属矿产(比如:铜、铝、铁等)、非金属矿产(比如:石灰岩、金刚石、粘土等)和水气矿产(比如:矿泉水、地下水、二氧化碳气等)。

二、资源型企业的特征

资源型企业以资源开发为主,辅助于初加工和后续工序,受自然条件限制较强,具有投资大、周期长的特性。通常包含有以下四个特征:一是以资源占有优势为核心竞争力;二是对资源的依赖性大,资源禀赋是企业成长的基础条件;三是地理区位性强,选址时要考虑到资源与供应等问题;四是由于是传统生产开发,产品附加价值低。

通常情况下,资源型企业的发展要经历勘探建设期、发展期、成熟期和衰退期等四个阶段,在一定程度上要受到资源相关量的限制。而其自身资源的不可再生性,注定了资源型企业的发展特点,在其发展过程中将会不可避免地遭遇到很多的问题,就需要不断地进行相关产业的调整。同时,由于企业受制于资源赋存地等问题的影响,相应的会带来企业在交通、动力等方面的限制,因此,企业在发展过程中需要完成大量的基础设施建设,随之而来,就会给企业产生投资大、周期长等一系列问题。而且与其他产业的企业相比,在其发展过程中,企业的生产经营特定及所处环境,决定了企业可能还会承受来自外部环境以及自然条件的影响。实践表明,在资源勘探过程中,企业还要承受着资源勘探难度大、成本高、勘探开发风险多等方面的影响。另外,企业的发展受到经济社会发展的影响较大,比如,政治经济的波动将会带来很多的市场风险,给企业的决策、生产、销售等方面带来较大的不确定性。

第二节　企业国际化理论

一、企业国际化内涵

企业国际化是指一个企业的生产经营活动不局限于一个国家,而是参与国际经济活动的一种客观现象和发展过程。其主要目的是在国际市场上,对企业进行资源的优化配置,使其不断地发展壮大,以获取更多的利润。

表 2.1 关于企业国际化的国内外学者观点

（单位:%）

	学　者	观　点
国外研究	Carlson、Forsgem、Johanson(20世纪70年代)	指出企业国际化是企业由国内市场向国际市场发展的渐进演变过程
	Richard D. Robinson	认为企业国际化过程就是其产品与生产要素的流动性不断增大的过程
	Stephen Young 等	分析了企业国际化经营的活动及方式,主要包括产品出口、直接投资、管理合同和特许经营等
	Vernon(1966)、Calof 和 Beamish(1995)	企业国际化是向调整自身适应海外拓展的演变过程
国内研究	鲁桐(1998)	认为企业有了国际化经济活动,国际化就开始了
	梁能(2000)	指出企业国际化包括两个方面,一是企业经营的国际化,由国内走向国际的演变过程;二是企业自身的国际化,由区域性企业演变为跨国企业的过程
	金润圭(2002)	认为企业国际化就是在国际市场对企业进行资源的优化配置,积极参与国际分工和国际竞争,在国际环境中具备自我生存和发展的能力
	沈灏(2009)	认为企业国际化是企业追求竞争优势和利用机会的过程

资料来源:IMF. *World Economic Outlook*,2014。

从世界范围来看,自20世纪70年代开始,企业国际化问题就已成为学界与企业界所关注的重要内容。由此,关于企业国际化的概念与内涵,国内外学者从不同的分析视角对其进行了研究。到了70年代中期,北欧的学者Johanson、Wiedersheim-paul 和 Vahlne[35]等通过对企业国际化发展阶段的分析,对企业与其国际化环境的关系行为进行处理时,指出企业国际化就是一个由国内市场向国际市场延伸的演变过程,具体表现为企业不断增加对国际市场承诺的持续性,是企业在拓展国际空间时表现在企业层次的活动。美国学者理查德·罗宾逊[36]在其著作中提出,"国际化的过程就是在产品及生产要素流动性逐渐增大的过程中,企业对市场国际化而不是对某一特定的国家市场所做出的反应。"从而揭示了企业国际化是不断追逐并适应国际化市场的有意识的主动性行为。

中国社会科学院教授鲁桐(1998)[37]认为企业一旦有了国际化经济活动,其国际化进程就开始了。梁能(2000)[38]提出企业国际化实质上就是企业走向世界的过程,分别从企业经营的国际化和企业自身的国际化等两个视角对企业国际化进行分析与研究,前者是指企业的经营活动范围从国内走向国际的问题,后者指一个区域性的企业如何向跨国企业演变发展的问题。金润圭(2002)[39]认为企业国际化就是在国际市场对企业进行资源的优化配置,积极参与国际分工和国际竞争,在国际环境中具备自我生存和发展的能力。沈灏(2009)[40]认为企业国际化是企业不断追求竞争优势和利用机会的过程,并根据企业国际化的发展方向,将其进一步分为内向国际化与外向国际化两个方面,而且指出外向国际化是内向国际化发展到一定程度的结果。

二、企业国际化动因

国外学者关于企业国际化动因问题的研究已为数不少,并在不同的领域取得了相应的研究成果,主要有以下六种理论。

(1)垄断优势理论。由美国学者 Hymer(1976)[41]在其博士论文中首先提出,他认为在海外投资过程中,由于世界各国的市场环境不同,企业之间在商品差异、价格管制、贸易限制等方面有所差异,使得企业具备了其他同类企业所没有的垄断优势,从而为企业带来国际化经营的可能性。由此可知,当企业自身的垄断优势足以抵御在海外投资过程产生的可能性风险,并获得一定的企业经营利润时,才应该开始国际化经营活动。该理论将研究从流通领域转入生产领域,摆脱了新古典理论的思想束缚,为以后的研究开辟了新的广阔天地。但是,该理论却不能解释不具有垄断优势的发展中国家增多了对发达国家直接投资的原因。

(2)内部化理论。美国学者 Coase(1937)认为,只要企业的内部交易费用低于企业外部交易的成本,企业就应该将交易内部化。自20世纪70年代中期,英国学者 Buckley 和 Casson(1976)[42]以发达国家跨国企业作为研究对象,基于 Coase 的研究理论,于1976年在其著作中建立跨国公司的一般理论——内部化理论。该理论强调企业应该通过内部组织体系以降低其成本,在内部转移优势的能力,并把这种能力作为企业国际化投资的真正动因。在市场不完全的情况下,企业为了谋求企业利润的最大化,比较倾向于将中间产品特别是知识产品在企业内部进行转让,以内部市场来代替企业外部市场。

(3)产品生命周期理论。该理论由美国学者 Vernon(1966)[43]在其研究中首次提出,他认为产品的生产和人的生命一样,都存在着一个发展周期过程,包括形成、成长、成熟和衰退等几个阶段。但是,由于世界各国的科学技术水平不一样,在不同的国家,相同产品的生命周期发生的时间和过程是不同的,甚至存在着很大的差距。这实际上反映了在不同的国家,同一种产品的不同竞争地位,进而会影响到企业在国际市场上的投资行为,并为企业的国际化发展提供参考依据。该理论运用动态分析方法,从垄断和区位优势等方面对企业国际化动因进行了阐述。

(4)国际生产折中理论。英国学者 Dunning(1975)[44]提出,在国际化投资过程中,企业的具体形态和发展程度取决所有权优势、内部化优势和区位优势等三个方面。他认为企业只有同时具备这三种优势,才能开展国际化经营活动。该理论对跨国企业的运作有很大的指导作用,它促使企业的领导层以形成较为全面的决策思想,利用整体思想分析与三种优势相联系的因素,以及其他诸多因素之间的相互作用,把企业国际化经营的主观因素与客观因素相结合,使所得结论比较符合现实,从而减少企业领导层在决策上的失误。

(5)切合比较优势理论。日本学者 Kojima(1978)[45]认为,原有的对外投资理论都是以美国的对外投资作为研究对象,而且偏重于从企业的垄断优势去解释。他从日本的产业政策角度进行分析,指出为了获得东道国的资源和原材料,一些不具有比较优势的日本企业也进行对外投资,这种情况下是发挥投资国和东道国的各自优势,使得双方获得相应的收益。该理论的基本含义是,一个国家的某些产业如果在其国内没有了发展空间或发展空间即将消失,已经成为了该国的"边际产业",但是在另一些国家正处于优势地位或潜在的优势地位,这样一国就应从这个"边际产业"开始依次进行海外直接投资。

(6)贸易投资相互关系理论。该理论有三个代表性的理论模型,分别是 Mundell(1957)[46]的相互替代模型,Markuson 和 Svensson(1985)[47]的互补模型,Bhagwati 和 Dinopoulos(1992)[48]的补偿投资模型,主要分析和研究了国际贸易与对外直接投资之间的相互关系。其中,相互替代模型表明了贸易与投资之间的替代性,这种替代关系通过"关税引致投资"的实践得到了进一步验证;互补模型表明了资本要素的国际流动或者直接投资与商品贸易之间不仅存在着替代性,而且在一定的条件下还存在着互补关系;补偿投资模型,是从政治经济学的角度分析了贸易与投资之间的相互关系,不是为了绕过关税壁垒而是为了化解潜在的贸易保护威胁而进行的投资叫作"补偿投资"。这三个理论模型揭示了贸易和投资之间的替代过程与互补机制,用来解释由于贸易替代或互补产生的企业国际化经营。

三、企业国际化路径

国内外学者关于企业国际化发展路径的研究已为数不少。国外学者

Tse,Yigang Pan 和 Kevin(1997)[49]等把进入模式作为企业海外市场进入战略的基础,Root(1994)[50]、张一弛与欧怡(2001)[51]等学者进一步划分了市场进入模式类别,比如:贸易式、契约式和投资式,Root(1987)指出进入模式选择的影响因素是市场规模、竞争格局、生产成本和经济政策等,Pan 和 Tse(2000)[52]则从母国文化特征角度分析了对进入模式选择的影响。Dunning认为企业进入国际市场的模式分为三种模式,包括贸易式、契约式和投资式,而 Anderson 和 K. David[53]关注于四种主要进入方式,分别是出口、许可证经营/特许经营、合资经营和独资经营。其中,不同进入方式中企业投入的资源和面对环境的复杂程度是不同的,但是这些研究没有揭示企业国际化进程中对风险识别的演进过程。

国内学者黄速建和刘建利(2009)[54]认为影响进入模式的是制度、经济、市场、文化和政治等众多因素。鲁桐(2001)[55]认为:国际化是一个双向过程,包括外向国际化和内向国际化两方面。郭刚(2006)[56]在分析中国国际化历史时指出,中国企业国际化的路径要从中国企业跨国经营开始进行分析。20 世纪 80 年代初,我国企业的跨国经营得以迅速发展,当时发展较快主要是一些专业外贸公司和省市国际经济技术合作公司,跨国经营内容主要包括:对外贸易、对外经济技术合作和海外直接投资。张莹(2012)把中国企业国际化的进入方式分为两种:贸易模式和投资模式,其中,前者包括直接出口和间接出口,后者包括股权式进入和契约式进入。王征(2014)基于跨国公司模式的企业价值链视角,认为我国跨国企业海外拓展可分为四种方式,即:布局海外研发机构、设立地区总部或投资性公司、打造全球供应链网络和建设海外工业园。

综合以上研究观点,本书把资源型企业国际化路径分为三种,包括国际贸易、国际合作和国际投资,根据不同的国际化路径来分析企业国际化发展中的风险,如图 2.1 所示。

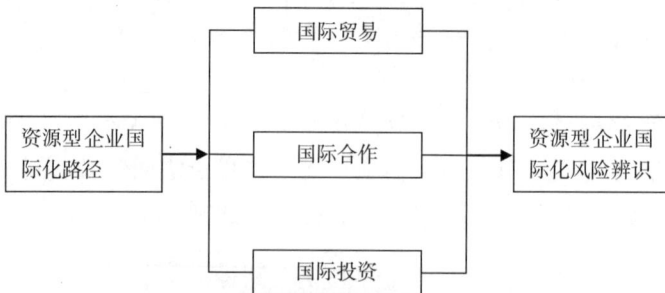

图 2.1　基于路径的资源型企业国际化风险辨识

四、企业国际化阶段

20 世纪 70 年代中期,瑞典学者 Johansson 和 Vahlne(1977)提出了企业国际化阶段理论,即 U-M 模型。在此基础上,Bilkey(1977)[57]、Czinkota 和 Cavusgil(1980)[58]、小林规威(1998)[59]等学者通过进一步的研究分别提出具体的国际化阶段理论模式。到了 90 年代,出现一些新的相关理论(INVs & BGFs),Oviatt 和 McDougall(1994)[60]与 Knight(1996)[61]认为企业国际化不完全是渐进式的,可能是跳跃式的。

（一）企业国际化发展“三阶段论”

Vernon(1966)在其理论中分析了产品的三个发展阶段,分别是创新阶段、成熟阶段和标准化阶段,用来解释企业根据其生产条件和竞争条件而做出的对外直接投资决策。1974 年,Vernon 通过引入国际寡占行为对其理论进行修正,提出了三个产品周期阶段,即“以创新为基础的寡占”“成熟的寡占”和“老化的寡占”。郭刚(2006)在分析经济全球化背景下企业国际化路径时,通过分析惠尔浦公司的国际化历程,将其发展路径分成三个阶段,分别是国内生产阶段、国内扩张阶段和国际扩张阶段。

（二）企业国际化发展“四阶段论”

北欧学者提出了企业海外经营的四个阶段:不规则的出口活动、通过代理商出口、建立海外销售子公司和从事海外生产和制造等。这四个阶段表示了企业在海外市场的卷入程度或由浅入深的国际化程度,是一个“连续”“渐进”的过程。国内学者张莹(2011)针对中国企业的国际化也提出了四个发展阶段:一是扩大贸易出口,主要是以直接或间接出口的方式进入目标市场;二是获取市场经验与技术,常见的有三种进入模式,包括绿地新建、跨国并购和战略联盟;三是市场份额追赶,最典型的进入模式就是跨国并购;四是争取全球资源配置权,在目标国市场进行绿地新建投资。

（三）企业国际化发展“五阶段论”

基于企业国际化阶段理论的研究,美国学者 Cavusgil(1980,1982)通过企业阶段性行为的分析,提出了企业国际化的五个阶段,包括国内营销阶段、前出口阶段、试验进行阶段、积极投入阶段和国际战略阶段。日本学者小林规威(1998)同样提出了海外经营“五阶段说”,第一阶段,以总公司经营为中心的国际化,在此阶段,海外发展事业主要是以出口活动为主;第二阶段,重视出口市场的国际化经营,此阶段要开始进行进口替代产品的当地化生产;第三阶段,意识到要与出口国以外的第三国市场进行结合,在地域关联的基础上,重视在出口国的经营活动,并开始从事海外生产活动;第四阶段,以全球发展战略进行跨国生产经营;第五阶段,深化企业的全球战略经营。

综合以上学者观点,结合前文关于我国资源型企业国际化实践历程的分析,将资源型企业国际化发展分为三个阶段,分别是贸易(进出口)阶段、劳务合作阶段和海外投资建厂阶段[62]。根据不同的发展阶段来分析企业国际化发展中面临的风险问题,如图2.2所示。

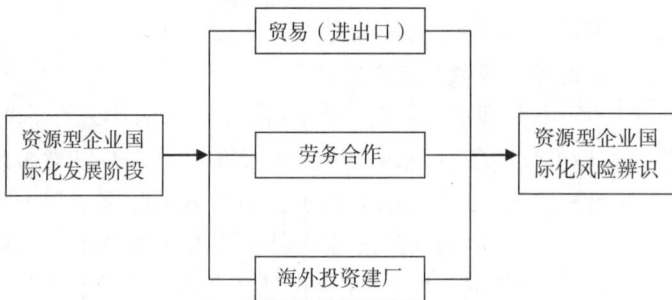

图2.2　基于发展阶段的资源型企业国际化风险辨识

第三节　风　险　管　理

风险管理(Risk Management)是一个管理过程,包括对风险的定义、测量、评估和发展应对风险的策略,目的是将可避免的风险、成本及损失极小化。其研究起源于20世纪初,如今已有一百多年的发展历史,不仅涉及管理学、经济学、系统科学及决策理论等管理科学,而且还涉及心理学、人文学科等社会科学,是一门综合性的交叉学科。

一、风险内涵

风险的基本内涵是损失的不确定性,由于不同领域研究的内容不同,所以风险的定义也不尽相同,关于风险的含义,目前有几种不同的认识,如表2.2所示。

表2.2　关于风险的几种含义

1. 风险是损失的可能性	2. 风险是损失的概率	3. 风险是潜在损失	4. 风险是实际结果偏离预期结果的概率	5. 风险是导致损失产生的不确定性

通常而言,企业所处环境的不确定性、生产经营的日益复杂性以及企业能力的有限性等都可能会给企业带来很大的风险,甚至造成企业生产经营活动的失败。在生产经营活动中,由于企业受到其自身拥有的人力、财力、物力、信息、技术等生产要素在数量、质量和结构方面的约束,这使得企业应对不确定性的能力是有限性的。所以,当企业外部环境变化带来的不确定性程度和生产经营的复杂性超过企业自身的能力时,风险可能就会发生。另外,企业管理者自身的素质、知识结构以及具备的能力与企业风险之间有很大的关系,如果管理者对企业所处环境的辨识存在着误差,对其生产经营活动预测不准,对风险过程监控不力或者缺乏对风险的心理承受能力时,往往会给企业带来一些主观方面的风险。

首先,基于东道国制度视角进行分析。Blonigen(2005)从以下几个方面展开了对外直接投资的影响机制分析,一是在产权制度不完善的国家,政府可能存在着非法侵占投资者资产的事件发生,恶劣的环境影响到外来投资者的利益;二是制度的不完善将会产生寻租行为,从而增加了企业的运营风险和经营成本;三是制度的不完善将会影响到公共产品的供给,比如质量问题等。Asiedu(2006)和Gani(2007)在自己的研究中,发现了东道国制度与国际投资之间存在着显著的关系,即好的制度环境可以更好地吸引国际直接投资。Habib和Zurawicki(2002)基于全球80多个国家的统计数据分析了国家之间的制度差异与对外直接投资之间关系,认为制度差异程度越小,越有利于双边国家的合作发展。在中国企业国际化发展过程中,Kolstad和Wiig(2009)通过研究发现,中国的企业可能会借助于投资目标国的制度缺陷展开企业的国际化投资活动,并从中获取更大的收益。甚至蒋冠宏和蒋殿春(2012)在研究中发现,中国的对外直接投资(OFDI)对发展中国家的制度不足可能存在着"偏好"问题。

其次,基于文化视角进行分析。Morosini等人(1998)在研究中发现,文化差异对跨国并购企业将会产生的影响,给投资企业产生融合成本的同时,文化之间的差异性将为企业带来多样化的文化,促进企业的多样化发展,有利于企业提供多样化的产品和服务。但是在Sirgal等人(2012)的研究中,却发现平等意识存在着差异的文化可能不利于跨国企业的国际化投资,影响到了双方交易量的增加。有些学者从文化特征与企业风险之间存在关系的角度进行研究,Li等人(2012)在从国家制度和管理者行为等视角研究中,分析了企业文化如何可以增加或减少企业面临的风险。而Desender等人(2000)在国家文化中的个人主义与平等观念方面进行了研究,发现这两个因素与企业管理者的个人收益之间存在着一种负相关的关系,即意识越强,管理者的收益越低。

二、国际化风险识别

20 世纪 70 年代中期,北欧学者基于国际化渐进过程的理论分析了在经营过程中国际化风险的影响作用,使得很多学者开始了关于国际化风险的研究。学者 Kim,W. C. 和 Hwang,P. (1992)指出风险识别是企业完成风险的分析、控制以及采取相应的措施进行风险规避的基础和前提。Miller(1992)从经理人员感知的角度将国际化的不确定性分为三个方面,包括一般环境不确定性、行业不确定性和公司不确定性,并进而将这些不确定性整合成一体化风险管理框架,即 PEU 模型。

Brouthers(1995,1996)对 Miller 的一体化风险模型进行了分析与验证,他认为随着企业进入国际市场程度的不同,企业遇到的风险也会有所不同,从六个方面分析了环境的不确定性,分别是政府政策风险、宏观经济风险、公司使用资源和服务的风险、产品市场和需求风险以及竞争和行业技术风险。Kwok 和 C. Y. Chuck(2000)[63]在对国际化风险分类分析的基础上,指出了国际化风险认知对国际化战略决策产生的影响。Subodh P. Kulkarni(2001)[64]则指出由于风险种类的不断细化,管理者对风险的感知随着个人经验以及国际化特征、战略的变化而有所不同,并对影响国际化经营绩效的关键风险进行识别与分析。此外,国外部分学者也逐渐关注对生产经营活动产生一定影响的特定风险,包括政治风险、经济风险、外汇风险等[65-66]。

近年来,国内许多学者基于不同角度对风险识别进行了分析探讨。比如:刘宏伟(2002)[67]通过分析把风险识别作为风险管理过程要解决的核心问题;熊小奇(2003)[68]则把风险识别当作一种流程进行讨论,指出风险识别的动态性就是对风险进行识别的整个过程;李筱光(2006)主要从识别机制的角度对风险识别进行了分析与研究。另外,有些学者认为风险识别的流程与机制是企业对其风险进行管理的有效工具。杨申燕(2001)[69]在其研究中对跨国企业的人力资本投资中人为风险及其管理进行了分析,指出企业在对其人力资源进行投资与管理时,可能会形成相应的风险,比如员工的招聘、培训、福利、社会保障以及劳动力配置等方面。王继红(2002)[70]则从风险发生的来源与可能性着手分析,对企业的投资风险进行了深入的系统性思考,指出了五方面的风险,分别是争于做大、异地发展、跨业经营、轻视市场和过度造名。许晖、姚力瑞(2006)在其研究中,将国际化风险分为四种类别,分别是政府风险、市场风险、技术风险和管理风险。并指出不同类别的风险对企业的国际化经营会产生不同程度的影响,如果这些影响是负面的,并对企业的国际化经营起作用时,则可能给企业造成一定程度的损失。仲谋和郭周明(2014)[71]在对企业工程承包投资项目风险的识别中,结合各自项目的特性,运用暮景分析法、项目分解法和专家调查法等,以中铁在麦加的建设项目为例,从政治风险、经济风险、文化风险、法律风险、自然风险、合同风险和管理风险等七个方面展开对项目风险的分析。桑一和刘晓辉(2014)[72]在研究中海油并购尼克森的过程中,认为并购过程中主要面临着政治风险、财务风险和整合风险等,结合着尼克森的管理现状给出了企业整合的对策。徐莉(2012)[73]则在其博士论文中,对我国企业的国际化投资风险影响因素进行了系统性分析,如表2.3所示。

表 2.3　关于资源型企业国际化风险影响因素分析

宏观影响因素	1. 政治因素:①基本政治状况;②双边及多边关系;③法定管制制度;④政治稳定程度;⑤政府清廉和效率;⑥政府对市场干预程度;⑦政治关联支持。 2. 经济因素:①经济发展水平;②经济外向型程度;③市场经济自由度;④金融市场自由度;⑤营商环境自由度。 3. 社会影响因素:①社会基础设施;②社会文化因素;③社会人口因素;④自然地理因素
行业影响因素	1. 市场影响因素:①行业经济特性;②顾客需求偏好。 2. 竞争影响因素:①东道国当地企业的阻击;②母国竞争对手的博弈;③第三国企业的冲击。 3. 技术影响因素:①行业技术密集度;②行业技术变革;③技术溢出效应
企业特定因素	1. 战略影响因素 2. 认知影响因素:①内部传承;②外部模仿。 3. 管理影响因素:①高管职位任期;②高管教育水平;③高管国际化经验;④国际化人才储备。 4. 网络影响因素:①母子公司关系网络;②子子公司关系网络。 5. 产品影响因素:①产品要素密集度;②产品的差异性;③产品地位

综上所述,国内外学者在对企业国际化的投资风险研究较多的主要是政治风险、政府政策风险、宏观经济风险和文化风险等。同时,对于企业其他方面的风险也越来越关注,比如:自然环境风险、原材料市场风险、产品市场风险、人力资源风险等[74-75]。

三、国际化风险评估

风险评估是企业风险管理过程中重要的一个环节,由于企业风险的度量比较困难,以往的研究中多用定性分析、案例分析与比较分析等方法,而对风险的定量研究较少。比如 Agarwal 和 Ramaswami（1991）以及 Kim 和 Hwang（1992）针对单个风险的相关研究，主要是完成对政治风险的测度与分析。高丽（2011）在其研究中，通过运用 F-AHP 模型，建立了我国资源型企业国际化风险评价指标体系并完成对风险的测度与分析。

Miller（1996）利用 PEU 模型对国际化风险进行感知分析，并进一步完成不同领域风险的分析与评价，包括政府政策、宏观经济、资源和服务、产品市场和需求、竞争和技术等五个领域。Brouthers（2002）在其研究中提出了国际化风险的测评方法，运用此方法使得企业在不同国家之间开展生产经营活动时，可以对感知的环境风险进行评估分析。国内学者邵予工（2008）[76] 从投资者的角度出发，利用模糊综合评价法对企业微观层面的具体因素进行测度分析。聂晓愚、李志祥和刘铁忠（2014）运用专家调研法和文献分析法建立了我国石油涉外企业社会风险指标的构成体系，借助于因子分析法和主成分分析法构建了企业社会风险评价的理论模型。田泽（2014）基于中国的视角，选取了非洲十个国家为分析对象，分析了中国对非洲十国国际化投资风险评价指标构成，基于层次分析法和专家评价法，完成了中国对非洲十国国际化投资风险评价的实证分析。俞锋和池仁勇（2015）在对风险评价过程中，运用风险矩阵和 Borda 序值评价分析了并购双方的 7 个法律风险因素，即国别风险、行业风险、并购方式风险、组织形式与上市地风险、主营业务风险、采购以及销售行为发生地风险、企业管理行为风险，以"吉利-沃尔沃并购案"为分析对象，总结出中国企业跨国并购过程中法律风险防控的"浙江模式"。位春苗（2015）结合风险的自身特性，建立了我国国际化企业跨国战略并购风险评价指标构成体系，依据并购风险评价的结果，从政治风险、文化风险、财务风险和知识产权风险等方面给出了针对具体风险的应对之策，从而提供了有效规避风险的具体路径。

四、国际化风险防范

在企业国际风险防范研究中，不同的学者关注的研究问题有所不同。有的学者强调宏观政策在研究中的重要性，比如刘红霞（2006）[77] 认为在风险防范过程要充分发挥政府的作用，包括监督、管理、服务与保护等，基于宏观战略的视角对境外投资协调机制进行了重点研究，从而构建了企业境外投资协调框架，具体包括了管理协调机制、监督协调机制、投资服务机制和投资保护机制等四个方面。成金华、童生（2006）[78] 则基于政治风险理论重点分析了我国石油企业在跨国经营过程中面临的政治风险，并进一步探讨了应对政治风险的策略,主要涉及企业内部管理、风险评估、股权安排以及目标市场选择等几个方面,并分析了政府在政治风险应对中的角色定位。单宝(2007)[79]在其研究中发现,由于企业在国际化发展过程会面临一些特殊风险,如文化融合、财务整合和企业发展战略等,使得企业在化解或规避国际化风险时要采取不同的渠道,包括加强与所在国政府的沟通、搜集财务信息、筛选并购对象、技术整合、跨文化整合等,以降低风险发生的可能性。许晖、邹慧敏(2009)[80]主要分析了在不同股权结构下我国企业国际化发展过程中关键风险的识别与测度问题,并进一步提出了基于股权结构的企业国际化风险防范的治理机制。董海华(2014)[81]从当前碳排放限制、环保标准差异和环保评估缺失的角度分析了环境责任风险,并进一步分析了环境责任风险产生的原因,给出了降低和防范环境责任风险的对策。陈传兴和徐颖(2014)[82]从定价风险、融资风险、支付风险和整合风险四个方面对并购过程中企业面临的财务风险进行分析,并运用 F 值模型检验了我国跨国企业国际化并购进程面临财务风险的实证分析,进而给出了我国跨国企业并购财务风险的防范对策。米家龙和李一文(2015)[83]在其研究成果中,从宏观、中观和微观等三个层面分析了我国跨国企业海外投资过程面临的主要风险因素,进而从政府、行业和企业等角度制定了防范跨国企业海外投资风险的策略。

综上所述,目前关于企业国际化风险管理方面的研究已为数不少,但已有的相关研究多局限于国际化风险管理的某些环节或某些方面的问题,而针对企业国际化风险管理的系统性研究较少,尤其在我国资源型企业国际化风险辨识、评估以及投资效益评价等方面,尚存在不足。本书将结合资源型企业这一特定领域,展开对企业国际化风险辨识理论框架、风险评估、投资效益评价及风险动态防范机制的研究,探究企业国际化路径、发展阶段与风险辨识的逻辑关系,以及国际化风险辨识、评估与投资效益评价、风险防范之间的逻辑关系。

第四节　熵　理　论

一、熵　的　内　涵

熵是 1868 年由德国物理学家克劳修斯发现和揭示出来的。爱因斯坦指出熵定律是"自然界一切定律中的最高定律"。熵定律是指,虽然自然界的能量守恒,但其能量的转化或转移是有方向性的,并且转化过程是不可逆的,只能从有效能量向无效能量转化,从可利用能量向不可利用能量转化,从能量较高的集中程度向较低的集中程度转化。也就是说,任何系统都有能量的转化,并且在转化过程中总有一定量的有用能转变成了无用能,系统无效能量的总和就称为熵,而这种转化的过程就是系统熵变的过程。在系统中,当能量转化到一定的程度,系统熵值达到最大时,就进入了"热寂"状态,系统即将崩溃。这就是熵定律,也称作热力学第二定律。随着熵理论的不断发展,结合信息论进行研究后,诞生了信息熵,现在已经在管理科学、工程技术乃至社会经济领域得到了广泛的应用。而熵理论在企业管理领域应用之后,被称之为"管理熵"。该理论指出:在假定一个企业是一个相对封闭的系统的前提下,企业组织、制度、方法和政策的运动过程中将会体现出有效能量逐渐减少,而无效能量不断增加的不可逆过程,从有序到无序,并且伴随着不确定性的增加[84-85]。

二、信 息 熵

1948 年,Shannon 在其研究中系统阐述了信息的度量方法,基于熵理论提出了一个度量不确定性的数学模型,计算得到的熵即称为信息熵。所以,信息熵最初是用来解决概率信息定量描述的问题,以消除事物的不确定性。随着研究理论的不断演化,信息熵又被分为离散信息熵和连续信息熵。另外,其他学者在研究中进一步对完善了信息熵理论,并提出多个概念和定义,如连续信息熵、加权熵、复杂度、信息熵等,大大扩展了信息熵的应用范围[86]。

(一) 离散信息熵

假设试验中存在离散随机变量,变量可能发生的值分别是 x_1,x_2,x_3,$\cdots$,x_n ,每个值发生的概率分别是 p_1,p_2,p_3,$\cdots$,p_n ,则该离散随机变量的信息熵值为:

$$H(x) = -p_1 \ln p_1 - p_2 \ln p_2 - \cdots - p_n \ln p_n = -c \sum_{i=1}^{n} p(x_i) \ln p(x_i) \quad (2-1)$$

随着不断的发展,信息熵应用范围不断被拓宽,而且从离散情况下扩展到多维变量和连续变量情况下,其熵的表达方式更加多样化。

对于二维离散随机变量,如:用 $p(x_i, x_j)$ 表示二维离散随机变量 X、Y 分别为 x_i、y_j 时的概率,则其复合信息熵值为:

$$H(x, y) = -c \sum_{i} \sum_{j} p(x_i, y_j) \ln p(x_i, y_j) \quad (2-2)$$

同理,对于多维离散随机变量的情况,依次类推。

（二）连续信息熵

假设试验中存在一维连续型随机变量 x，其概率分布函数为 $f(x)$，则其在区间 I 上的信息熵为：

$$H(x) = -c\int_I f(x)\ln f(x)\,dx \tag{2-3}$$

对于二维连续型随机变量 X 和 Y，设 $x \in M, y \in N$，其联合概率分布函数为 $f(x,y)$，则 X 与 Y 的联合熵为：

$$H(x,y) = -c\iint_{NM} f(x_i,y_i)\ln f(x_i,y_i)\,dxdy \tag{2-4}$$

对于多维连续型随机变量，其联合信息熵计算公式可以依次类推。

（三）条件熵

假设离散型随机变量 X 与 Y，若给定 $Y=yi$，则 X 关于 Y 的条件熵为：

$$H(X/Y) = -\sum_j p(y_j)H(X/Y=y_j) = -\sum_i\sum_j p(y_j)p(x_i/y_j)\ln p(x_i/y_j)$$

$$\tag{2-5}$$

假设连续型随机变量 X,Y，设 $x\in M, y\in N$，若给定 $Y=y_j$，则 X 关于 Y 的条件熵为：

$$H(X/Y) = -\iint_{NM} f(y_j)f(x_i,y_j)\ln f(x_i,y_j)\,dx \tag{2-6}$$

三、相关应用研究

结合本书的研究，分析熵理论在几个相关领域中的应用研究与发展。

（1）风险熵。国内学者在对一些领域风险的研究中引入熵理论，提出了风险熵[87-91]，如表 2.4 所示。

表 2.4　关于熵理论的国内应用研究

作者	时间	文章	研 究 内 容
郭晋强	2005年4月	熵理论在建筑工程风险评估中的应用研究	文章将熵思想的概念引入到建筑工程项目的风险评估中，把熵思想应用于建筑工程风险管理系统中，提高风险管理效率，减少管理系统的风险度
张近乐 王润孝	2010年1月	熵权分析法在大学出版社经营风险评估中的应用	通过引入熵理论，建立基于熵权的大学出版社经营风险的熵评估模型，同时利用该模型对大学出版社经营风险进行实证运算，从而为大学出版社经营风险的评估提供一种有效的分析方法

续表

作者	时间	文　章	研　究　内　容
郑婷婷	2010 年 5 月	基于熵理论的煤炭产业可持续发展研究	运用熵值法确定煤炭产业可持续发展系统中各指标的权重与熵变情况,以此分析我国煤炭产业可持续发展系统的运行状态,提出有利于社会经济、煤炭产业和生态环境等三大系统可持续发展的建议和对策
郭　熹	2011 年 11 月	基于风险熵模型的安防系统风险与效能评估技术研究	借鉴 Shannon 信息论,提出风险熵的概念,分析安防系统的基本架构和组成要素,建立相应的评估模型,研究风险熵度量安全防范系统的防护效能和风险的理论和方法
邢文洋	2013 年 3 月	基于信息熵的城市配电网风险评估研究	文章探讨了适用于城市配电网风险评估的信息熵及熵权公式,并根据双基点法思想分析了被评估电网相对于评估指标的贴近度,结合所建立的风险评估模型,提出了基于信息熵的城市配电网风险评估的方法。最后,利用所建立的风险评估模型和风险评估方法对实际电网进行了风险评估

（2）熵与财务危机管理。随着熵理论在管理科学的应用范围越来越广,我国许多学者把熵理论引入了企业财务危机管理的研究领域。由于熵是事物不确定性的最佳测度工具,将其应用到财务危机预警的指标筛选或赋权中,为财务危机的实证研究提供更为科学有效的手段[92]。在财务危机管理的应用中,和其他方法相比,熵理论存在非常明显的优点。

马若微[93]（2005）运用粗糙集与信息熵原理,基于沪深两市中所有的上市公司数据,提出了一种客观选择财务危机预警模型指标的方法。韩伟和李杰[94]（2007）认为在财务预警研究中,利用定性与定量相结合方法可以科学有效地选取其财务指标。吴芃[95]等（2009）通过对熵理论的分析,针对上市企业建立了财务危机预警模型,可以全面分析目标企业的财务状况,并完成参评企业的排名问题。李凡[96]（2010）在其论文中分析了财务指标选择对企业财务预警研究的重要性,但是,如果为了提高预警精度只是盲目地加大指标的采集数量,不仅增加了工作量,而且也会增大其相关性和冗余度。因此,在研究过程中,为了不影响实证精度的前提下,他采用熵权法对指标进行筛选,以尽可能地减少实验数据。

（3）信息熵理论在资源型企业经济效益评价中的应用。朱启莲、李跃贞[97]（2002）在其研究中阐述了信息熵理论在资源型企业经济效益评价中的应用。若将资源型企业经济效益评价视为一个研究系统,而其评价指标体系则为子系统。将各子系统作为信源,各被评对象在该指标下的取值则可用以视为子系统出现的可能结果,若其概率可以确定,则该指标的熵就能计算出来。根据信息熵定义,不难得出,某项指标的熵越小,其有序度越高,对总体经济效益评价的重要性越大,反之就会越小。因此,我们可以利用熵值来确定资源型企业经济效益指标体系中各项指标的相对重要性。

近年来,熵理论的研究在不同学科领域得以迅速发展,人们将熵理论同社会、自然等多方面的问题和现象相联系,试图用熵理论来解释,但是在实践领域中熵理论的应用并不是很广泛,尤其是在资源型企业领域。基于熵理论完成对我国资源型企业国际化风险的评估与分析,使得熵理论在企业国际化实践中的应用得以进一步深化。

第五节　其他相关理论

一、DEA 理论

(一) DEA 内涵

数据包络分析法(简称 DEA)是运筹学、管理学与数理经济学等学科综合性的研究领域,由美国著名运筹学家 A. Chames、W. W. Cooper 和 E. Rhodes 在 20 世纪 70 年代提出,主要用来评价具有多个输入、输出变量的同质决策单元间的相对有效性,通过对输入输出指标数据的分析,获得每个决策单元的相对效率值[98-99]。

随着其研究与应用领域的不断扩大,DEA 从最初的 A_{22} 模型,进而发展到两阶段模型、三阶段模型的静态模型。后来在其模型中引进“时间窗口”概念后,使其进一步发展到动态研究领域。近年来,国内外学者对模型进行了较多的实证与应用等研究,比如,通过实证研究证明 DEA 的实用性,将 DEA 引入经济管理领域为决策提供参考依据等。另外,研发 DEA 相关的求解软件,为问题的求解提供进一步的便利等[100]。

在能源领域效率评价方面,Tom(2003)运用 DEA 和 SFA 方法对英国和日本电力行业内企业相对效率进行了分析,并得出了与日本电力企业相比,英国企业拥有更高的效率。Finn(2001)借助于 DEA 方法测算了电力企业的技术效率变化,指出技术的改进可以使电力企业生产率每年提高百分之二。在国内,孙鹏(2008)[101]采用 DEA 方法,基于电力行业的统计数据,测算了我国电力行业的相对效率水平。王秀岩(2008)[102]主要研究了我国石油企业国际化发展的投资效益问题。另外,王亚(2009)[103]利用 DEA 方法,以国内二十三家主要钢铁企业为研究对象,测算了我国上市钢铁主营业企业的经营效率。

(二) 理论模型

记 $X_j = (x_{ij}, \cdots, x_{mj})^T$, $Y_j = (y_{ij}, \cdots, y_{rj})^T$, $j = 1, 2, \cdots, n$。其中, x_{ij} 为第 j 个决策单元对第 i 种类型输入的投入量; y_{rj} 为第 j 个决策单元对第 r 种类型输出的产出量,可用 (x_j, y_j) 表示第 j 个决策单元 DMU_j。

对应于权系数 $v = (v_1, \cdots, v_m)^T$, $u = (u_1, \cdots, u_s)^T$,每个决策单元都有相应的效率评价指标 $h_j = \dfrac{u^T Y_j}{v^T X_j}$, $j = 1, 2, \cdots, n$。总可以适当地选择权系数 v 和 u,使其满足 $h_j \leq 1, j = 1, 2, \cdots, n$。

现在对第 j 个决策单元进行效率评价。简记 DMU_{j} 为 $DMU.$, (x_{j}, y_{j}) 为 $(x., y.)$, h_{j} 为 $h.$ 在决策单元的效率评价指标均不超过 1 的条件下,选择权系数 u 及 v,使 $h.$ 最大。于是构成如下的最优化规划模型。

$$\begin{cases} \max h. = \dfrac{u^T Y.}{v^T X.} = V_p^- \\[3mm] st. \ h_j = \dfrac{u^T Y_j}{v^T X_j} \leq 1 \\[3mm] j = 1, 2, \cdots, n \\[1mm] u \geq 0, v \geq 0 \end{cases} \qquad (2-7)$$

分式规划 $(\bar{P})$ 与经变换成为线性规划问题 (P) (加入松弛变量 s^+ 及 s^- 以后):

$$(D_{C^2R}) \begin{cases} \min \theta. \\[2mm] st. \ \displaystyle\sum_{j=1}^{n} x_j \lambda_j + s^- = \theta. X. \\[3mm] \displaystyle\sum_{j=1}^{n} Y_j \theta_j - S^+ = Y. \\[3mm] \lambda_j \geq 0, j = 1, 2, \cdots, n, S^+ \geq 0, S^- \geq 0 \end{cases} \qquad (2-8)$$

上面介绍的是 DEA 模型中的 C^2R 模型,常用的另外一个模型是 $C^2 GS^2$ 模型。具体的模型如下:

$$(D_{C^2GS^2}) \begin{cases} \min\theta. \\ st. \sum_{j=1}^{n} x_j\lambda_j + s^- = \theta.X. \\ \sum_{j=1}^{n} Y_j\lambda_j - S^+ = Y. , \sum_{j=1}^{n} \lambda_j = 1 \\ \lambda_j \geqslant 0, j = 1,2,\cdots,n, S^+ \geqslant 0, S^- \geqslant 0 \end{cases} \quad (2-9)$$

已有研究表明,通过 DEA 的 R_{22} 模型选出效率相对较好的决策单元,为正确的管理决策提供重要的参考依据。其基本思想是评价某个决策单元时,将其排除在决策单元集合之外,其数学模型如公式(2-10)所示。

$$(D_{C^2R(s)}) \begin{cases} \min\theta. \\ st. \sum_{n} x_j\lambda_{j_|} + s^- = \theta.X_k \\ \sum_{n} Y_j\lambda_j - S^+ = Y_k \\ \lambda_j \geqslant 0, j = 1,2,\cdots,n, S^+ \geqslant 0, S^- \geqslant 0 \end{cases} \quad (2-10)$$

二、NPV 方法

(一) NPV 的基本内涵

净现值(Net Present Value)是一项投资所产生的未来现金流的折现值与项目投资成本之间的差值。净现值法是评价投资项目或方案的一种方法。该方法利用净现金效益量的总现值与净现金投资量算出净现值,然后根据净现值的大小来评价投资项目或方案。净现值为正值,投资项目是可以接受的,反之,净现值是负值,投资项目就是不可接受的。净现值越大,则说明投资项目越好。净现值法是一种比较科学也比较简便的投资方案评价方法。

净现值法在企业中的适用范围非常普遍,现在企业对投资进行评价使用的标准几乎都是净现值法,它已经被广泛地应用于企业的商业决策中。当资金折现率 i 比较高时,使用净现值法可以更好地反映宏观经济因素对商业、金融以及生产决策等的影响。由于在资本预算中的利润和现金并不是相同的概念,而且利润这个目标中加入了太多复杂纷乱的因素,所以企业可以使用净现值法直接把项目中获得的现金流量值作为未来决策的数据依据。同时,使用净现值法可以将项目中涉及的所有的现金流都涵盖在内,它还体现了资金的价值与时间的关系,随着时间的推移资金的价值也在不断地发生着变化,并将现金流量折现成合理的时值,增强了投资经济性的评价[104-106]。

（二）NPV 的依据原理

净现值法所依据的原理,是指假设预计的现金流入在年末肯定可以实现,并把原始投资看成是按预定贴现率借入的,当净现值为正数时偿还本息后该项目仍有剩余的收益,当净现值为零时偿还本息后一无所获,当净现值为负数时该项目收益不足以偿还本息。

净现值法具有广泛的适用性,净现值法应用的主要问题是如何确定贴现率,一种办法是根据资金成本来确定,另一种办法是根据企业要求的最低资金利润来确定。

（三）NPV 的计算

净现值法,即利用净现金效益量的总现值与净现金投资量算出净现值,然后根据净现值的大小来评价投资方案。其决策规则是:在只有一个备选方案的采纳与否决决策中,净现值为正者则采纳,净现值为负者不采纳,而在有多个备选方案的互斥选择决策中,应选用净现值是正值中的最大者[107]。

净现值法的基本公式:

$$NPV(i) = \frac{NCF_0}{(1+i)^0} + \frac{NCF_1}{(1+i)^1} + \frac{NCF_2}{(1+i)^2} + \cdots + \frac{NCF_n}{(1+i)^n} = \sum_{t=0}^{n} \frac{NCF_t}{(1+i)^t}$$

(2-11)

其中, $NPV(i)$ ——项目的净现值;

NCF_t ——表示第 t 年,由于该项目而产生的增量现金流量,即项目在一定时期内能带给企业的正(或负)的现金净流量,正的现金流量越大,则净现值越大。

i ——表示项目的贴现率,贴现率越大,得出的净现值越小。

净现值的计算步骤:

步骤一:计算每年的净现金流量。

步骤二:计算未来报酬的总现值。

①将每年的净现金流量折算成现值。如果每年的 NCF 相等,则按年金法折算为现值;如果每年的 NCF 不相等,则先对每年的 NCF 进行折现,然后加以合计。

②将未来现金流量折算成现值。

③计算未来报酬的总现值。

步骤三:计算净现值:

净现值＝未来报酬的总现值-初始投资。净现值法的正确使用,决定于现金流量和贴现率估计的精确程度。

本 章 小 结

　　通过对企业国际化理论、风险管理、熵理论、DEA 模型以及 NPV 理论的阐述，使我们对这些理论的国内外研究现状及其应用有了比较系统性的认识和理解。同时，本书将这些理论与资源型企业这一特定领域结合起来进行研究，以完成我国资源型企业国际化风险的辨识、评估、防范以及国际化投资项目效益的评价与分析，为本书的下一步研究奠定理论基础。

第三章 我国资源型企业国际化风险辨识

本章通过对风险辨识内涵、原则、方法的分析,结合企业国际化路径、发展阶段与风险辨识等理论,创建我国资源型企业国际化风险"三维"辨识理论架构,即:从企业国际化的路径和发展阶段着手分析资源型企业国际化面临的各种风险,以及不同路径和发展阶段所面临风险的差异,剖析风险的影响因素。结合资源型企业自身特性及其国际化发展历程,对我国资源型企业国际化风险构成进行分析。

第一节 风 险 辨 识

一、风险辨识的内涵

风险辨识是指用感知、归类或判断的方式对现实存在的或潜在的风险进行鉴别的过程,是风险管理过程中的重要环节,也是进行风险评估和防范的首要任务。感知风险,就是了解现实中客观存在的各种风险,是风险识别的基础[108]。只有先感知风险,才能对风险进行进一步分析,探寻导致风险发生的原因,拟定风险的处理方案,为风险管理的决策提供服务。分析风险,是指分析引起风险事故的各种因素,是风险辨识的关键环节。风险的存在形式是多样的,既有内部的也有外部的,既有当前的也有潜在的,既有静态的也有动态的,等等。因此,风险辨识的任务就是从复杂多变的环境中找出面临的主要风险[109-110]。

风险辨识,既可以通过感性认识和历史经验进行判断,也可以通过对已有的客观资料和风险事故的记录来进行分析和整理,同时还可以采取必要的专家访问,对各种风险进行详细的分析并探寻其损失发生的规律。由于风险自身的可变性,因此风险识别是一项系统性和持续性的工作,要求管理者密切关注原有风险的变化,并在此过程随时发现新的风险[111]。

本章研究结合资源型企业自身的实际发展特性,从企业国际化路径与发展阶段两方面分析我国资源型企业国际化风险的构成因素。探究企业国际化路径、发展阶段与风险辨识等三方面的内在关系,建立了我国资源型企业国际化风险"三维"辨识理论框架,形成了我国资源型企业国际化风险辨识路径。基于此辨识路径,分析我国资源型企业国际化发展进程中面临的各种风险要素,进一步对企业国际化风险因素进行详细的分析,为建立资源型企业国际化风险体系奠定理论基础。

二、风险辨识的原则

资源型企业国际化风险辨识过程应该遵循以下原则。

(一) 目标明确

应该紧紧围绕企业国际化风险辨识这一目标来设计,同时对风险指标体系建立起到基础作用。

(二) 可操作性强

应该贴近客观实际,具有很强的可操作性,同时又不能过于脱离宏观和微观社会环境,便于实际操作实施。

(三) 系统全面

应该充分考虑企业国际化发展过程中的各种风险,考虑到不同国际化路径和发展阶段面临着不同的风险。既要考虑具体存在的风险,又要考虑各种风险之间内在的联系,力求系统全面地辨识资源型企业国际化进程面临的风险。

(四) 重点突出

在系统全面的基础上应该区别主次,要重点考虑当前最为关键和影响全局的风险,集中力量控制那些发生频率高、影响恶劣、后果严重的风险。

三、风险辨识的方法

目前,风险辨识的方法有很多,而且每种方法都有其目的性和应用范围。下面将介绍几种风险辨识方法。

(一) 从主观信息源出发的方法

1. 专家经验法

目前,专家经验法是风险辨识中比较常用的方法,其优点是简便、易行,其缺点是由于受人员知识、经验以及占有资料的限制,在风险辨识过程中可能出现遗漏情况。因此,为了弥补个人判断上带来的不足,通常会采取专家讨论的方式来集思广益并进行相互启发,使得对风险因素的辨识更加具体细致。另外,对照一些有关的标准、检查表或依靠风险辨识人员自身的观察分析能力,借助于其经验和判断能力直观地评价对象危害性的方法。同时,还可以运用问卷调查表对危险和危害因素进行辨识与分析,这可以弥补知识和经验不足带来的缺陷,具有实用、方便、不易遗漏的优点。而且,专家调查表是事先设计的、适用的,是在大量实践经验基础上进行编制完成。

2. 智暴法

智暴法就是头脑风暴(Brain Storm),由美国人奥斯本于1939年提出的,是一种刺激创造性、产生新想法的方法。通过邀请专家对给定风险议题进行分析讨论,专家可以利用自身的知识和经验知识进行相互的交流,或自己单独针对议题提出个人的思考结果。最终,专家集思广益之后使得其关注的焦点得以不断的提炼,进一步分析风险的结果。一般情况下,采用专家小组讨论的形式进行,针对某一具体问题各自发表见解,没有任何限制,做到畅所欲言。因此,这种方法适合于比较单纯且目标比较明确的问题进行分析讨论。如果涉及的问题比较复杂,其中的关联因素比较多,需要对其先进行分解,然后再进一步的讨论分析。当然,对于专家的结果既不能轻视也不能全盘接受,应对其详细辨识后再作进一步的分析。一般来说,通过对结果的进一步分析和论证之后,如果能够得到几条有价值的意见并得以采纳应用,就非常的有成就了,可以被认为是一次成功的专家研讨会。

3. 德尔菲(Delphi)法

德尔菲法又称为专家意见法或专家函询调查法,是指采用背对背的通信方式征询专家小组成员的意见,经过几次征询,使专家小组的预测意见趋向于集中,最后得出符合客观情况和具体要求的结论。该方法具有三个明显的特点,即匿名性、多次反馈以及小组的统计回答等。通常情况下,采用匿名发表意见的方式,即团队成员之间不能相互讨论,不能发生横向联系,只能与调查工作人员有联系,通过反复的填写问卷,以集结问卷填写人的共识及收集各方意见,为解决复杂任务和难题提供信息支持。实质上,它是一种反馈匿名函询法,其大致流程是:在对所要预测的问题征得专家的意见之后,进行整理、归纳、统计,再匿名反馈给各专家,再次征求意见,再集中,再反馈,直至得到一致的意见。由此可见,德尔菲法是一种利用函询形式进行的集体匿名思想交流过程。

(二) 从客观信息源出发的方法

1. 实地调查法

实地调查法,是指直接到现场了解事情发展的一些相关情况,以及产生损失的一些情况与造成损失的原因和影响因素的方法。也就是说,为了对事情的发展变化进行预测和判断,而直接去现场进行考察,目的是发现影响事情发展的相关客观存在的因素。该方法的优点是可以借助于不同调查方式到实地以获得第一手的相关调查资料,比如观察、研讨会、搜集资料等方式比较适于对动态风险因素进行辨识。

2. 流程图

流程图是一种应用很广泛的结构化方法,可以为企业国际化风险的辨识、评估与防范提供参考依据。在实际运用过程中,首先,应该建立企业国际化项目的流程图,以充分展示该项目的全部实施活动,并对其中的重点环节进行标注,以清楚地描述企业国际化的工作流程。同时,为了更好地分析企业国际化过程面临的风险问题,要将项目实施流程的具体环节与预想的状况进行比较分析,以便充分地了解不同环节以及各环节之间存在的风险。利用此方法对企业国际化风险进行辨识分析,可以帮助检查工作的进展分析。

3. 模糊层次分析法

层次分析法是一种定性、定量分析相结合的系统分析方法。该方法可以将复杂的问题进行细化分解,并根据不同构成因素的相互关系划分为不同的小组,进而排列成为有序且呈现递阶层次的结构图。在分析过程中,通过两两之间的交叉比较,判定各决策因素之间的相对重要性,从而得出因素相对重要性的总排序。在具体使用过程中,该方法用定量原则检验评判的正确性,结合专家评判法,使其同时具有定性与定量的分析,旨在使得管理者可以了解整个项目的风险情况。但是,由于结果受主观思维的影响较大,在现实使用的过程中,如果遇到不能很好地给出指标权重,或者各指标难以量化分析时,则会通过参数引入的方式,将模糊理论与层次分析法结合起来,从而形成了模糊层次分析法,其目的就是既不可过分强调定量分析也不过于依赖定性描述。

四、风险辨识的程序

从理论上看,风险辨识可以分为筛选、监测和诊断等几个阶段。其中,风险筛选是对各种风险参照企业的实际发展情况进行一一对应,依据风险的明显程度和重要程度进行排序;风险监测是指根据某种风险及其可能发生的后果,对涉及风险的产品、现象或过程进行观测、记录和分析,以掌握它们的活动范围和变动趋势;风险诊断是根据企业的症状或后果以及可能的因果关系进行评判,分析可疑的原因,并进行仔细检查与分析。实际上,风险辨识程序在风险辨识工作中很难划分,关键是要列出企业面临的全部风险,以及每种风险产生的原因和影响因素,从而充实和完善风险数据库。建立风险数据库就是把辨识出来的各种风险及其产生原因进行适当归类,用文字做出清晰的描述,为风险管理的下一步工作打好基础。另外,风险数据库没有统一的格式和内容,只是一种简单实用的风险管理工具,可以把辨识的风险按风险类别、风险描述、风险因素、管理部门和业务流程等罗列出来，进而根据风险的分布情况绘制出风险分布图。风险辨识在实际运用过程中可操作性较差，容易产生较大的主观偏差，同时，按照不同的顺序与分类来辨识风险因素可能也会影响到辨识结果的准确性与全面性。比如，如果辨识在前分类在后，在辨识过程中就会对风险缺乏整体性的认识，面对众多风险因素难以展开工作，部分隐蔽的或自己不熟悉的因素就可能被遗漏。而如果分类在前辨识在后，分析者就会对全部风险有较为整体的认识，对风险因素的辨识会更加的全面，可以避免遗漏风险因素，而且有利于提高辨识的准确性和效率性。

第二节　风险辨识理论框架

目前，结合着我国企业国际化发展的实际状况，在风险辨识方面还存在几个问题。比如：一是风险识别的重视程度不够，对风险的全面性认识存在不足；二是缺乏有效的风险辨识理论框架，可能使得企业在风险辨识过程中缺少科学的理论指导。因此，必须综合运用企业国际化与风险辨识等理论，结合我国资源型企业国际化风险管理面临的问题，不断地探索和完善企业国际化风险辨识的理论。

一、风险辨识框架分析

结合前文对我国资源型企业国际化实践历程的分析，提出了资源型企业国际化风险辨识由五个要素所构成，它们分别是：战略目标、环境分析、风险感知、风险分析和风险分类。与此同时，由于资源型企业国际化路径和发展阶段的不同，所处的环境不同，那么面临的风险因素、风险程度也不同，使得风险变量也随之变化。依据前文的分析，资源型企业国际化路径分为：国际贸易、国际合作与国际投资；国际化发展阶段分为：贸易阶段、劳务合作与海外投资建厂。由此，本书利用三维空间图构建了我国资源型企业国际化风险辨识的理论框架，如图 3.1 所示。

由图 3.1 可以看出，我国资源型企业国际化风险辨识理论框架有三个维度，它们分别是企业国际化风险辨识要素、企业国际化路径和企业国际化发展阶段。具体分析如下：

（一）第一维度：企业国际化风险辨识

1. 战略目标。通过对企业国际化战略目标的分析，分析企业所处环境的内外部相关因素，才能更好地辨识目标实现的各种影响因素。因此，企业

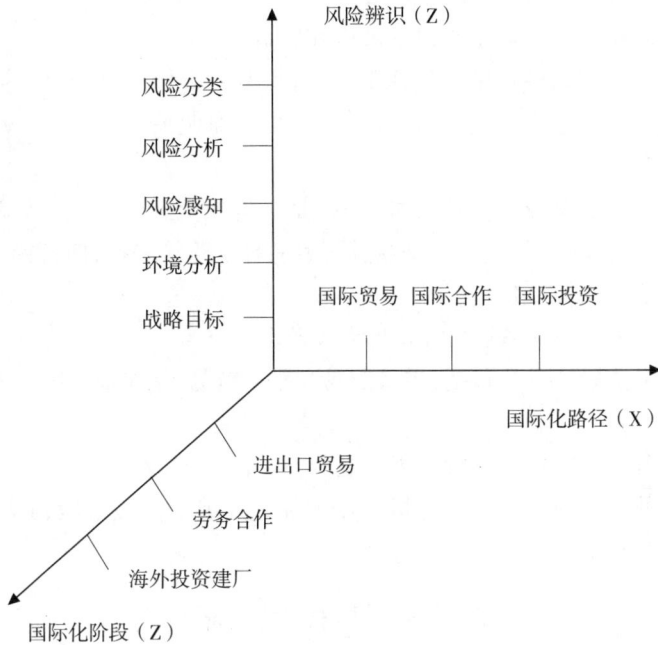

图 3.1　资源型企业国际化风险辨识理论框架

国际化风险辨识要求管理层参与目标的制定,确保目标的选择与企业使命相一致,同时要与其风险的承受能力相符。

2. 环境分析。企业国际化发展环境包括两个方面:外部环境和内部环境。在企业国际化发展过程中,只有充分了解外部经济、社会、政治、文化等各种环境因素,才能在国际化发展进程中更好地把握发展方向,减少差错的发生概率;内部环境是指企业自身具备的发展条件以及对待风险的方式和态度,包括企业的员工、工作场所、核心价值观以及对待风险的态度等。

3. 风险感知。企业在发展过程中,由于内外部环境的变化给企业的发展带来了不确定性,可能影响到了目标的实现或企业的可持续发展,或者不能达到预期的效果可能产生的不利后果,即产生了感知风险。

4. 风险分析。对企业国际化战略目标实现的内外部影响因素进行分析,以便分清企业在国际化过程面临的风险和发展机会,找出企业发展过程的不确定性因素,以及对其发生的概率做出分析。因此,在制定战略目标时应考虑到机会,机会被追溯到管理层的战略或目标制定过程。

5. 风险分类。按照风险的相似性进行归纳分类,以便更好地分析企业国际化面临的不确定性,使得企业目标得以有效实现。

（二）第二维度:企业国际化路径

1.国际贸易路径。主要包括进口和出口贸易两种。

2.国际合作路径。主要包括工程承包、劳务合作、技术合作等,国际合作的目的主要在于为企业获得先进技术,维护商业关系,树立企业形象,学习先进经验等。

3.国际投资路径。包括两种:一种是绿地投资(也称新设投资),即购买勘探权或者是资源的产权就地建厂;另一种是跨国并购,即直接购买成熟的矿产和能源企业股份。

（三）第三维度:企业国际化发展阶段

1.贸易阶段。主要包括:进口贸易和出口贸易,是企业国际化发展的第一个阶段。

2.劳务合作阶段。此阶段主要是劳务、技术的输入与输出阶段。

3.海外投资建厂阶段。是指企业国际化发展的高级阶段,此阶段包括兼并收购与投资等。

二、风险辨识框架构建说明

目前,根据我国资源型企业国际化风险的管理水平,企业风险辨识理论框架的构建采取"分路径分阶段逐步推进"的思路。该理论框架的构建是一个不断改进的过程,在构建中应遵循风险辨识的"独立性"与"全面性"原则,先抓住"关键要素",进而实现风险的全面性分析,以最小的投入达到企业的安全保障,这些关键要素主要包括以下三个方面。

1.明确资源型企业国际化战略目标,形成一套科学有效的风险辨识思路。资源型企业国际化风险辨识必须要和企业自身的技术及管理水平相结合,基于企业自身的战略目标,建立一个由企业集体支持的国际化风险辨识过程。

2.建立风险辨识理论体系。在企业国际化风险辨识过程中,对风险要素不断地进行拓展,并细分为国际化战略目标、风险感知、风险分析和风险分类等要素。通过对企业环境的分析,理清企业国际化的风险与收益,最终完成企业国际化风险的分析与分类。

3.营造企业风险管理的文化氛围,推进企业国际化风险管理的实施。通过对企业内外部环境的分析,建立了企业国际化风险辨识理论框架,随着资源型企业国际化的不断发展,进一步提高企业风险管理能力,使得企业的国际化战略和政策顺利实施,从而不断提升我国资源型企业国际化风险的管理水平。

第三节　资源型企业国际化风险辨识

一、风险辨识依据

由于企业自身的特性,资源型企业国际化风险可能来自多个方面,那么在实施国际化战略过程中,应能够识别出对资源型企业国际化造成显著影响的关键因素。首先,通过对已有的资源型企业国际化发展、对外直接投资以及其他行业企业国际化风险分析的相关文献进行归纳分析,概括总结当前学者对于资源型企业国际化风险因素的研究成果[112]。其次,由于煤炭行业的特殊性,根据资源型企业在投资建设、煤炭生产、销售管理等生产管理方面来分析资源型企业国际化发展面临的特殊风险。最后,由于本书研究的是资源型企业国际化风险方面的问题,所以应从国际化发展的角度研究企业面临的风险问题。通过以上三个方面的分析,最终全面、系统地辨识资源型企业在国际化发展进程中的风险因素。

（一）已有的研究成果

在资源型企业国际化风险因素构成的研究中,首先应该借鉴已有资源型企业国际化风险因素研究的成果,如表 3.1 所示。

表 3.1　资源型企业国际化风险因素构成研究成果

风险类别	作　者	主要构成
投资风险	于红等	投资环境因素、项目投资因素、投资管理因素等
跨国收购风险	王庆升	政治因素、投资决策因素、海外融资因素、政府管理及服务因素等
财务风险	窦　颖	宏观环境因素、行业市场因素、经营风险因素、资源因素、技术因素、狭义财务风险因素、战略因素等
全面风险	兖矿集团	投资环境因素、市场因素、技术因素、资本运营因素等
全面风险	戴　岭	政治法律因素、经济环境因素、行业因素、自然技术因素、社会文化因素等
全面风险	张　超	产品销售因素、资本运营因素、生产安全因素、多元化经营因素等

同时,考虑到现有的关于资源型企业国际化风险构成因素的相关研究比较少,因此在分析过程中,对其他行业企业的国际化风险构成因素的相关研究也作了参考,使得对资源型企业国际化风险构成因素进行更为全面的分析。

已有研究成果看出,资源型企业的风险构成因素可以从外部环境和内部环境两个层面着手进行分析。外部环境的因素主要包括政治、政策、经济、文化、市场等方面,而内部环境的因素主要指企业在国际化发展中自身应具备的条件,包括企业的管理、资金、技术等方面。因此,在企业国际化发展中,企业的内、外部发展环境带来的风险构成了资源型企业国际化风险的因素。

(二) 资源型企业的特有风险

由于资源型企业属于资源性行业,而矿产资源属于不可再生资源,在矿产资源生产和使用的过程中会产生很大的环境污染,在开采过程中也存在着比较大的安全风险。在前期资源勘探开发过程中,由于地质条件不同,不仅需要先进的技术,需要运用各种不同种类的勘探设备,更需要巨额的投入资金,由此会使其面临较高的风险。在资源型企业国际化进程中,海外资源项目投资的不同阶段和环节之间是紧密相连的,比如从国际市场信息的收集、项目的招标投标、实施之前的准备工作以及项目的实施至完工撤离,任何一个环节出现了问题可能都会造成项目的延误或损失,甚至是项目的失败,给企业带来巨大投资损失。另外,资源型企业的投资项目不仅会产生高投入、高污染的问题,而且其投资回收周期较长。比如:从项目的招标投标开始到项目工程的结束,至少需要几年的时间,甚至是更长的周期才有能收回投资。同时,由于矿产资源的开采一般是地下作业,这更增加了项目实施的不确定性,包括资源是否存在、储量的多少、质量的优劣等。近年来,由于矿产安全事故不断发生,资源的安全生产具有非常重要的作用,企业应该全面把控以保证企业的安全生产。同时,企业在开采的过程中要注重环境保护,认真遵守环境保护政策,避免由于环保原因带来的风险。

(三) 企业国际化风险

与企业国内的投资项目相比,海外投资项目除了要面临国内项目也同样遇到的诸如资金、技术、管理等方面的问题,而且,由于海外投资项目跨国界的特点,还会受到更为复杂的国际经济形势带来的影响,以及东道国的政治、文化、法律等环境的影响。在不同的环境条件下,这些因素对投资项目将会产生不同的作用,对企业的国际化发展将会造成不同程度的影响。所以,资源型企业在国际化发展中要考虑因不同国家之间政治、经济、文化等的差异而产生的风险。

通过以上的分析,可以看出资源型企业在国际化发展过程中面临着国内、外环境带来的多方面风险的影响。因此,在企业国际化风险分析时,从经济环境、社会环境、行业环境以及企业内部环境等方面着手进行分析,将我国资源型企业的国际化风险分为八大类,分别是政治风险、政策风险、经济风险、文化风险、管理风险、资金风险、技术风险和市场风险。

二、风险辨识类别

在学者 Miller 提出的一体化风险模型研究中,从外部宏观环境、行业环境和企业内部环境等三个方面对企业国际化风险类别进行了系统性分析,并将其应用于中国企业国际化风险因素的识别研究中。在借鉴 Miller 的风险一体化风险模型的基础上,结合企业国际化的发展环境,从企业的国际化路径与发展阶段着手,基于两个不同的层面对我国资源型企业国际化发展面临的风险因素进行全面的分析。首先,国家层面上,从企业国际化经营进入的东道国的政治、经济、文化等方面进行分析,这些方面与企业国际化经营活动存在着直接的关系,具体包括政治、政策、经济、文化和市场等因素;其次,企业层面上,从企业自身出发,考虑与国际化发展战略相关的企业提供的人力、物力、财力等各项资源的不确定性带来的一系列风险因素。

通过以上分析,国家层面的风险包括政治风险、政策风险、经济风险和文化风险,企业层面的风险包括管理风险、资金风险、技术风险和市场风险,从而得出我国资源型企业国际化风险的分类情况。

三、风险辨识路径

通过对风险辨识内涵的分析,基于前文的企业国际化风险辨识的理论框架,结合我国资源型企业国际化的实践历程,我们将从国际化路径和发展阶段两个方面展开对企业国际化风险的分析。基于此,本书提出了我国资源型企业国际化风险的辨识路径,如图 3.2 所示。

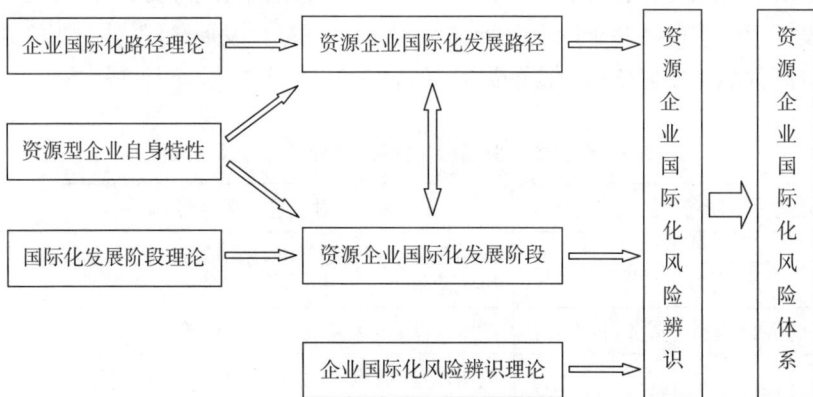

图 3.2　资源型企业国际化风险辨识路径

（一）基于国际化路径的风险分析

依据前文分析可知，国际化路径包含国际贸易、国际合作与国际投资等。其中，国际贸易，主要是进口和出口；国际合作，主要包括工程承包、劳务合作、技术合作等，国际合作的目的在于为企业获得先进技术，维护商业关系，树立企业形象，学习先进经验等；国际投资，一种是绿地投资（也称新设投资），即购买勘探权或者是资源的产权就地建厂；另一种是跨国并购，即直接购买成熟的矿产和能源企业股份。基于以上分析，根据不同的国际化路径，本书分析了企业在不同国际化路径对应的风险，如表3.2所示。

表3.2　资源型企业国际化路径面临的风险分析

国际化路径	主要包含业务	对 应 风 险
国际贸易	进口、出口	政治风险、政策风险、经济风险、资金风险、市场风险等
国际合作	工程承包	政治风险、经济风险、法律风险、社会文化风险、自然环境风险、项目决策风险、合同风险、资金风险、技术风险、管理风险、其他风险等
	劳务合作	操作风险、合同风险、政治风险、职业风险、金融风险、交通风险、自然环境风险等
	技术合作	政治风险、经济风险、法律风险、知识产权风险、社会文化风险等
国际投资	新设投资	政治风险、政策风险、经济风险、文化风险、管理风险、资金风险、技术风险等
	跨国并购	

（二）基于国际化发展阶段的风险分析

按照企业席卷市场份额的范围（或者是企业走向国际化的历程）将国际化发展阶段分为：进出口贸易阶段、劳务合作阶段（人才、技术输出）与海外投资建厂阶段。基于以上分析，根据不同的国际化发展阶段，分析了企业在不同国际化发展阶段对应的风险，如表3.3所示。

表3.3　资源型企业国际化发展阶段面临的风险分析

国际化发展阶段	主要包含业务	对 应 风 险
贸易阶段	进口、出口	政治风险、政策风险、市场风险、交通运输风险、资金风险等
劳务合作	劳务、技术合作	技术风险、市场风险、资金风险等
海外投资建厂	投资、兼并收购	政治风险、政策风险、经济风险、文化风险、市场风险、管理风险、资金风险、技术风险等

四、风险类型划分

在企业国际化进程中,根据当前全球经济发展形势,以及国内外企业国际化的发展趋势,结合资源型企业自身发展的状况,在不同的国际化发展阶段,要选择科学合理的国际化路径进入国际市场。结合前文对企业国际化路径和发展阶段的分析,可得出资源型企业从事国际化经营活动的九种国际化类型,如图3.3所示。

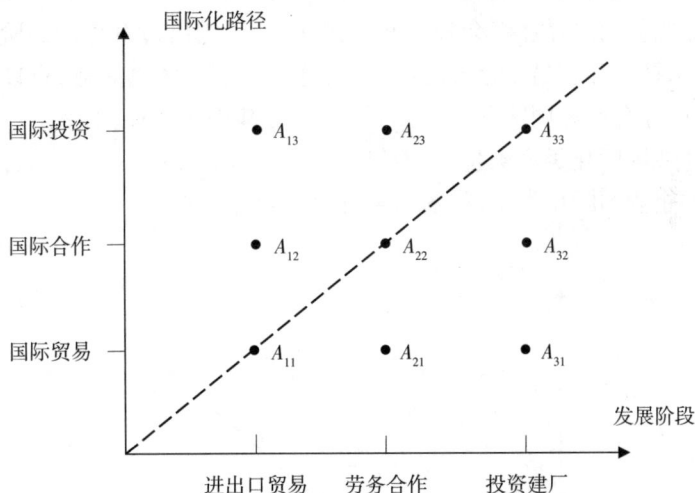

图3.3 我国资源型企业的九种国际化类型

A_{11}——代表企业处于进出口贸易发展阶段,采取国际贸易路径进入国际化市场从事经营活动;

A_{12}——代表企业处于进出口贸易发展阶段,采取国际合作路径进入国际化市场从事经营活动;

A_{13}——代表企业处于进出口贸易发展阶段,采取国际投资路径进入国际化市场从事经营活动;

A_{21}——代表企业处于劳务合作发展阶段,采取国际贸易路径进入国际化市场从事经营活动;

A_{22}——代表企业处于劳务合作发展阶段,采取国际合作路径进入国际化市场从事经营活动;

A_{23}——代表企业处于劳务合作发展阶段,采取国际投资路径进入国际化市场从事经营活动;

A_{31}——代表企业处于投资建厂发展阶段,采取国际贸易路径进入国际化市场从事经营活动；

　　A_{32} ——代表企业处于投资建厂发展阶段，采取国际合作路径进入国际化市场从事经营活动；

　　A_{33} ——代表企业处于投资建厂发展阶段，采取国际投资路径进入国际化市场从事经营活动。

　　在企业国际化发展中，不同的国际化发展阶段代表着企业国际化发展程度的不同，而企业国际化路径的选择要受到自身国际化发展程度的影响。初级发展阶段会使得企业国际化路径选择受限较多，高级发展阶段的企业对国际化路径的选择性就会较多些。比如：处于进出口贸易发展阶段的企业，只能选择国际贸易路径，而到了投资建厂发展阶段的企业，可以选择国际贸易、国际合作和国际投资等路径。因此，基于以上原则，A_{12}、A_{13}、A_{23}等三种企业国际化类型被排除，而保留了A_{11}、A_{21}、A_{22}、A_{31}、A_{32}、A_{33}等六种有效的企业国际化类型，如图 3.4 所示。

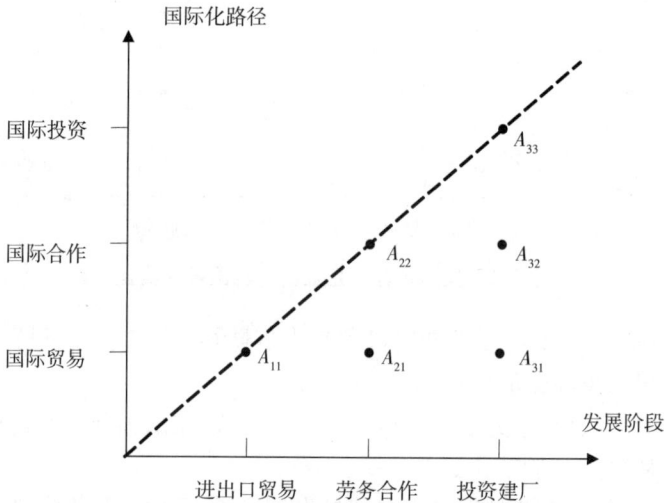

图 3.4　我国资源型企业的六种国际化类型

　　由于我国煤炭企业各自的发展状况以及自身实力的不同，影响到企业国际化路径的选择，而不同国际化路径将会面临着不同的国际化风险，即使同一家资源型企业在不同的发展阶段面临的国际化风险也会不同。根据企业从事国际化经营活动的六种国际化类型，可得到与国际化类型对应的六种国际化风险类型，如表 3.4 所示。

表 3.4　企业国际化类型与面临风险类型对应关系

企业国际化类型	A_{11}	A_{21}	A_{22}	A_{31}	A_{32}	A_{33}
风险类型	R_{11}	R_{21}	R_{22}	R_{31}	R_{32}	R_{53}

因此,由表 3.4 与图 3.4 中信息可知,资源型企业在国际市场上面临着六种不同的国际化风险类型,如图 3.5 所示。

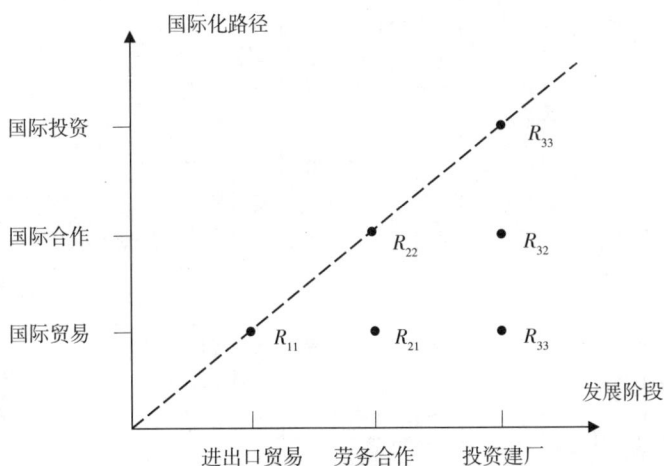

图 3.5　我国资源型企业国际化面临的六种风险类型

由图 3.5 可知,在国际化进程中,企业要科学全面地分析面临的国际化风险,首先应该根据自身的实际情况,根据表 3.4 中对应关系,确定进入国际市场的国际化类型,进而展开对具体风险类型的分析,以完成对企业国际化风险因素的全面分析。由于 A_{33} 是企业国际化发展的高级阶段,对应的风险类型涵盖的风险因素最全面,本书将以此国际化类型 A_{33} 为例,展开对我国资源型企业国际化投资风险的辨识与评估分析。

第四节　我国资源型企业国际化风险分析

由于矿产资源型企业经营对象和产品等的特殊性,在国际化经营过程中,除具有一般企业所共有的风险外,还因在勘探、开采、安全生产等环节的不确定性而形成独具特色的技术风险。通过前文的分析,基于资源型企业国际化风险辨识理论框架,结合我国资源型企业国际化发展历程,对资源型企业国际化风险进行了系统性分析,概括总结了我国资源型企业国际化发展过程面临的八类风险,包含了三十五个风险因素,如图3.6所示。

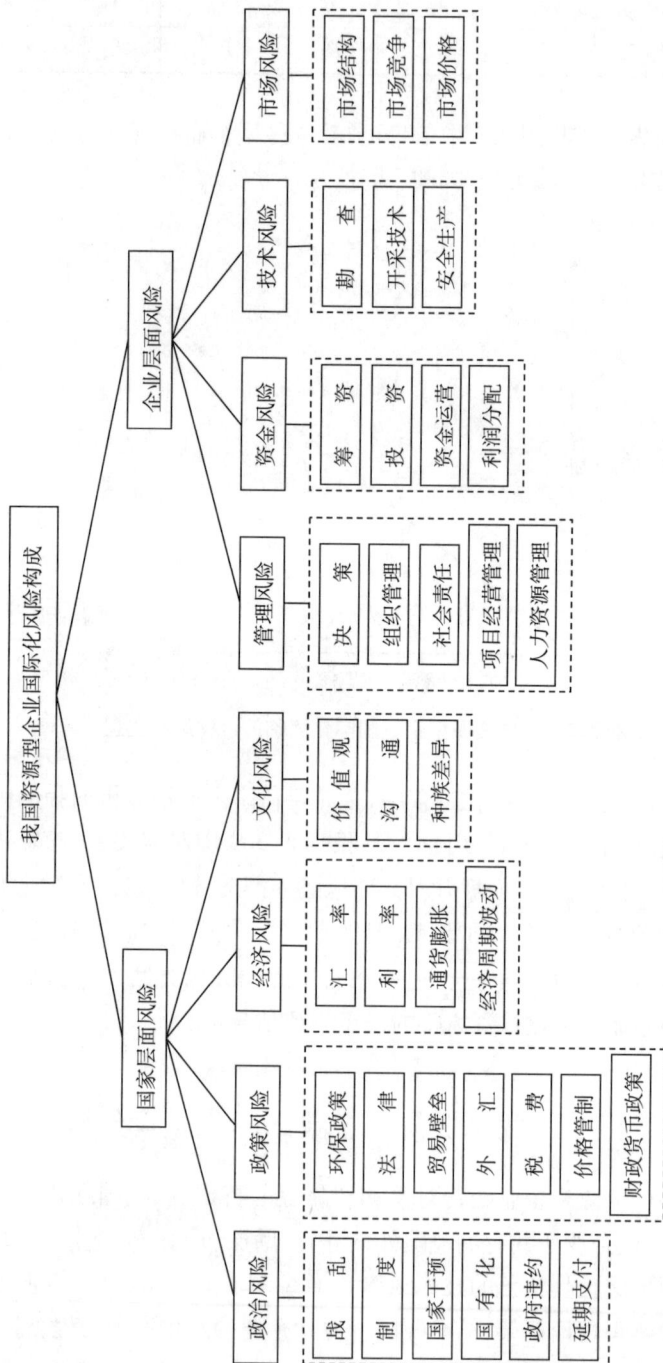

图3.6　我国资源型企业国际化风险构成

一、政 治 风 险

政治风险是指由于东道国或投资所在国的国内政治环境或东道国与其他国家之间政治关系发生改变而给外国企业或投资者带来经济损失的可能性[113-115]。矿产资源自身的国际战略特性决定了政治风险将是矿产资源型企业在国际市场面临的最重要的风险之一,甚至说,政治风险是资源型企业在国际化发展过程所面临的最大、最不可预期的风险,主要包括以下六个方面。

(一) 战乱风险

战乱风险是指东道国由于国内社会各阶层之间利益的冲突、民族纠纷、派别争斗和宗教矛盾等引发的国内骚乱和战争,或者是东道国与别国在政治、经济等问题上产生矛盾并由此引发的战争或恐怖事件,从而给外国企业的投资造成损失的可能性。比如:2008年7月份蒙古国由于矿产资源问题引起纷争,在乌兰巴托爆发了骚乱。相比于其他的政治风险而言,虽然战乱风险发生的概率要小得多,但是一旦发生则其破坏性极强,影响的范围很广泛,带来的不确定性更大。另外,恐怖主义事件是战乱风险的一个重要组成部分,这种风险虽然可能不会中断企业国际化的正常运行,但是它将对企业人员的安全构成极大的威胁,对企业国际化发展可能造成很大的利益损失。同时,由于矿产资源企业一般地处偏僻,加之这些地区政府的疏于防护,因此很容易遭受到恐怖势力的袭击。比如:在2007年,中国石油化工集团下属的一个子公司在埃塞俄比亚的一处工地就遭遇到当地恐怖主义武装组织的袭击。

(二) 制度风险

制度风险是指由于东道国政治制度的不确定性或因国与国之间的政治制度不同,而使跨国企业在投资的过程中面临利益损失的可能性。东道国政府和国内政局的不稳定、政治制度的不健全、各党派之间的政治分歧以及利益集团对其政府施加的外在压力等,这些都有可能使得东道国政府放弃原有的经营政策和承诺。而随着新一届政党的上台,往往会找出各种理由对在上台之前所签署的合同或协议进行多方面的刁难,甚至会采取一系列措施对已经生效并实施的合同或协议的决议进行中止或撤销,而这必将对国内企业造成重大损失。同时,在企业跨国投资过程中,东道国会考虑和比较投资国的政治制度是否对东道国本身产生有利或不利的影响。在同等条件下,如果投资国与东道国的政治体制相差很大,或者是投资国政治体制的变动会给东道国产生一定的压制作用,那么东道国不会让投资国的企业在其国内进行投资。尤其是对矿产资源投资而言,因为牵涉到一个国家的资源、环境和经济等多方面的利益,一旦企业合作之间出现分歧,很有可能会上升为国家之间的利益之争,政治制度的不同将会给合作双方带来更多的不确定性,进一步阻碍企业的国际化发展。

（三）国家干预风险

国家干预风险是指东道国对外国投资企业,以及第三国对东道国或在东道国进行投资的外资企业采取强制措施进行直接制裁、威胁、施加压力等,通过制定法律、签订协议等手段,达到阻止外资企业在东道国国内进一步发展的目的。其中,国家干预风险可以划分为以下三类。第一,指东道国以外的其他第三国政府对选择在东道国投资的外资企业采取措施进行制裁带来的风险。比如,1996年3月,美国国会通过制定《赫尔姆斯—伯顿法》目的是对与古巴进行贸易的外国企业实行制裁,由此受到牵连的国家主要包括苏丹、朝鲜、伊朗等。第二,指东道国以外的第三国政府直接对外资企业采取制裁手段,而是第三国政府通过对其他国家或投资企业进行干预,间接达到对外资企业进行施压和威胁的目的,致使东道国产生违约的风险,或者由于东道国属于某一个组织或集团,而东道国迫于其利益及其他成员国的压力从而采取相应的一些行动,给外资企业带来的风险。第三,指由于东道国在政治、经济等方面要依附于第三国,而第三国国内的政治事件影响到东道国,从而影响外资企业的一种风险。因此,为了保护本国煤炭资源的开发利用与资源型企业自身的发展,东道国往往会采取一些强制手段来阻止或限制外资企业在其国内的投资与发展。

（四）国有化风险

国有化风险是指东道国通过征用或没收等手段将外资企业的不动产、债券、股份等资本划归东道国所有而带来的风险。通常情况下,大多数的国家和地区对本国的一些重要或是特殊产业部门管理比较严格,对投资于这些产业的外商企业实行严格的控制或禁止,尤其是他们认为的一些涉及本国主权和安全的相关产业,或者是一些他们认为如果被外资企业所控制将会对本国的经济发展和利益带来很大影响的相关产业,而矿产资源恰好是世界大多数国家管控比较严格的产业之一。当政府认为外资企业的发展运营有损于自身的利益时,即使它们已经与投资者签署了协议,而且这些产业可能已经被外资企业所控制,东道国仍然会采取一些强制的手段,对这些产业实行国有化措施使其归本国所有,从而减少给国家经济和主权带来影响的可能性。但是,如果站在企业的角度,它们往往最害怕的就是被国有化征收,因为有的国家在征收时,实际上就相当于是对产业的直接没收,对外资企业根本不予以补偿,有的国家可能给予很少部分的补偿。值得注意的是,国有化的行为有时是很隐蔽的,并不是公开进行,采用一些阻碍措施来限制外商对本企业财产的使用和处置,本质上就是损害外国投资者合法权益的行为,也被认定为国有化风险。

（五）政府违约风险

政府违约风险是指东道国采用非法手段强制解除与国外投资企业签署的协议或拒不履行与投资项目相关的义务,从而给国外投资企业带来损失的可能性。一般情况下,东道国政府直接违约的情况很少发生,但是变相违约的行为却是时有发生。东道国一旦认定,外资企业的经营发展威胁到本国的政治或经济安全利益,或者不利于国内行业内企业的正常运营发展,它们将会采取各种手段来限制和阻碍外来企业在其本国的发展,甚至不惜使用政府违约等手段。那么,对世界各国而言,矿产资源作为一种不可再生的稀缺资源,政府对其发展设立了较为严格的法律法规,如果合作企业双方出现利益分歧,政府必定是优先保护本国企业的利益不受损失。比如,在2008年,蒙古国政府向各部门下发了一个文件,内容是关于采矿许可证的重新认证问题,理由是企业现在持有的采矿许可证多是伪造的,所以必须要重新进行认证,否则就吊销企业采矿的权利。这是典型的东道国政府变相违约事件,使得其他国家的投资企业面临着可能无法收回投资的风险,将给这些企业及其所在国家造成巨大的经济利益损失。

（六）延迟支付风险

延迟支付风险是指由于东道国政府停止或延期对外国企业进行支付,导致企业不能按时收回自己的投资和利润从而产生的风险。该风险发生的概率比较高,同时影响范围比较广。通常情况,企业双方在合作过程中,支付的一方占据着主动地位,若风险发生,对方合作者将承担更大的损失。而矿产资源所有权基本上是归国家或当地企业的,那么外资企业就不可避免地要受到延迟支付带来的风险。加之矿产资源企业的生产经营周期一般较长,受到延迟支付的影响通常更大。比如:根据标准普尔公司的统计数据,在1975—2002年间,共有75个主权债务发行人违反了外币债务契约的规定,而1824—2002年间,则有93个主权实体曾经发生过违反债务契约的行为,而且,在某些时期,主权债务违约发生的概率非常高。值得注意的是,由于一些发达国家的货币在国际上是被广泛接受的,这些国家的政府可以采用多印钞票的方式进行债务的偿还。因此,该风险通常发生在一些负债比较重的发展中国家。由此可见,外国企业在与一些主要发达国家的交易中一般不会产生延迟支付风险。

二、政 策 风 险

政策风险是指政府有关市场的政策发生重大变化或是有重要的举措、法规的出台,对企业国际化经营产生影响从而给企业带来的不确定性。通常,资源型企业在国际化发展过程中将面临着以下七种政策风险。

(一) 财政货币政策风险

财政货币政策风险是指国家运用财政手段包括税收调节、财政支出等,或者利用货币手段比如法定准备金、再贴现、公开市场操作等来调节货币供给进行宏观调控。由于不同国家采取不同的财政、货币政策,或者是在一定时期内,国家财政、货币政策可能发生一定的变化,都会给企业的对外投资带来风险。因此,资源型企业的跨国投资既要考虑企业所在国政策的影响,又要考虑东道国的财政、货币政策变化的影响。通常,财政货币政策一般分为扩张性财政货币政策、稳健性财政货币政策和紧缩性财政货币政策三种类型。其中,扩张性和稳健性财政货币政策一般会给资源型企业提供建立良好投资和经营环境的条件,通过不断提高矿产产品的价格,减少矿产企业带给环境的不利影响,增强企业的可持续发展能力和应对风险能力,大大减少企业所处国内外环境带来风险的威胁。相反,紧缩性财政货币政策降低了市场货币的供给能力,对矿产企业来说,矿产产品的价格是其重要的收入来源之一。不仅如此,不断受政策影响的外部环境可能加剧了企业发展运营的进一步恶化,而更为复杂的国际化投资环境,带给企业的是更大对外投资风险。

(二) 法律风险

法律法规是资源型企业调整其跨国经营关系和调节其经营行为的保证,是保障投资者的安全和利益的依据。法律法规的完善程度及其执行力,是决定一个国家和地区投资环境的重要依据,也是投资者规避风险的最后保障。通常,资源型企业国际化发展面临的法律风险主要来自于四个方面。一是东道国的矿业法及其他相关法律的风险,主要包括公司法、专利法、税法、劳工法、涉外法规和矿业法等。在企业国际化经营中,考察东道国的国内法律环境是非常有必要的,比如法律法规是否合理、健全以及执法力度如何等。二是跨国企业母国与东道国之间的法律关系风险。其中,跨国企业母国与东道国之间的法律关系是指两国政府之间是否签订有关双边经济的协定或条约。三是国际公法以及与东道国之间关系的风险。比如东道国是否参加了某些国际组织,是否有过承诺,是否签署了国际条约等。四是投资争端处理的法律风险。针对资源型企业的海外投资,国际争端的处理是一个复杂的过程,涉及东道国的法律、母国的法律与国际惯例以及三者之间的关系。通常情况下,解决国际争端问题可通过政治途径、司法途径、仲裁等方式进行。因此,如果资源型企业对东道国的矿业法及相关法律法规和投资国与东道国之间法律法规差异了解不透彻,以及国际公法及其与东道国之间关系没有理清,将会对企业投资项目的收益产生非常大的影响[116-117]。

(三) 贸易壁垒风险

贸易壁垒又称贸易障碍,是指一国对外国的商品或劳务进口所实行的各种限制措施,通常分为关税壁垒和非关税壁垒。比如,日本从2005年9月1日起,对美国进口来的钢铁、轴承和飞机零部件等十多项产品加收15%的关税。使得美国相关行业的一些企业不得不承受着高额的关税,企业为了确保自身的经济收益不受到损失,就可能要提高产品的价格,这必将降低其产品在国际市场的竞争力。20世纪90年代,随着世界贸易组织的成立,加之其制度和规则的逐步完善,世界各国开始大幅削减其关税税率,比如发达国家的平均关税水平已从二战后初期的40%左右下降到目前的5%以下,而发展中国家则从更高的关税水平下降到目前的13%左右。由此可见,近年来,世界各国设置的关税壁垒带来的风险总体水平在不断地下降,这在过去几年中促使着全球贸易的发展速度得到不断的攀升。但是,由于矿产资源是一种不可再生性资源,在世界各国的经济发展中都处于重要的地位,甚至是重要的战略储备资源,一些国家对其贸易有着严格的规定和限制。通常情况下,这些国家为保护自身的资源安全和经济社会的长远发展,对外资企业在本国的发展设置一系列的国际贸易壁垒来限制其贸易,这必将对矿产企业的发展增加很大的障碍。

(四) 外汇风险

外汇风险指的是在一定时期内世界各国经济交易过程中,由于汇率发生的变动从而引起以外币进行计价的资产与负债的价值涨跌的不确定性。从经营活动的过程来看,外汇风险可以分为换算风险、交易风险和经营风险等三类具体的风险。为了保护本国经济和相关行业的自身利益,很多国家将采取外汇管制的政策措施来减少外来经济的冲击,外汇管制是指东道国通过控制外汇水平和外汇形式来限制外国企业发展的政策措施。根据各国对外管制的程度不同,可以分为三种管制类型:一是实行严格的外汇管制,比如苏联、东欧国家以及大部分的发展中国家一般采取这类方式;二是实行部分的外汇管制,实行这类方式的国家经济一般比较发达,而且贸易出口良好,并有一定的外汇黄金储备;三是完全取消外汇管制,主要是在一些高度发达的国家,如美国、英国等国家以及科威特等石油生产国均采取此类方式,这些国家和地区经济高度发达,贸易出口在国际市场上占相当的份额,并有丰富的外汇黄金储备。20世纪80年代后,随着全球经济的一体化,为了更好地促进经济的发展,取消外汇管制成为世界各国经济发展的一种趋势。但是,在一定时期内,由于国内外环境的变化使得国家经济出现了危机,为了国家经济安全的考虑,通常采取外汇管制是必要的应急措施。比如:在2008年金融危机中,越南经济出现动荡,通货膨胀严重,其汇率不断下滑,越南国家银行紧急发布通告,加强对外汇市场的控制。但是,由于汇率波动将会带来收益的变动,所以,采取汇率管制将会对国民经济的发展和企业的运营产生较大的影响,对贸易双方的合作产生直接的影响,具体的影响方面,比如:宏观层面的物价水平、就业等问题,微观层面的经营战略、运营成本、收益等问题。以上分析看出,在国际市场中,由于外汇管制的限制,资本在国家间的流动就会受到很大的限制,这将给我国资源型企业的国际化发展带来一定的贸易风险。

(五) 税费风险

税费风险是跨国企业在国际化投资过程面临的较大风险。通常情况下,投资者在国际市场上一旦发现了某些矿产资源,随即就可能要面临着东道国提取资源性租金的问题,而且,租金范围的跨度比较大,可以从双方都比较满意的水平到资产被没收等。以油气资源为例,由于油气开发项目的成本高、风险大,东道国政府承认投资利润是项目勘探开发的驱动力,往往会给予投资者一系列的优惠政策使得投资者获得合理的回报。但是,无论是东道国政府自身的税收驱使还是国内一些利益集团的干预,都会使得东道国坚持利润是其国家的资源创造出来的,因此政府理所当然要获得一定比例的利润分成。在资源型企业国际化经营中,对国家税赋成本进行核算时,不仅要依据税收的相关规定,而且还要考虑到一些其他的成本支出。比如:在秘鲁,由于其税收体制比较复杂,企业的税收成本比较高,所以秘鲁政府规定矿业企业必须要缴超额利润税,税率一般在3%—5%,以此保证企业的社会贡献。同时,也存在着某些免税措施,比如在雨林地区,企业可以享受10%的所得税减免,有些产品还可以享受5%的出口退税。综上所述,企业在投资之前,必须要先了解当地税收的规定,以便选择在有税收优惠的区域进行投资,从而获得企业所得税与进口税等的减免[118-119]。

(六) 价格管制风险

通常情况下,对一些关系到公众利益的必需品以及重要的物资和商品,一些国家经常会采取价格管制的方法来保证经济的安全发展和社会的稳定,比如煤炭、石油、钢铁、橡胶等。在价格管制中,最低限价是指在国际贸易中,一国政府规定的进口商品的最低价格,如果进口商品的价格低于这一价格就要被征收附加税或者禁止此商品进口。最高限价是指在国际贸易中,一国政府规定的进口商品的最高价格,这使得跨国企业的产品价格不能高于规定的价格,可能给企业带来利润不断减少的风险。由于考虑国内的经济和行业的发展,国家常常制定一些价格管制的政策措施,对矿产企业而言,它们就会面临着矿产产品定价的压力以及由此给产品的交易带来的风险。对应的是,一旦矿产资源产品的价格管制放松之后,产品市场的竞争环境就会随之发生变化,企业生产运营又会面临着价格下降带来的风险。具体来讲,放松价格管制后,企业必然面临着要争夺资本和客户而进行不断的竞争,而且由于市场竞争的不断加剧,对企业的长期合约也会产生一定的遏制作用。所以,在这种情况下,矿产资源企业就必须要重点防止交易风险的发生,因为一旦交易量下降,将会给企业带来市场份额的缩小、收入的减少和市场影响力的下降等一系列问题。

（七）环保政策风险

环保问题是资源型企业必须要关注和重视的问题,采矿业务会对地表和地下造成一定程度的损害,并可能导致山体滑坡和泥石流等类型的环境破坏。冶炼业务可能会排放有毒废物,导致饮用水遭受污染并造成其他破坏。在我国,矿区周边土地塌陷以及地下水位下降,加之主要采煤区所在的北方地区气候干旱、植被覆盖率低,由此造成的水土流失、河流污染、粉尘污染和煤矸石堆积等都是企业必须要解决的问题。另外,随着环保意识的增强,人们普遍开始重视生活的质量与安全问题。为此,国家不断地加强和完善环保政策,制定严格的企业环保标准,加强环保调查,加大惩治力度。近年来,随着全球气候变暖的加剧,世界各国尤其是西方发达国家对于环境保护的标准要求越来越高。与发达国家相比,我国资源型企业在环保意识、环保设备和环保技术等方面存在一定的差距,这种差距将会给我国资源型企业在国际化发展进程中带来很多风险。因此,企业一方面要详细了解东道国在生态补偿、环境保护和企业社会责任等方面的法律规定,在土地复垦、重新造林、排放控制、排放地面水和地下水污染,以及生产、处理、存放、运输及处置废弃物等方面订立环保标准。不断提升自身的技术创新能力,使其按照环境保护的高标准进行开发,避免因东道国的高标准给企业造成的可能损失;另一方面,要从思想上认识到重视环境保护的重要性,并积极主动地开展污染的治理,实现节能减排,尽可能保护生态环境。

三、经 济 风 险

经济风险是指因经济前景的不确定性,经济实体在进行正常的经济活动时,遭遇经济损失的可能性。在企业国际化发展过程中,矿产企业面临的经济风险主要有汇率风险、利率风险、通货膨胀风险和经济周期波动风险等。

(一) 汇率风险

汇率风险,又称外汇风险,是指企业在使用外汇的经营活动中,因汇率变动而遭受损失的可能性。具体来讲,是指企业在国际贸易、投资等活动中,外汇汇率的变动导致其以本币衡量的价值产生波动的可能性。汇率风险给企业的生产经营活动带来较多的不确定性,比如:企业的生产计划、成本预算等方面,企业的经营预期收益将会由于汇率的波动而变化,由此造成企业资金流量的变化影响到企业决策者的经营决策。如果汇率的变化有利于企业的发展,企业将会增加投资、扩大发展规模、增加研发投入等;反之,如果汇率的变化不利于企业的发展,企业将会谨慎地制定国际化发展战略,在国际市场上减少资金投入,而更多的选择在国内市场中的发展。由此看到,在一定程度上,汇率风险对企业的经营发展战略是有很大影响的。在矿产资源领域,很多企业的境外投资通常以美元作为计量单位,而成本支出多以所在国的货币进行计价,当东道国货币与美元的换算汇率出现变化时,东道国的货币升值,资源成本就会增高,使得企业经济效益受损。而矿产资源的性质决定了企业经营的周期性较长,在经营过程中,汇率不断的变化是个常态化问题,企业发展则可能是面临着较多的不确定性。近年来,由于人民币不断地升值,我国矿产资源企业在国际化经营过程中,使得到期收回货款的实际价值可能要低于签订合同时的外汇价值。同时,汇率波动给资源型企业的国际化经营带来很多不确定的因素,并对企业的国际化收益、税收状况以及长远发展战略产生重要的影响。比如:2013 年,兖矿集团在澳大利亚的投资项目因汇兑损失了数十亿元人民币,原因就在于国际煤价的持续下跌以及澳元的不断贬值。

(二) 利率风险

利率风险是指由于预期利率和市场实际利率之间的差异给外资企业带来损失的可能性。一般情况下,由于受到国家宏观财政政策、金融政策以及市场行情变化等因素的影响,利率经常会处于波动或不稳定的状态,或上升或下降,从而使得外资企业的投资收益产生波动情况。在负债期间,如果贷款利率发生一定程度的增长变化,那么必然会增加企业的生产经营的资金成本,造成企业的投资报酬率下降,降低企业发展的预期经济收益,减少企业的流动资金量,必将给企业的投资经营和进一步发展造成很大程度的影响,由此增加了企业未来发展的不确定性。在矿产资源领域,企业所进行的发展规划和投资活动,往往是投资项目的数额比较大,投资的回报周期比较长。当前,我国还是一个发展中国家,经济发展水平和经济发展程度相对不高。因此,这种情况在一定程度上,决定着我国还不能给跨国企业提供大规模的资金支持,加之国家对外汇审批过于严格,企业在国际化发展过程中,可能会经常面临生产经营资金不足的问题。国家层面的资金支持较少,企业只能通过自己想办法解决资金进场问题,可能不得不找金融机构进行贷款,由于利率较高使得企业利息费用不断上升,从而导致矿产企业经济利益可能受到较大的损失。而国际市场的复杂多变情况,给企业的生产运作将会带来更多的不确定性。

（三）通货膨胀风险

通货膨胀风险是指由于东道国经济发展出现通货膨胀现象,表现在货币贬值、物价上涨带来的投资项目成本上升,进而降低投资收益的可能性。一般情况下,通货膨胀会带来价格或生产水平的波动,对矿产资源的市场供求和市场价格将产生较大的影响。跨国投资企业一般希望东道国的通货膨胀率保持在可控制的水平,一旦发生过高的通货膨胀,给企业造成的直接影响就是加大了对项目投资的额度,那么使得其收回成本的难度大大增加。因此,矿产企业面对着较长的投资回报周期,东道国国内的通货膨胀率是企业是否能够顺利进入国际市场时必须要考虑的问题。通常情况下,物价上涨带给企业的直接风险是生产要素(比如:劳动力、设备、厂房等)价格的提升,给企业造成经营成本的大幅增加。而矿产企业多属于劳动密集型的行业,劳动力成本在其经营成本中占到的比重较大,与其他企业相比其成本增加的幅度将会更大。因此,对矿产资源企业而言,如果要保持矿产产品及其相关产品和服务的价格不变,那么企业的经营利润就会相应减少;反之,如果相应地提高矿产产品及其相关产品和服务的价格,则可能会出现由于需求的变化造成产品销量的下降,同样会引起企业经营收益的损失。在国际市场上,如果遇到恶性通货膨胀时,市场中将会出现货币购买力严重不足,货币功能发生紊乱的情况,严重时甚至会影响到企业国际化的正常运营。比如:在 2008 年金融危机期间,越南的通货膨胀率一度达到了 25%,使得国内市场的购买力下降,市场需求大幅减少,致使越南大部分的企业被迫采取各种方式以控制企业的运营成本,包括裁员及减少营业等。

（四）经济周期波动风险

经济周期波动风险是指全球或某一地区经济增长的周期性变化给跨国企业的生产经营带来的不确定性。在矿产企业中，生产经营的是与矿产相关的产品或服务，一般的生产经营周期较长。在经济发展繁荣阶段，社会对矿产资源的需求量比较大，使得企业的利润大幅度增加，同时，在这种情况下，企业比较容易从资本市场上获得更多的资金支持，一般不会出现偿债困难或资金流动性差的问题。但是，一旦进入经济发展的衰退阶段，社会对资源的需求量不断的减少，造成资源价格的持续下降，给矿产企业的经济收益带来大幅度减少，甚至导致企业的生产经营出现亏损状况，可能造成企业的融资困难或破产倒闭。在处于宏观经济周期的低谷时期，如果企业不采取及时的应对措施，企业的生产经营将会进一步的恶化，对企业的生产运营带来非常不利的局面。由此可知，在衰退阶段，企业将会面临更多的不确定性因素。另外，经济周期波动可能引起经济危机或金融危机的发生，影响到世界各国经济的正常运行。一般情况下，全球金融危机可能会对世界各国的经济以及企业的运营带来重大影响。而地区性金融危机对所在国家、地区以及企业的发展产生的重要影响，在深度及危害程度上，可能会超过全球金融危机。比如：1997年，东南亚金融危机对越南、泰国、印度尼西亚等国家经济和企业的冲击，充分说明了这一点。另外，地区性金融危机或某国家发生的金融危机，可以独立于全球金融危机而发生和存在，这将进一步增加企业外部经营环境的不确定性和防范风险的复杂性。

四、文化风险

文化风险是指在经济全球化背景下，企业的跨国经营和并购活动越来越频繁，由此不可避免地要面临着外来竞争以及多元文化之间的冲突，从而导致企业国际化经营失败的可能性。文化环境包括居民受教育的程度和文化水平、宗教信仰、风俗习惯、价值观念等。

（一）价值观风险

价值观是指人们对周围事物存在的意义和重要性的判断与评价，是决定人们行为和态度的心理基础，是对一个国家或民族传统文化的反映。由于价值观一旦确立，便具有相对的稳定性和持久性，所以在一定的时间、地点和条件下，人们的价值观通常会保持相对的稳定性和持久性。但是，在不同的时代和不同的社会生活环境中形成的价值观通常是不同的，价值观可能会随着所处环境的变化而缓慢发生着变化，而价值观的不同必然会引起人们在行为方面的不同。同样，企业的价值观会随着管理者价值观的变化而变化,也会受到来自市场环境的影响,尤其是国际市场的影响。在不同的国家,由于其经济、社会、文化等方面存在着较大的不同,身处其中的企业的价值观亦不同,这种观念上的差异性对跨国企业的生产经营和战略决策会产生不同程度的影响。在国际市场中,这种差异性将会给合作双方的工作造成很大的困难,使得企业的生产运营成本上升,给企业的国际化发展带来较多的不确定性。比如,在时间观念、开放观念、宗教观念与工作观念等诸多方面存在的差异性,势必给跨国企业的日常管理和正常的生产运营带来障碍,由此造成企业生产效率的下降,企业资金成本的增加,给我国矿产企业在国际市场中发展带来较多的不确定性。

（二）沟通风险

沟通风险是指在沟通过程中,由于文化的沟通障碍或沟通误会而带来沟通失败的可能性。在企业的运营管理中,如果沟通不畅说明企业的信息流不能很好流动,代表着企业的决策者、管理者和员工之间不能很好地完成协调工作,从而影响到企业的政策制定和生产运营。在国际市场中,由于不同国家的文化背景不同,使用的语言不同,那么对同一信息的认识和理解可能会产生差异,甚至合作双方会领悟出完全不同的意思,得出截然相反的结论,从而影响了企业国际化战略制定的准确性。另外,在不同文化背景模式下会形成不同的沟通方式,这样将会很容易造成生活在不同文化背景下的合作双方产生沟通的障碍。比如,我国天宝矿产集团制定了国际化发展战略,准备进入蒙古国开展矿产投资活动。在前期考察过程中,为了便于双方的相互沟通,在我国的内蒙古地区聘请一些相关业务人员一同前往蒙古国。但是,进入蒙古国后发现,由于其长期被苏联所控制,使得其国内民众的很多习惯受到俄罗斯民族的影响很大,与内蒙古相比存在很大的差异,甚至在语言沟通方面就有很多的障碍,原因是他们说话时会掺杂一些俄语成分。另外,由于中国与苏联之间的关系问题,造成蒙古国的民众对中国人也存在一些仇视心理。最终,天宝矿产集团只能在蒙古国通过聘请一些当地的华侨来协助,才使得考察工作继续开展下去。

（三）种族差异风险

种族差异风险是指在不同的种族中其种族文化存在着很大的差异性,表现出来就是对种族文化心理取向的不同,如果出现了来自一种文化的人具有强烈的种族优越感,同时相信自己的行为方式要优于其他人,就会有偏见地对待其他的种族文化,由此在企业的经营发展中会造成一些不必要的障碍,而这些障碍对企业的发展意味着不确定性和风险。由此可见,种族差异不仅体现在饮食、装饰、风俗等方面,对人的个性、价值观等也会产生较大的差异性,同时,对企业而言,将会造成企业的发展理念、战略规划等不同。由于矿产资源多分布于一些较偏远的不发达地区,而这些地区多为多民族融合发展的区域,那么矿业企业会面临着更多的由于企业人员种族多样化产生的问题,一旦处理不好对企业的发展就会造成不小的影响,跨国企业尤其如此。比如,有些矿产企业在进行跨国投资时,如果是在经济欠发达地区开展投资经营活动,那么对外投资的这些企业,无论是组织还是组织成员,都会或多或少在不经意间产生自我的优越感。通常情况下,主要表现在以下几个方面:首先,这些企业相信自身的经营方式要好于海外竞争者,因而在海外投资过程采取与其在国内相同的方式进行生产经营活动;其次,将企业的海外利润全部转回国内,对海外投资项目不再加大投资。同时,派往国外的一些管理人员在当地也会时不时地表现出自我优越感,并且存在歧视当地员工的一些行为,甚至可能与当地人发生一些冲突事件[120]。因此,种族差异是跨国企业在国际化生产运营中的一个潜在不利因素。

五、管 理 风 险

管理风险是指资源型企业在管理运作过程中因信息不对称、管理不善、判断失误等影响企业正常运行的可能性。通常,资源型企业在国际化发展过程中将面临着以下五种管理风险。

(一) 决策风险

决策风险是指在企业决策活动中,由于主、客体等多种不确定因素的存在,而导致决策活动不能达到预期目的的可能性及其后果。当今,我国企业进行国际化经营是其自身发展战略的需要,也是全球经济一体化的外在要求。但是,由于国际市场毕竟不同于国内市场,在国际市场中,企业面对着更为复杂的发展情况和多变的发展环境,从而大大增加了企业生产经营的困难。因此,企业在开展国际化经营发展之前,决策者对全球矿产资源市场应该有清晰的认识和判断,对企业的未来发展有一个既超前又务实的战略规划,决不能是突发奇想或者抱有赌博性质的投机心理。因此,企业决策者要时刻保持头脑的冷静,清楚企业自身所处的位置,弄清国际化市场中矿产产品的发展状况,从而把握企业未来的发展趋势。比如,矿业企业在实施国际化发展战略时可以采用跨国并购的方式,其优势是可以充分利用东道国目标企业的已有经营资源,不但减少了时间成本而且节省了企业矿产产品开发的市场费用。但是,在进行并购之前要对企业自身竞争力进行评估,了解自身的竞争优势,并将跨国并购纳入企业的战略规划中,审慎选择投资目标。同时,要考虑到目标企业的资源特性、市场状况、生产成本以及投资时机等,对经营项目未来的比较成本和竞争优势给予充分的论证分析。另外,要规范国际化投资项目的决策程序,在关键环节要通过召开董事局会议和党政联席会的方式,慎重做出对企业未来发展产生影响的战略决策。

（二）　项目经营管理风险

项目管理在企业国际化的过程中有着非常重要的影响作用,对于资源型企业来说,在项目管理中遇到的风险主要有项目经营管理风险和企业对海外项目的管理风险。针对资源型企业而言,是否拥有海外项目经营管理的人才对企业的国际化经营至关重要。所以,有部分专家学者在进行投资风险评价时,甚至把项目经营管理者或团队的因素作为第一重要因素来考虑。通常,经营管理者或团队对项目成败的影响主要体现在经营管理者或团队的人格特征和经营管理能力两个方面。其中,对海外项目的影响较大的经营管理者或团队的人格特征主要包括个人或团队的正直、诚信、勤奋、团队精神等特征;而经营管理者或团队的经营管理能力包括了以下多种能力:专业技能、经验、经营理念、对营运计划的掌握程度、控制风险的能力、灵活性、领导艺术、执行能力等。另外,企业能否对海外项目进行科学有效的管理也是决定海外项目长远发展成败的重要因素[121]。因此,资源型企业对海外项目的有效管理,一方面不能使海外项目的发展失去灵活性,另一方面也不能任其自由发展。同时,国内母公司与海外子公司之间信息的沟通机制以及对海外子公司监管制度的不完善也可能导致项目的管理失控[122]。

（三）　人力资源管理风险

我国资源型企业实施国际化战略的起步较晚,经验不足,在国际化进程中多注重技术和资金的运营管理,往往忽视了人力资源管理在国际化中的重要作用,对于人力资源的管理方式、方法还处于一种不断摸索的阶段。目前,企业在国际化发展中面临的人力资源管理风险主要分为招聘风险、薪酬风险和培训风险等。首先,由于受传统发展模式的影响,我国资源型企业在国际化人才的培养和招聘等方面重视程度不够,这必将带来企业人力资源结构的不合理。主要表现在:一是企业的技术人员较多,而熟知国际商务、法律的人员相对不足;二是人才的知识结构不合理,缺少既懂技术又懂外语的复合型人才。其次,资源型企业大多属于国有企业,企业注重人力资本的使用,而不愿意对人力资本进行开发,员工培训的体制机制落后,缺乏资金、人才和时间的投入,致使海外项目因人才的短缺而处于不利的发展境地。另外,我国资源型企业派出员工的薪酬标准偏低,一定程度上挫伤了企业员工的工作积极性和主动性,而且企业的绩效考评体系有待于进一步完善,存在着缺乏规范化、定量化的问题。同时,尽管跨国企业已经非常重视员工本土化的问题,而且将本土员工所占比例提升到了一定的程度,但是在资金、人事、发展战略等重大决策方面,仍存在一定程度的不足,企业的一些重要事务还是由我国外派的高层人员进行负责和管理,对所聘用的东道国员工和其他外国员工,不能给予完全信任并委以重任[123]。

(四) 组织管理风险

由于企业在对外投资的过程中面临着与国内投资完全不同的环境,因此很可能造成企业内部的组织结构与东道国外部环境之间的不适应性。无论企业保持其组织结构不变或是为适应环境而进行相应的组织结构变革,都可能会给企业的对外投资带来风险。通常情况下,为了防止组织管理风险的发生,我国资源型企业在国际化经营过程中一般采取以下规避措施。首先,建立科学有效的国际化战略管理体制。企业的国际化经营要有统一的国际化战略作导向,同时要建立有效实施国际化战略的运营管理体系,对此,企业要对不适合国际化发展的管理体制进行相应的变革。比如:一是要建立完善的现代企业制度,包括建立规范的企业法人治理结构,实现产权归属的明晰化;二是要建立与企业国际化战略相协调的组织管理架构,进一步明确企业母、子公司各自的权利和义务,为企业内部资源的优化配置和国际化经营风险的控制建立保障。其次,建立科学有效的国际化运营机制。根据资源型企业国际化竞争的要求,基于规范的国际化管理体制,为企业建立科学有效的国际化运营机制。再者,要鼓励企业管理创新以提升其国际化效益。近年来,在实施国际化发展战略过程中,由于一些资源型企业的管理理念不科学,企业的管理工作不规范,导致企业在实施国际化发展战略时,常常处于相对的劣势或者不利的地位[124]。

(五) 社会责任风险

随着全球经济一体化发展与市场竞争的加剧,企业的社会责任普遍被用来衡量其是否优秀的重要指标,作为社会重要的一个组成部分,企业必须肩负起相应的社会责任。我国资源型企业在"走出去"过程中,必须充分认识到企业社会责任的重要性,尤其是当前世界上很多国家对中国还不是非常了解的情况下,对中国企业的国际化投资行为往往存有一些偏见和顾虑,如果企业能够承担起自身相应的社会责任,则可以很好地改善与东道国之间的关系,改变其民众对中国企业原有的不良看法。加之矿产企业经营的一般是资源类产品或相关的服务,对企业外部的环境影响较大,可能会污染当地的环境,引发当地政府和居民的不满,是否能够承担企业社会责任对缓和双方的紧张关系是很有必要的。另外,我国资源型企业之所以将社会责任作为一种风险,主要是基于资源型企业在国内并不是很重视其应承担的社会责任。这存在着两方面的原因,一是源于资源型企业在国内的垄断地位,本身具有优于其他经济主体的权利,因此,不管是在前期的勘探、开采过程还是产品的销售过程,往往忽略了其应承担的社会责任;二是近年来我国经济发展较快,而在高速发展的背后所产生的后果未得到正确的认识,而企业自身也没有认识到社会责任的重要性,使其没有履行必要的社会责任。但是,随着企业国际化步伐的加快,如果我国资源型企业将这种忽视社会责任的做法带入国际市场,则必将引起东道国社会及其民众的不满,甚至可能演变成阻碍我国企业实施国际化战略的风险[125]。

六、资 金 风 险

资金风险是指在企业国际化进程中由于资金的筹集、投资和运营等方面管理不当,导致企业国际化不能实现预期的收益而带来的风险,以及企业在利润分配时可能产生的风险。

(一) 筹资风险

筹资风险是指企业因借入资金而给企业财务工作带来的不确定性。筹资活动是一个企业生产经营过程的起始阶段。一般情况下,为了进一步扩大企业的生产经营规模,获取更多的经济收益,在遇到资金紧张或资金短缺的情况下,很多企业会采取筹资的方式来解决资金问题。通常来讲,由于矿产资源企业的经营规模较大,经营周期较长,需要一次性投入资金量大,可能还需要有不断的后续投入,那么筹资就会成为解决其资金问题的重要途径。但是,这必然会增加企业运营过程的资金成本,增加筹资还本付息的负担,而且企业的资金利润率与借款利息率之间的关系也存在着不确定性,从而给企业的正常运营带来很多不确定性。由此可知,在企业的筹资过程中,如果资源型企业的管理运营科学有效,能够顺利实现其生产经营目标,则会减少资源型企业筹资活动带来的不确定性。但是,由于市场环境的瞬息万变,容易导致企业决策失误,管理措施失当,加之资源型企业之间的竞争日益激烈,从而在筹集资金的使用效益方面存在很大的不确定性。由此可知,在竞争更为激烈的国际化市场,企业进入了一个更为广阔的发展空间,一方面会加大对资金的需求量,另一方面,由于拓宽了企业资源的运作空间,使得其在筹集资金方面面临着更大的不确定性。

(二) 投资风险

投资风险是指投资者对未来投资收益的不确定性,在投资过程中可能会遭受收益损失甚至本金损失的风险。投资风险是风险现象在投资过程中的具体表现,是投资者为了获得投资活动中的预期收益而必须承担的风险。具体来说,投资风险是在投资过程中,由于一些不可控因素的影响,使得实际收益与预期收益相偏离。与其他企业相比,由于矿产企业的生产经营周期更长,在投资过程中,遇到的不可控因素的影响就会更大。当然,企业面临的实际收益与预期收益的不一致,既有前者高于后者的可能,也有后者高于前者的可能;或者说,既有遭遇经济损失的可能,也有获取额外收益的可能,这些都是投资的风险形式。同时,投资风险也是一种生产经营性风险,通常是指企业投资的预期收益存在不确定性。其中,投资活动是资源型企业经营过程中非常重要的环节,决定着企业的生存与发展。随着投资活动不断的发展变化,资源型企业面临的投资风险也在不断变化,使得其产生的后果也是不一样的。在海外投资项目实施过程中,由于项目的管理不当可能造成资源型企业的投资成本不能收回,使企业资源无法得到有效利用,由此给企业造成收益亏损,甚至导致企业国际化项目失败,从而增加了资源型企业扩张带来的风险[126]。

(三) 资金运营风险

资金运营风险是指企业在生产过程中由于资金运作的不确定性所带来的风险,是一种有效放大资本效率,实现企业低成本发展的好途径。通过合理的资本运营,企业运用控股、参股、兼并等手段,搭建由资本产生增值的发展途径,大幅度降低企业的交易成本,使得企业规模进一步发展壮大,从而实现企业的规模经济,提高企业资本的增值效率。当然,资金运营有利于企业的快速发展,为企业带来巨大经济收益的同时,也可能会给企业的发展带来一定的风险性。基于矿产资源的特性,对资源型企业而言,其有形资产受自然灾害的影响比较大,而且不科学的开采和管理方式也会减损其资产的价值,甚至导致企业生产运营中断,给企业造成巨大的损失。目前,我国资源型企业的资金运营风险主要来自于应收账款方面,可能给企业带来大量的呆账坏账。另外,由于矿产企业的生产经营规模较大,一旦出现企业的库存产品积压严重,那么就会占用大量的企业资金,从而降低了资金的流动性和安全性,使得企业的流动资产占总资产的比例减少。由此看到,这必将给企业国际化发展带来资金短缺的局面,影响到企业后续资金的投入,不利于企业国际化的可持续发展,更为重要的是,这样会增加企业国际化资金的运营风险。

(四) 利润分配风险

利润分配风险是指企业由于未能将其利润进行合理地分配,可能给企业的后续经营和管理带来的不利影响。由于投资国之间存在着差异,不同国家之间的文化背景、价值观念以及消费观念的不同,以及不同的投资者和消费者对于利润分配的信号传递效应和追随者效应的反映情况不同。如果企业在利润分配过程中产生或者是向市场传递了错误的信号,将很难吸引国际投资者对企业进行投资。不合理的利润分配,将会影响到企业积累的多少,影响企业权益与负债的比例,降低企业的偿债能力,造成投资者积极性的下降,给企业的长远发展带来很大的影响。另外,企业利润的分配方式、分配时机或者是金额不合适,都会给企业的发展带来风险。当前,我国资源型企业在国际化投资和经营过程中,面临着投资主体的多元化,此时对企业利润进行科学有效的分配将显得尤为重要。同时,利润分配还是资源型企业生产经营的条件,也是企业优化资本结构的重要措施。当然,利润分配也可能存在一定的风险,如果事先不做好统筹规划工作,给企业投资者分配过多的利润,那么将使企业不得不承受较高的资金成本,给企业的生产经营带来一定的资金风险。

七、技 术 风 险

资源型企业在国际化进程中面临的技术风险主要是指企业在勘探、开发过程中,由于技术不规范、员工操作失误、安全生产技术流程等,达不到预期的设计效果而产生的风险,主要包含三个方面,分别是勘查风险、开采技术风险和安全生产风险。

（一）勘查风险

矿产勘查风险主要来源于三个方面。一是自然风险,即由自然条件所形成的自然特性,包括形状、大小、空间位置和矿产质量等,这对弄清矿床是否有价值,价值的大小,以及开采的难易程度等都有重要影响。如由于地质构造条件、成矿规律等不确定性因素,给工程预算和工期带来负面的影响,从而造成经济损失的可能性。尤其是新区以及海外的勘探开发过程中,由于地质条件、地理和社会条件比较陌生,而且世界上没有绝对相同的矿床类型、相同的成矿条件等,因此,发生风险的可能性比老区的勘探开发要大得多。二是人类认识能力和认识水平有限也会给矿产投资带来风险。就是说,人类的认识水平越高,认识能力越强,对矿产资源的认识越清楚,则矿产勘查带来的可能性风险就越小。在建设过程中,企业是通过勘查技术对矿产资源量和可采储量进行估测,并据此判断开发和经营矿山的可能性和进行工业设计。由于矿山地质构造复杂且勘探工程范围有限,矿山的实际情况可能与估测结果存在差异;若差异超过一定范围,将会对企业的生产经营和财务状况造成不利影响。三是环境风险,即外部环境对矿产勘查带来的影响。比如：矿区的地理位置、周边的交通条件等。通常，我国矿产资源型企业在海外发展进程对东道国的政治风险给予非常的重视，却往往忽略了矿产所特有的勘探开发风险。勘探作为矿业投资的第一步是相当重要的，在没有确定矿产是否拥有经济矿藏的情况下，盲目地对其进行投资，是很不科学的做法。另外，矿产资源勘探的关键在于相关信息的掌握，然而国外地质勘探的信息体系与我国存在很大的差异，使得我国资源型企业在拥有外国地质勘探开发资料后仍需到实地进行勘查。而且一套完整的地质勘查周期至少需要六个月，使得一些国内企业购买海外项目时只能进行简单的数据调查和估值判断，这将进一步增大企业的勘探风险[127]。

（二）开采技术风险

矿产开采技术风险主要表现为开采技术条件带来的风险。目前，就采矿技术本身来说，还有需要进一步改进和提高之处，同时还存在着有待攻克的难题，比如在高寒地区进行采矿作业，其中的设备动力、工人作业条件和运输条件等方面就可能存在一定的问题。另外，还有在矿体或泥石流情况下的采矿问题、暗河或溶洞条件下的采矿问题以及水体下的采矿问题等，这些都存在着难以解决的技术难题。同时，矿产所处的地质条件是否能使矿产被顺利地开发利用以及对其开发利用的影响程度，这决定着矿业投资开发能否取得成功。而且，一些新开采技术的使用将会大大提高资源的开采成本，降低企业的盈利能力，比如井下高温、岩爆等开采技术。同时，采用新的开采工艺技术可能会带来一定的风险，主要体现在以下两种情况：一是使用的新工艺技术能够达到设计生产能力所需时间的不确定性；二是最终生产能力是否能够达到设计能力的不确定性。比如：澳大利亚默林·默林（Murrin Murrin）红土镍矿项目采用了高压酸浸技术，在实施过程中，不仅项目的建设投资和生产成本均明显超过可行性研究的预期值，而且投产以后还出现了很多技术问题，并且长时间达不到设计的生产能力。因此，在技术实施过程中，要结合面临的具体环境和操控对象，进一步规范开采技术标准。否则的话，可能由于技术不规范而带来员工操作失误等问题，既可能增加相应的技术风险，还可能增加企业额外的运营成本，导致财务风险的发生。

（三）安全生产风险

资源型企业在生产过程中面临的风险主要有机械伤害、爆炸风险、火灾风险、触电风险、透水风险和塌方风险等，对企业的安全生产造成很大的风险。影响采矿的因素也较多，如：工业事故、矿场坍塌、恶劣天气、设备故障、火灾、地下水渗漏、爆炸及其他突发性事件等，这些因素均可能导致企业矿场的财产受到损失,并可能造成人员伤亡、环境破坏及潜在的法律责任。其中危害较大的有以下四类风险。

第一,防瓦斯爆炸技术风险。在跨国资源型企业中,由于不同的东道国的矿产资源的矿井条件不同,应根据各自的情况采取相应措施以减少矿产资源开采过程的瓦斯浓度超标问题,但是大多数矿井的开采条件往往比较困难。因此,在矿产资源的开采过程中,矿产企业应根据存在的具体问题对技术进行不断的创新,以防范矿产资源开采中瓦斯问题带来的安全隐患,最终实现对安全技术方面风险的防范。

第二,防火技术风险。矿井的火灾具有极大的危害性与破坏性,对井下资源开采、运输设施及开采工作面会造成很大损害,而且火灾产生的有害烟雾严重威胁到工人的身体健康及生命安全。因此,在火灾防范上,对井下所需使用的材料,均选取不燃、低烟或耐燃材料,有效防止井下失控的高温热源。除此以外,还应搭建独立通风系统,规划相应的消防措施等。对井下开采设备所需的燃料如汽油、机油、润滑油等,采用专门的圆桶进行定量封装,并实现专人配送管理。

第三,防透水技术风险。矿井透水是指井巷、工作面与水源接近导致的出水事故。当流入矿井的涌水量超过矿井的正常排水能力时,造成矿井水泛滥成灾,称为矿井水灾,轻则会造成停产和局部巷道被淹,重则可能使整个矿井被淹没。因此,在生产过程中,必须研究矿井透水的形成机理,制定科学、有效的防治透水措施,以保证煤矿的安全生产。

第四,防塌方技术风险。矿井塌方风险是指在矿石开采的过程中由于自身原因或外部环境的变化造成矿井塌方的可能性。目前,塌方风险监测技术主要是靠专家的工作经验进行判断,但是这必然存在一定的监测误差与局限性,比如,当面对矿井的环境状况非常复杂时,就很难准确地监测到塌方的风险。因此,在塌方风险监测过程中,不但要借助于专家的工作经验,还需要使用专业的检测工具和检测技术,以保证塌方风险检测结果的准确性。

八、市　场　风　险

由于矿产资源是矿产资源型企业最主要、最直接的原材料,受资源禀赋的制约,有一定的地域限制。资源的获取投入量大,从原材料的获取、选、冶到成品,周期性较长,且产品具同质性,面临环境的不确定性较多。因此,在企业国际化发展中,市场风险通常包含三个方面,分别是市场结构风险、市场竞争风险和市场价格风险。

(一) 市场结构风险

市场结构风险是指产品在国际市场上所面临的消费者需求结构、市场供给状况、市场容量等的变化对企业国际化投资造成损失的可能性。其中，消费需求决定了企业产品销售量的大小与市场占有率的高低。在经济学中，依据消费者行为理论的解释，所有消费者都有自己的需求偏好，其购买决策是一种为了追求效用最大化的有目的的选择行为。同时，消费者的消费需求受到多种因素的影响，比如：消费者的收入、可购买力以及产品的价格、质量等。因此，消费需求始终处于一种不断变化的过程，这使得企业时刻面临着由于产品需求变化带来的市场风险。另外，市场供给结构的变化对企业国际化发展也会产生一定的影响。近年来，随着技术的进步和工业发展的影响，出现了一些新兴可再生能源，如美国页岩气资源的探明等。而页岩气对于已有资源的替代将会加速美国资源的出口数量，这可能给国际矿产资源市场带来一定的冲击。同时，随着全球经济社会的发展，世界各国对于能源的需求呈现出一种逐年上升的趋势，虽然石油、天然气、煤炭等资源仍是支撑当今世界经济发展的主要能源之一，但从长远来看，新能源的开发势必给国际矿产资源市场的供给结构造成一定程度的冲击。

(二) 市场竞争风险

市场竞争风险是指在产品市场上由于不能对产品的数量和类型进行很好的预测，使得企业遭受到来自同行业企业竞争压力的影响。而且不同的竞争主体表现的方式与作用形式往往也会不同。对企业来说，竞争风险是其在市场竞争过程中为谋求自身利益而面临的风险，是企业风险的一个重要组成部分，使得企业可能会遭受一定的损失，也可能会获得一定的收益。如果资源型企业面临的国际化市场是不完全竞争市场，并且东道国政府认为企业存在一定的倾销行为，就会对这种企业采取反倾销政策，对其产品裁定反倾销税，这可能会给企业的国际化发展带来不可估量的损失。另外，一旦遇到市场的竞争者通过降低产品或服务的价格来获取竞争优势时，企业在东道国市场上将面临巨大的竞争压力，其市场份额也可能会大大降低，甚至市场被其他企业所取代，使得企业就很难重新进入目标国市场。由于资源型企业的产品都是矿产或者是与其有关的衍生品，产品的同质化程度很高，来自于竞争对手的威胁在很大程度上会影响企业目标的实现，表现为争夺矿产资源、销售市场与运输途径等，因此资源型企业在国际化发展进程中必须要对此加以关注。当前，我国资源型企业大都实行延伸矿产资源产业链、多元化的发展方向，企业之间的产品竞争已由最初的原煤竞争转变为多种类、多产品的竞争。如果竞争者研发出同质化的产品或实施不正当的竞争行为,则将会对资源型企业的发展带来不利的影响。

（三）市场价格风险

市场价格风险是指由于矿产品市场的价格波动而导致价值未预料到,给企业未来的经济收益带来潜在的不确定性风险。矿产资源的一个明显特征就是价格易变,由于其产品需求缺乏一定的弹性,加之市场供给因素的影响,使得煤炭价格容易产生波动。因此,市场风险主要来自于矿产品市场价格的不断变化,当市场价格的变化与投资者的价格预期存在很大偏差时,可能会导致投资者经营决策失误,使得投资收益减少甚至出现严重亏损。近年来,国际矿产资源价格变动的幅度和频率在不断加大,导致出现大量的投机行为,给资源投资带来了很大风险。同时,由于资源价格与企业销售利润直接相关,随着我国市场经济不断的深入发展,尤其加入世界贸易组织带来的影响,市场供求关系对资源价格的影响越来越大,同时由于国际市场局势的变化也在不断地加大,一定程度上增加了煤炭价格的波动性和不稳定性,给资源型企业的财务管理带来一定的风险。另外,虚拟资本不断向实体经济渗透,资源行业是其投资的一个重要领域,这也会加剧资源产品价格的波动性。因此,市场的供需关系已不再是矿产品价格的唯一决定因素,虚拟经济对资源产品价格产生的影响也越来越大。而且,在全球资源市场中,资源产品价格受垄断经营控制的作用越来越明显,其价格的大幅波动与全球一些资源型垄断企业对产品的垄断控制有着很大的关系。

本 章 小 结

在对企业国际化路径、发展阶段和风险辨识等理论分析的基础上,结合资源型企业自身特性和国内资源型企业国际化发展的实际状况,从企业国际化路径和发展阶段两个视角进行分析,创建了资源型企业国际化风险"三维"辨识理论框架,形成了基于企业国际化路径和发展阶段的风险辨识路径,划分了企业国际化风险类型。运用此理论框架,对我国资源型企业国际化风险进行全面的分析,结合企业国际化风险辨识的方法、原则以及程序,从"国家"和"企业"两个层面,辨识企业国际化的风险源、风险因素等,详细分析了国际化过程面临的风险因素,提出了我国资源型企业国际化风险体系,包含三十五个风险因子,划分为八个风险类别,分别是政治风险、政策风险、经济风险、文化风险、管理风险、资金风险、技术风险和市场风险。

第四章 我国资源型企业国际化风险评估

根据前文对我国资源型企业国际化风险的辨识分析,本章提出了我国资源型企业国际化风险指标体系。把熵理论引入资源型企业国际化风险评估的相关研究中,提出了国际化风险熵,构建了基于熵权分析法的我国资源型企业国际化风险熵评估模型。运用实地调研、专家研讨、问卷调查等方法,对我国资源型企业国际化风险的评估进行实证分析,以期为我国资源型企业的国际化风险评估提供参考依据与经验借鉴。

第一节 风 险 评 估

风险评估(Risk Assessment)是指,在风险事件发生之前或之后,可能会给人们的生命、生活、财产等方面带来一定的影响和损失,而对这种可能性进行量化评估的工作,是风险管理的一个重要过程。也就是说,风险评估是对某一事件或事物带来影响或损失的可能程度进行量化测评。通常情况下,采用科学的相关理论和方法,对系统的安全性进行预测和分析,通过一定的安全措施和寻求最佳对策来削减和控制系统的危险性,目的是保证系统的安全运行。另外,从信息安全的角度来讲,风险评估就是对信息资产存在的弱点、面临的威胁和造成的影响,以及三者综合作用所带来的风险或损失的可能性进行评估的过程。而作为风险管理的基础,风险评估是组织确定信息安全需求的一个重要途径,属于组织信息安全管理的一个重要环节[128]。

企业投资风险评估是对投资风险分析并加以确定的过程。在国际化投资领域,为减少投资活动可能给企业带来的失误和风险,针对每一次的投资活动都要建立一套科学合理的、适应投资活动自身特征的体系和方法。比如,通过策划报告的形式,企业投资风险评估报告就是其中的一种,借助于大量的资料和数据,以定性与定量相结合的方式,对企业投资项目面临的风险进行系统性的分析与评价,进而制定相应的措施以化解、减少或规避风险。另外,在对企业投资项目全面分析的基础上,借助于国际上通行的一些投资风险的评估方法,从第三方的角度对企业投资项目的风险进行评估与分析。通常,投资风险评估要包含投资决策者所关注的所有方面,如企业所处的环境、发展现状、资金分析、运作计划、竞争分析、市场分析等内容。

因此,在风险管理的准备阶段,企业可以根据其自身的安全目标确定企业的安全战略,其中包括对风险评估战略的考虑。所谓风险评估战略,是对风险进行评估的途径,是规定风险评估进一步延续的操作方式和过程。另外,风险评估的操作范围可以只是企业的某一部门,也可以涵盖整个企业,或者是独立的系统、系统的组件和服务等。从评估过程看,有很多因素会影响到风险评估的进展,比如评估的时间、力度以及展开的幅度和深度等,这些因素要求必须和企业的发展环境和要求相符合。综上所述,企业应根据自身的实际发展情况选择恰当的风险评估途径。

第二节　资源型企业国际化风险熵

一、风险熵的应用分析

美国经济学家 Kninght 在《风险、不确定性和利润》一书中指出,风险是可以测定的不确定性。经济主体虽然由于信息不充分进行全面彻底的量化分析是不可能的,但是我们可以进行"估计",对可能出现的情况给定一个概率值,通过概率归类来减少不确定性,并实现对不同风险情况的测定、评估和计量。

风险是相对有机体的,是指可能发生的事件,这些事件阻碍了有机体的发展,甚至使其走向衰亡。因此,风险是指事件是否发生的不确定性,这种不确定性可以是事件本身的不确定性,或者是所研究对象构成要素之间的相互联系与转化的程度,也可以是事件相互之间的不确定性的联系与转化的程度。由于熵是分子无序程度的度量,所以这些不确定性或无序性都可以用熵来进行描述和研究。

目前,熵理论及其应用已经涉及很多科学领域。熵在信息学中应用得最为成熟,其总体思想是信息量越大,熵越大;反之亦然。也就是说,熵越大,说明信息越充分,不确定性就越小,风险也越小。综上看出,企业国际化风险也属于信息学领域,因此把熵引入企业国际化风险评估的研究是合理的。由于熵是不确定性和无序性的量度,而不确定性本身具有一定的统计特征,所以任何一个不确定性事件既可以用熵思想来分析,又可以用概率统计理论对其进行研究。因此,可以熵权分析法对企业国际化风险进行评估与分析。

　　通过对熵及相关理论的阐述和对资源型企业国际化风险的分析，可以看到二者之间存在着一定的联系，它们的共同研究可以为资源型企业国际化风险评估带来新的思路。熵理论是复杂系统理论的一个重要方法，将熵理论引用到资源型企业国际化风险研究中，可以更深、更全面地分析和评价企业国际化风险评估问题，为资源型企业国际化风险防范提供科学可行之策。因此，运用熵理论对资源型企业国际化风险进行评估与分析，不仅可行而且非常具有现实意义。首先，熵是对事物不确定性的测量，而资源型企业的国际化风险也存在许多变数，可以说，二者的特质有很大的相似之处。其次，熵理论在经济科学与管理科学领域已有较多的应用，而且其优越性非常明显，把熵理论应用于资源型企业国际化风险评估的研究，可以使此领域的相关研究有新的进展。同时，由于熵权法可以对系统组成要素的重要性程度进行量化分析，而且使用简单方便，所以熵权法可用来对风险的整体状况和各风险的影响程度进行分析度量。最后，企业国际化风险管理与国际化环境密切相关，是一个复杂多变的动态过程，包括风险的辨识、评估与防范等，而利用熵变思想能够很好地解释这一动态过程。其实，企业国际化风险表面上看是内外系统出现了混乱，实质上可以看作是企业熵值的不断增加，以至超过了正常的值域。因此，利用熵思想可以指导企业如何通过外界获取负熵来抵消企业内部的不断熵增，以确保企业的熵值控制在正常值域范围内，从而防止企业风险的发生。从理论上分析，运用熵理论分析资源型企业国际化的风险问题，不仅拓展了熵理论的应用领域，而且使得资源型企业国际化风险的防范有了新的研究视角。

二、国际化风险熵的提出

　　著名物理学家爱因斯坦说过："熵理论对于整个自然科学来说是第一法则。"因此，熵定律反映了物质世界的演化规律，对科学理论的建立和发展有着很深的影响。虽然熵理论是源自于自然科学的重要定律，但它同样适用于社会科学，对企业的发展是至关重要的。原因在于，企业的建立和发展过程，实际上可以看作是熵不断积累的过程，而熵的不断变化将会导致企业的发展变革。

　　跨国企业是一个具有独特构成要素、运行规律和行为规范的企业，它是一个相对独立、个性化的社会子系统。既然是跨国企业，就必然要投身到世界经济的汪洋大海中搏击，在湍流的环境中竞争，通过自身的拼搏获取商机，通过艰辛和智慧赢得经营利润。而要在经营活动中参与竞争，企业就不可避免地存在着不同程度的风险。经营活动中各种状态的不确定性，导致其熵值是增加的。因此,对于跨国企业来说,经营能力的优劣和高低就在于能够适人、适时、适地地调整方略,有效引入负熵机制,切实降低国际化风险熵,把握跨国企业从无序、混乱状态向有序、有效状态发展。

由于风险是以事物的不确定性为基础的一种客观存在,企业国际化风险是企业国际化发展这一客观存在的一种不确定性,而熵又是对不确定性的一种度量,因此,可以把资源型企业国际化发展的不确定性定义为资源型企业"国际化风险熵"。根据熵理论以及跨国企业的特性,本书认为"国际化风险熵"就是跨国企业在组织生产经营活动的过程中,由于客观存在的环境未卜、市场无序、管理不当、财务及信用不测等问题,引起成本过高、效率低下、企业内耗、业绩衰退等现象,进而导致决策受挫或失误、目标偏移或错位、经营状况滑坡或崩溃等风险的发生或增大,从而使得跨国企业的国际化运行呈现失调和紊乱,直接影响国际化经营活动过程和结果的状态。在我国资源型企业国际化发展过程中,由于客观环境的未知性,如政治环境、经济环境、社会环境、文化环境、投资环境等因素,使得企业面临着实际目标与预期目标的差异、投资损失扩大、经营和管理模式失效等问题,从增加了企业国际化发展的阻力,导致企业国际化战略实施缓慢。

三、国际化风险熵体系分析

在自然界,非平衡态是指在与外界有物质、能量、信息交换的条件下,宏观体系的各部分或全部随着时间的变化而发生各种变化、变异的状态,它是自然界存在的普遍现象。由于企业系统一方面从外界输入各种物质、信息和能量,另一方面在其内部各构成要素之间也不断地进行着物质、信息和能量的交换,即系统结构处于非平衡态,因此企业是一个非平衡系统[129]。

非平衡系统是一个人工系统和柔性社会系统(包括经济)的结合体,其结构之间形成一个复杂的网状结构。由于这种结构的构思、子系统的设置以及功能的划分,主要是系统设计者和执行者的主观产物,包含了他们自身的知识和经验,因而会产生多种不同的结构状态,使得系统的结构具有不确定性。同时,不同类型的企业系统可以由不同的一组相关要素或子系统所构成。随着时间的流逝,企业必然从一种状态演化到另一种状态,企业系统的结构也会随之改变。

根据有关风险管理的理论及文献思想,结合资源型企业国际化风险熵产生的原因及内外部因素,本书选用三级结构体系来表示跨国企业的风险熵状况。该指标体系的总目标(目标层)是跨国企业的风险总熵,准则层为政治风险熵、政策风险熵、经济风险熵、文化风险熵、管理风险熵、资金风险熵、技术风险熵和市场风险熵(见图4.1)。因此,依据前文对我国资源型企业国际化风险体系的分析,每个准则层还包含相应的主要指标,如政治风险熵的主要指标包括战乱风险、制度风险、国家干预风险、国有化风险、政府违约风险和延迟支付风险。另外,其他七个准则层风险熵也都有各自的相应指标。

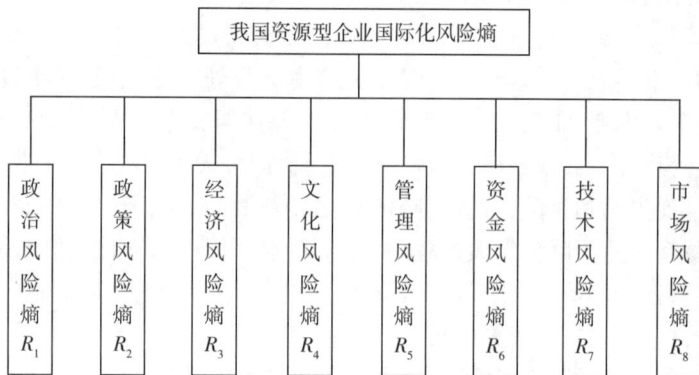

图 4.1　我国资源型企业国际化风险熵体系

第三节　建立资源型企业国际化风险指标体系

一、建立指标体系原则

指标的选择是建立企业国际化风险评价指标体系的关键与核心环节,指标选择的正确与否关系到能否真实全面地评价企业国际风险的大小。因此,为了能够反映企业国际化经营风险的客观情况,指标的选取应当满足科学性、全面性、系统性、可行性、定性定量相结合等基本原则。

（一）科学性原则

为了确保风险评价结果的准确性与合理性,必须遵循科学性原则,所设置的指标要能够反映出资源型企业的特征,尽量从企业的实际情况出发,并结合企业国际化的具体操作。在指标选取过程中,要避免或减少主观性判断,对企业所面临风险的本质特征进行客观的揭示与描述。

（二）全面性原则

对资源型企业国际化风险的评价是一种全面性的多因素综合评价,为了保证风险评价的科学性,选取的指标体系应尽可能反映出资源型企业国际化经营所面临的所有风险。所以,从研究对象的不同方面、不同角度着眼分析,全面地反映所研究问题的信息,以便给决策者提供比较完备的决策信息。

（三）系统性原则

评价指标体系应该反映风险评价系统的整体性能和综合情况,保证指标体系的整体评价功能大于各分析指标的功能之和。同时,指标体系应该达到层次清晰、结构合理、相互关联与协调一致等方面的要求,要抓住主要影响因素,既能够反映直接效果,又要反映间接效果,从而保证企业决策的可信度。另外,在保证评价体系系统目的实现的条件下,要尽量简化指标。

（四）可行性原则

建立的评价指标体系应该能够方便数据资料的收集,所选取的指标应具有可采集性和可量化的特点。而且,各项指标要能够进行有效的测度或统计,能反映事物的可比性,尽量做到评价程序与工作的简化,避免烦琐复杂。只有具有可行性,评价的实施方案才能够比较容易的为企业所接受。

（五）定性与定量相结合的原则

在国际化发展过程中,企业面临的风险因素复杂多变,这些因素有些是定性的,有些是定量的,而且定性、定量的因素之间是相互影响的。为了给企业提供科学有效的决策依据,必须要综合考虑各种风险的影响因素,而这需要使用系统的方法,通过对风险评价阶段和决策过程、影响因素的深入分析,建立定性与定量相结合的风险评价指标体系。

二、风险指标体系分析

风险指标体系构建是进行风险评估的基础和关键,直接影响到风险评估的精度和结果。对于资源型企业国际化风险指标体系,采用前文分析的风险指标作为被选指标,各指标都是通过对大量已有的文献研究成果的分析和总结,结合资源型企业自身的风险特征和国际化发展现状的分析得出的,涵盖了资源型企业国际化发展风险的各个方面。因此,依据科学性、全面性、系统性、可行性、定性定量相结合的指标选取原则,提出了我国资源型企业国际化风险评估指标体系,具体包括八个一级指标和三十五个二级指标,如图4.2所示。

战乱风险a_1

制度风险a_2

国家干预风险a_3

政治风险A_1

国有化风险a_4

政府违约风险a_5

延迟支付风险a_6

环保政策风险a_1

法律风险a_2

贸易壁垒风险a_3

政策风险A_2

外汇风险a_4

税率风险a_5

价格管制风险a_6

财政货币政策风险a_7

汇率风险a_1

利率风险a_2

经济风险A_3

通货膨胀风险a_3

经济周期波动风险a_4

价值观风险a_1

文化风险A_4

沟通风险a_2

种族差异风险a_3

决策风险a_1

组织管理风险a_2

管理风险A_5

社会责任风险a_3

项目经营管理风险a_4

人力资源管理风险a_5

筹资风险a_1

投资风险a_2

资金风险A_6

资金运营风险a_3

利润分配风险a_4

勘查风险a_1

技术风险A_7

开采技术风险a_2

安全生产风险a_3

市场结构风险a_1

市场风险A_8

市场竞争风险a_2

市场价格风险a_3

我国资源型企业国际化风险评估指标体系

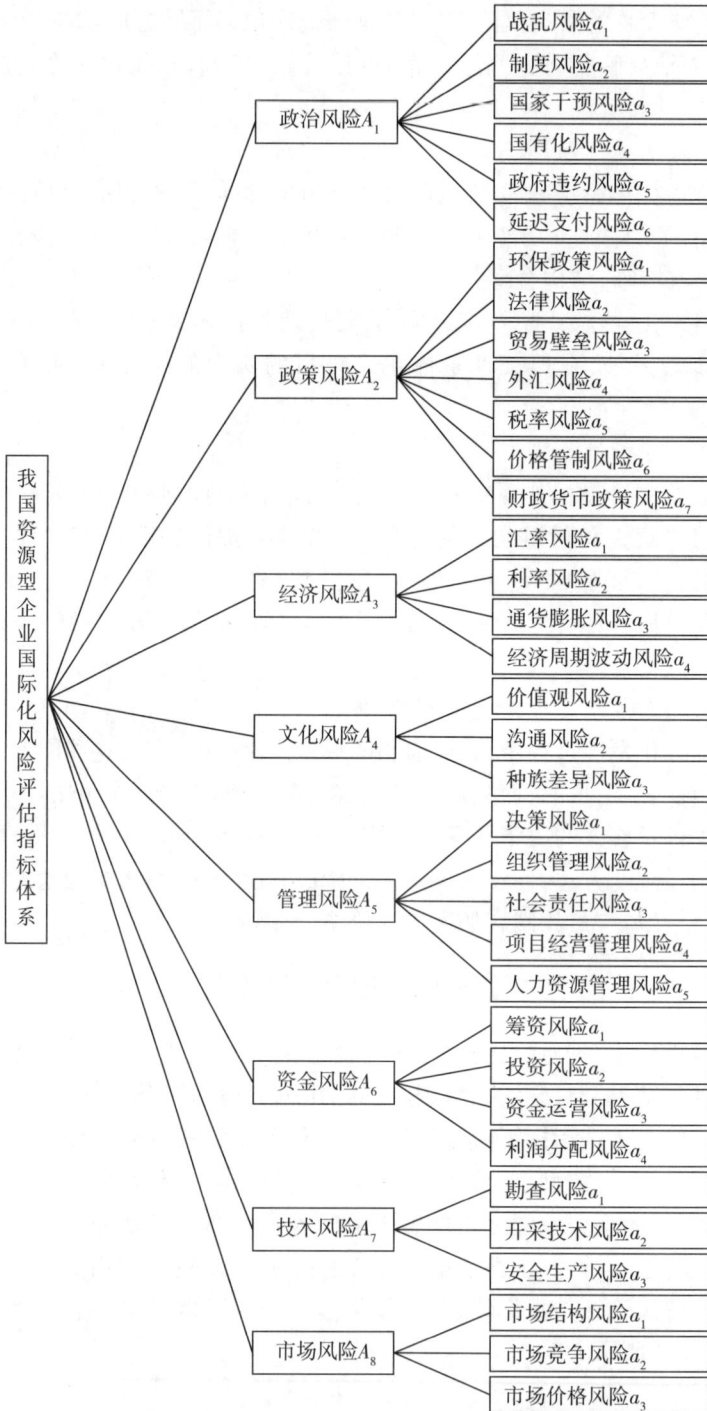

图 4.2　我国资源型企业国际化风险评估指标体系

三、风险指标变量赋值

通过前文对熵理论的分析,我们可以看到如果基于熵理论完成我国资源型企业国际化风险的评估与分析,首先应该为风险评价指标体系的各指标因子进行量化赋值,结合企业国际化风险的熵评估模型,对我国资源型企业国际化风险进行评估和度量,考量各评价指标对企业国际化发展目标实施的相对影响程度,并完成各风险指标因子风险值的排序[130]。

采用"问卷调查法"对我国资源型企业国际化风险指标因子进行量化赋值。问卷调查法又被称为"书面调查法"或"填表法",是一种采用书面形式进行材料搜集的研究手段。在操作过程中,通过向调查者发出提前设计好的调查表,请调查者填写其对表中所列问题的看法和意见,从而获得想要的信息的一种方法。按照问卷填写对象的不同,问卷调查可以分为自填式问卷调查和代填式问卷调查。其中,自填式问卷调查,按照问卷传递方式的不同,可进一步分为报刊问卷调查、送发问卷调查和邮政问卷调查;代填式问卷调查,按照与被调查者交谈方式的不同,可进一步分为访问问卷调查和电话问卷调查。

一般情况下,调查问卷的内容由卷首语、问题与回答方式、编码和其他资料等四部分构成。一是卷首语,主要包括:调查的目的、意义和主要内容,选择被调查者的方法,对被调查者的希望和要求,填写问卷的说明,回复问卷的方式和时间,调查的匿名和保密原则,以及调查者的名称等。二是问题与回答方式,是问卷的主要组成部分,主要包括调查的问题、回答的方式以及对回答方式的指导和说明等。三是编码,是指对问卷以及问卷中的问题和答案等编定的唯一代码,并以此对问卷进行数据处理。四是其他资料,主要包括问卷名称、被调查者的相关信息、访问的开始时间和结束时间、访问完成情况、审核员姓名和审核意见等。以上这些资料信息,是对问卷进行审核和分析的重要依据。

根据以上调查问卷方法的说明,结合我国资源型企业国际化风险的研究现状,设计了"关于兖矿集团在澳大利亚国际化项目中投资风险评价分析"的调查问卷(见附录一)。由国内相关行业协会、企业界、学术界等领域的专家学者对问卷中的风险指标因子的影响程度进行打分与赋值(分为五个风险等级),使得定性分析转化为定量分析,通过对统计数据的处理与分析,获得各风险因子对企业国际化经营项目的影响程度。

第四节　资源型企业国际化风险熵评估模型

本书运用熵权分析法对企业国际化风险进行评估与分析。"熵权法"实质上是基于熵理论对多目标决策或项目决策进行赋权,通过各评价指标信息承载量的大小来确定其权重。因为不管是对于多目标的评估还是项目的评估,决策者都需要测量每个评价指标对目标实施产生的相对影响程度,而表示影响程度最简便的方法就是为每个评价指标进行赋权。从信息论的角度看,要衡量评价指标在指标体系中的影响作用必须要以其变异度为标准,指标的变异度越大,说明该指标的信息量越大,其影响作用就越强。因此,从对熵权法的定义中可以看到,熵权是表示评价指标在指标体系中提供有效信息量的多少程度,这一思想很好地满足客观赋权法的要求。该方法的作用机理可用一系列的公式推导来体现,本节将给出基于熵权分析法建立评估模型的过程。

根据前文对我国资源型企业国际化风险熵体系的分析可知,资源型企业国际化风险熵体系包括八个准则层指标,分别是政治风险熵、政策风险熵、经济风险熵、文化风险熵、管理风险熵、资金风险熵、技术风险熵和市场风险熵。假设 R_k 表示第 k 个准则层的风险值, $k = 1, 2, \cdots, b$ (b 为准则层数), b 个准则层的目标层的风险向量为 $R' = (R_1, R_2, \cdots, R_k, \cdots, R_b)$,相应地, b 个准则层指标的熵权向量 w 为 $w = (w_1, w_2, \cdots, w_k, \cdots, w_b)$;总风险用 $R_总$ 表示。则八个准则层下相应指标的评估矩阵为: $A_x = (a_{ij})_{m \times n}$,其中, $x = 1, 2, \cdots, 8$; $A_1, A_2, \cdots, A_8$ 代表前文分析的我国资源型企业国际化风险体系中的八类风险。

一、构造评估矩阵

对于一个具有 m 个评估指标和 n 个评估专家的方案的风险评估问题(称之为 (m, n) 评估问题),设 a_{ij} 为第 j 个专家对第 i 个指标的赋值。按照定性与定量相结合的原则,可获取多个专家对于多个指标的数据,形成评估矩阵 A 。

$$A = \begin{pmatrix} a_{11} & \cdots & a_{1n} \\ \vdots & a_{ij} & \vdots \\ a_{m1} & \cdots & a_{mn} \end{pmatrix}, \quad (i = 1, 2, \cdots, m; j = 1, 2, \cdots, n) \quad (4-1)$$

二、评估矩阵标准化处理

对评估矩阵进行标准化处理有不同的方法,本书采用以下方法:

$$a'_{ij} = \frac{a_{ij} - \min_{1 \leq j \leq n}\{a_{ij}\}}{\max_{1 \leq j \leq n}\{a_{ij}\} - \min_{1 \leq j \leq n}\{a_{ij}\}} , (i = 1,2,\cdots,m;j = 1,2,\cdots,n) \quad (4-2)$$

其中, $\max_{1 \leq j \leq n}\{a_{ij}\}$, $\min_{1 \leq j \leq n}\{a_{ij}\}$ 分别表示第 i 个评价指标的最大值和最小值。

用上述方法标准化处理后,可以得到一个新的矩阵 $A' = (a'_{ij})_{m \times n}$,此时, $0 \leq a'_{ij} \leq 1$ 。

三、计　算　熵　值

对于矩阵 A' ,利用函数 H , w , R 分别对每一指标进行评估,其中: H 表示熵, w 表示熵权, R 表示风险。熵值可以测度信息量的大小,正的熵值代表不良信息的增加或有效信息的减少,负熵值与之相反,代表了不良信息的减少或有效信息的增加。

在 (m,n) 评估问题中,对于第 i 个评估指标,定义其熵值的计算方法为

$$H_i = - K(\sum_{j=1}^{n} P_{ij}\ln P_{ij}) , (i = 1,2,\cdots,m;j = 1,2,\cdots,n) \quad (4-3)$$

对熵计算公式(4-3)的释义如下:

式(4-3)中, $K = \frac{1}{\ln n}$,这是因为 $E = - \sum_{j=1}^{n} P_{ij}\ln P_{ij}$ 的最大值是 $\ln n$, K 值 ($\frac{1}{\ln n}$)的确定在于使得 $H_i \in [0,1]$ 。

式(4-3)中,参照相关研究[131],本书概率的计算公式采用

$$P_{ij} = \frac{a_{ij} + 10 - 4}{\sum_{j=1}^{n} (a'_{ij} + 10 - 4)} \quad (4-4)$$

四、计　算　熵　权

在 (m,n) 评估问题中,根据相关研究,书中第 i 个指标的熵权的计算方法采用:

$$w_i = \frac{1 - H_i + \dfrac{1}{10}\sum\limits_{i=1}^{m}(1 - H_i)}{\sum\limits_{i=1}^{m}\left\{1 - H_i + \dfrac{1}{10}\sum\limits_{i=1}^{m}(1 - H_i)\right\}} = \frac{1 - H_i + \dfrac{1}{10}\sum\limits_{i=1}^{m}(1 - H_i)}{m - \sum\limits_{i=1}^{m}\left\{H_i + \dfrac{1}{10}\sum\limits_{i=1}^{m}(1 - H_i)\right\}}$$

$$(4-5)$$

由式(4-5)以及熵函数的性质可知,熵权的大小可以代表财务指标在评价时所起的作用。指标的熵值越大,其熵权越小,该指标越不重要;指标的熵值越接近,则熵权越接近; $\lambda_i = \dfrac{w_i}{\sum\limits_{i=1}^{m} w_i} = w_i$, $0 \leqslant w_i \leqslant 1$, $\sum\limits_{i=1}^{m} w_i = 1$ 。

五、确定风险值

定义 λ_i 为第 i 个评估指标的专家权数,即 $\lambda_i = \dfrac{w_i}{\sum\limits_{i=1}^{m} w_i} = w_i$,则得出准则层指标的风险值 R 。

$$R_k = \sum_{i=1}^{m} \lambda_i H_i = \sum_{i=1}^{m} w_i H_i \qquad (4-6)$$

式中, R_k 表示第 k 个准则层的风险值, $k = 1, 2, \cdots, b$ (b 为准则层数)。

由于 $\sum\limits_{i=1}^{m} w_i = 1$, $H_i \in [0,1]$,因此 $0 \leqslant R_k \leqslant 1$ 。 R_k 越小,表明该评估问题的确定性越大,风险越小;当 R_k 很小甚至接近"0"时,说明该评估问题接近确定,几乎没有风险。反之,当 R_k 达到最大值"1"时,表明该评估问题不拥有有效的信息量,这时所有对象的指标值相同,做出任何的排序均存在很大的风险。

六、确定总风险

根据以上各指标的风险评估值,可得出具有 b 个准则层的目标层的风险向量为

$$R' = (R_1, R_2, \cdots, R_k, \cdots, R_b)$$

式中, R' 为 b 个问题的风险向量, R_k 表示第 k 个准则层的风险值。

相应 b 个准则层指标的熵权向量 w 为:

$$w = (w'_1, w'_2, \cdots, w'_k, \cdots, w'_b) \qquad (4-7)$$

式中，$w'_k = \dfrac{1 - R_k}{B - \sum\limits_{k=1}^{b} R_k}$，$\sum\limits_{k=1}^{b} w'_k = 1, 2, \cdots, b$。

对 b 个准则层指标的风险向量 R' 和熵权向量 w 求内积，即可得到关于 b 个评估问题的总的风险值 $R_{总}$。

$$R_{总} = \sum_{k=1}^{b} \lambda_k R_k = \sum_{k=1}^{b} w'_k R_k \qquad (4\text{-}8)$$

式中，$\lambda_k = \dfrac{w'_k}{\sum\limits_{k=1}^{b} w'_k} = w'_k$。

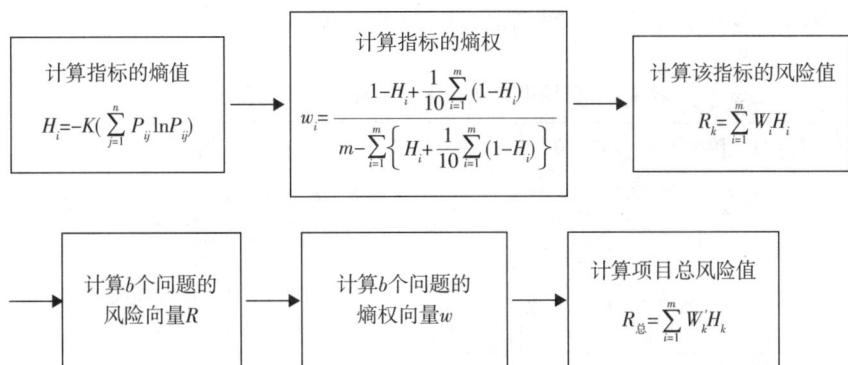

| 计算指标的熵值 $H_i = -K\left(\sum\limits_{j=1}^{n} P_{ij} \ln P_{ij} \right)$ | → | 计算指标的熵权 $w_i = \dfrac{1 - H_i + \dfrac{1}{10}\sum\limits_{i=1}^{m}(1-H_i)}{m - \sum\limits_{i=1}^{m}\left\{ H_i + \dfrac{1}{10}\sum\limits_{i=1}^{m}(1-H_i) \right\}}$ | → | 计算该指标的风险值 $R_k = \sum\limits_{i=1}^{m} W H_i$ |

| 计算 b 个问题的风险向量 R | → | 计算 b 个问题的熵权向量 w | → | 计算项目总风险值 $R_{总} = \sum\limits_{i=1}^{m} W'_k H_k$ |

图 4.3　计算步骤框架

第五节　我国资源型企业国际化风险评估分析

一、评估专家的选取

根据前文对我国资源型企业国际化风险指标体系的分析，以兖矿集团在澳大利亚投资运营的项目为案例进行分析，设计了"关于兖矿集团在澳大利亚国际化项目中投资风险评价分析的调查问卷"（见附录一）。调查问卷发放对象为 35 名来自国内相关行业协会、大型矿产企业以及高校科研机构等的专家学者，收回有效问卷 30 份。为了较为客观、准确地对我国资源型企业国际化风险进行评估，在专家选取时考虑到来自不同类型组织的专家在个人评判时的类型性差异，选取分别来自行业协会、企业、研究机构以及高校科研机构等不同类型组织的专家 35 名，其中包括来自中石油集团、中石化集团、神华集团、中煤能源和兖矿集团等五家企业的国际化管理团队成员 23 名,来自中国石油和化学工业联合会、中国煤炭工业协会两家科研机构的专家 8 名,来自国内高校的专家 4 名。共发出问卷 35 份,收回有效问卷 30 份,回收率 85.7%。

二、风险级别的划分

国际上通用的风险接受准则为最低合理可行(ALARP)准则,是指在合理和可行的前提下,在系统的风险水平和成本之间做出平衡——根据不同的风险水平采取不同的风险决策,风险等级的划分和风险对策的制定应尽可能合理可行,尽可能降低风险成本和等级。根据该准则和有关文献[132],资源型企业国际化的风险级别以及风险决策准则,如表 4.1 所示。

表 4.1　资源型企业国际化风险级别及决策准则

风险级别	风险大小	标准值	风险等级	风险决策准则说明
1	1—4	0—0.16	很低	风险一旦发生,对国际化发展没有影响,发展目标能完全达到
2	5—8	0.16—0.32	较低	风险一旦发生,国际化发展将受到轻度影响,发展目标仍能达到
3	9—12	0.32—0.48	中	风险一旦发生,国际化发展将受到中度影响,发展目标部分达到
4	13—16	0.48—0.64	较高	风险一旦发生,国际化发展将受到严重影响,发展目标严重下降
5	16—25	0.64—1.00	很高	风险一旦发生,将导致国际化之路失败,甚至危急企业

三、实 证 分 析

根据问卷调查结果及本章第一节的风险指标体系,八个一级指标下相应的评估矩阵为:

$$A_x = (a_{ij})_{m \times n}$$

式中,$x = 1, 2, \cdots, 8$;$A_1, A_2, \cdots, A_8$ 分别代表一级风险指标,包括政治风险、政策风险、经济风险、文化风险、管理风险、资金风险、技术风险与市场风险。

（一）一级指标的赋值情况

1. 政治风险

$$A_1 = \begin{pmatrix}
5 & 1 & 4 & 4 & 4 & 5 & 4 & 4 & 4 & 5 & 1 & 4 & 4 & 4 & 2 & 5 & 5 & 5 & 5 & 5 & 5 & 4 & 4 & 3 & 4 & 4 & 4 & 4 & 4 & 4 \\
5 & 4 & 5 & 4 & 4 & 4 & 3 & 3 & 3 & 5 & 4 & 4 & 4 & 1 & 4 & 4 & 5 & 4 & 5 & 4 & 4 & 4 & 4 & 4 & 4 & 4 & 2 & 4 & 4 & 4 \\
4 & 4 & 3 & 2 & 4 & 5 & 3 & 4 & 4 & 3 & 1 & 2 & 2 & 4 & 4 & 4 & 4 & 4 & 4 & 4 & 3 & 4 & 4 & 4 & 4 & 1 & 1 & 4 & 4 & 4 \\
3 & 3 & 1 & 3 & 4 & 4 & 3 & 4 & 1 & 4 & 4 & 4 & 3 & 2 & 4 & 4 & 4 & 4 & 4 & 3 & 4 & 4 & 4 & 3 & 4 & 4 & 4 & 4 & 4 & 3 \\
1 & 4 & 3 & 4 & 4 & 4 & 2 & 4 & 4 & 4 & 3 & 5 & 5 & 5 & 5 & 5 & 5 & 4 & 4 & 5 & 4 & 4 & 3 & 4 & 4 & 4 & 3 & 4 & 4 & 4 \\
5 & 3 & 4 & 3 & 3 & 3 & 4 & 3 & 3 & 3 & 3 & 3 & 3 & 3 & 3 & 3 & 3 & 3 & 3 & 4 & 4 & 4 & 4 & 4 & 4 & 4 & 4 & 4 & 4 & 4
\end{pmatrix}_{6\times30}$$

2. 政策风险

$$A_2 = \begin{pmatrix}
3 & 4 & 3 & 3 & 4 & 3 & 3 & 3 & 3 & 3 & 3 & 3 & 3 & 3 & 3 & 3 & 3 & 3 & 3 & 3 & 3 & 3 & 3 & 4 & 3 & 3 & 3 & 3 & 3 & 3 \\
4 & 3 & 3 & 4 & 5 & 2 & 2 & 4 & 4 & 3 & 3 & 4 & 2 & 2 & 4 & 4 & 5 & 4 & 3 & 2 & 4 & 3 & 4 & 3 & 4 & 3 & 4 & 3 & 4 & 4 \\
4 & 4 & 3 & 3 & 2 & 3 & 2 & 3 & 3 & 4 & 3 & 4 & 2 & 4 & 3 & 4 & 2 & 3 & 4 & 3 & 3 & 4 & 3 & 4 & 3 & 4 & 3 & 4 & 3 & 4 \\
3 & 3 & 2 & 3 & 3 & 2 & 3 & 3 & 3 & 3 & 3 & 4 & 3 & 1 & 4 & 4 & 3 & 2 & 4 & 4 & 3 & 4 & 3 & 4 & 3 & 4 & 3 & 4 & 3 & 5 \\
4 & 2 & 1 & 3 & 3 & 1 & 2 & 3 & 2 & 2 & 2 & 4 & 2 & 1 & 4 & 3 & 4 & 3 & 3 & 2 & 2 & 3 & 3 & 3 & 3 & 3 & 3 & 3 & 3 & 3 \\
3 & 3 & 2 & 3 & 2 & 1 & 2 & 3 & 3 & 3 & 3 & 5 & 4 & 1 & 3 & 5 & 4 & 3 & 3 & 2 & 3 & 4 & 3 & 4 & 3 & 4 & 3 & 4 & 3 & 4 \\
4 & 2 & 1 & 1 & 4 & 1 & 3 & 2 & 2 & 4 & 2 & 4 & 3 & 2 & 3 & 1 & 4 & 3 & 3 & 3 & 2 & 4 & 3 & 4 & 3 & 4 & 3 & 4 & 3 & 4
\end{pmatrix}_{7\times30}$$

3. 经济风险

$$A_3 = \begin{pmatrix}
1 & 3 & 2 & 3 & 5 & 3 & 3 & 3 & 5 & 3 & 2 & 3 & 3 & 2 & 2 & 2 & 3 & 3 & 2 & 3 & 2 & 3 & 2 & 3 & 3 & 3 & 3 & 3 & 3 & 3 \\
2 & 2 & 3 & 2 & 2 & 2 & 3 & 2 & 5 & 2 & 2 & 4 & 2 & 2 & 2 & 2 & 2 & 4 & 2 & 2 & 2 & 2 & 2 & 2 & 2 & 2 & 2 & 2 & 2 & 2 \\
3 & 3 & 3 & 3 & 4 & 3 & 3 & 3 & 2 & 2 & 3 & 4 & 3 & 4 & 3 & 3 & 3 & 3 & 3 & 3 & 3 & 5 & 3 & 3 & 3 & 3 & 3 & 3 & 3 & 3 \\
3 & 4 & 3 & 3 & 3 & 3 & 3 & 3 & 4 & 3 & 4 & 5 & 3 & 3 & 3 & 3 & 3 & 3 & 3 & 3 & 3 & 2 & 3 & 3 & 3 & 3 & 3 & 3 & 4 & 3
\end{pmatrix}_{4\times30}$$

4. 文化风险

$$A_4 = \begin{pmatrix}
2 & 2 & 2 & 2 & 3 & 2 & 2 & 2 & 2 & 2 & 2 & 2 & 2 & 2 & 2 & 2 & 2 & 2 & 2 & 3 & 2 & 3 & 2 & 2 & 2 & 2 & 2 & 2 & 3 & 2 \\
3 & 3 & 2 & 3 & 3 & 3 & 2 & 3 & 3 & 3 & 3 & 3 & 3 & 3 & 3 & 3 & 3 & 3 & 3 & 2 & 3 & 3 & 3 & 3 & 3 & 3 & 3 & 3 & 3 & 3 \\
2 & 3 & 2 & 3 & 3 & 2 & 2 & 3 & 2 & 3 & 3 & 2 & 2 & 3 & 2 & 3 & 2 & 3 & 2 & 3 & 2 & 2 & 3 & 2 & 3 & 3 & 3 & 3 & 4 & 3
\end{pmatrix}_{3\times30}$$

5. 管理风险

$$A_5 = \begin{pmatrix}
3 & 3 & 3 & 3 & 3 & 3 & 3 & 3 & 3 & 3 & 3 & 3 & 3 & 3 & 3 & 2 & 3 & 3 & 3 & 3 & 3 & 3 & 3 & 3 & 3 & 3 & 3 & 3 & 3 & 3 \\
3 & 3 & 2 & 3 & 3 & 3 & 3 & 3 & 3 & 3 & 3 & 3 & 3 & 3 & 3 & 3 & 3 & 3 & 3 & 3 & 3 & 3 & 3 & 3 & 3 & 3 & 3 & 3 & 3 & 3 \\
2 & 2 & 2 & 2 & 2 & 2 & 2 & 2 & 2 & 2 & 2 & 2 & 2 & 2 & 2 & 2 & 2 & 2 & 2 & 2 & 2 & 2 & 3 & 2 & 3 & 3 & 2 & 3 & 3 & 3 \\
3 & 3 & 2 & 3 & 3 & 2 & 3 & 3 & 2 & 3 & 3 & 3 & 3 & 3 & 3 & 3 & 3 & 3 & 3 & 3 & 3 & 3 & 3 & 3 & 3 & 3 & 3 & 3 & 3 & 3 \\
3 & 3 & 2 & 3 & 3 & 3 & 3 & 3 & 2 & 3 & 3 & 3 & 3 & 3 & 3 & 3 & 3 & 3 & 3 & 3 & 3 & 3 & 3 & 3 & 3 & 3 & 3 & 3 & 3 & 3
\end{pmatrix}_{5\times30}$$

6. 资金风险

$$A_6 = \begin{pmatrix}
3 & 3 & 3 & 2 & 2 & 2 & 4 & 3 & 4 & 3 & 4 & 4 & 2 & 4 & 3 & 4 & 2 & 4 & 3 & 2 & 4 & 3 & 3 & 3 & 3 & 3 & 3 & 3 & 3 & 3 \\
3 & 3 & 3 & 4 & 3 & 4 & 3 & 3 & 4 & 3 & 3 & 4 & 4 & 4 & 3 & 3 & 4 & 3 & 3 & 3 & 4 & 4 & 3 & 3 & 3 & 3 & 3 & 3 & 3 & 3 \\
3 & 3 & 3 & 4 & 4 & 3 & 3 & 4 & 4 & 3 & 4 & 4 & 3 & 3 & 3 & 3 & 3 & 3 & 3 & 4 & 3 & 4 & 3 & 3 & 3 & 3 & 3 & 3 & 3 & 3 \\
3 & 2 & 2 & 3 & 3 & 3 & 3 & 2 & 2 & 3 & 3 & 3 & 3 & 3 & 2 & 2 & 3 & 2 & 2 & 3 & 2 & 2 & 3 & 3 & 3 & 3 & 3 & 3 & 3 & 3
\end{pmatrix}_{4\times30}$$

7. 技术风险

$$A_7 = \begin{pmatrix} 3 & 3 & 4 & 3 & 3 & 2 & 4 & 2 & 2 & 2 & 2 & 3 & 4 & 3 & 4 & 3 & 2 & 2 & 3 & 3 & 3 & 3 & 3 & 3 & 3 & 3 & 3 & 3 & 3 & 3 \\ 3 & 2 & 2 & 2 & 2 & 3 & 2 & 5 & 2 & 2 & 4 & 2 & 2 & 2 & 2 & 2 & 2 & 2 & 3 & 2 & 2 & 2 & 2 & 2 & 2 & 2 & 2 & 2 & 2 & 2 \\ 3 & 3 & 3 & 1 & 3 & 3 & 3 & 4 & 3 & 4 & 2 & 3 & 3 & 1 & 3 & 2 & 1 & 3 & 3 & 3 & 2 & 2 & 3 & 4 & 3 & 3 & 3 & 5 & 3 \end{pmatrix}_{3 \times 30}$$

8. 市场风险

$$A_8 = \begin{pmatrix} 3 & 2 & 2 & 2 & 2 & 2 & 5 & 2 & 2 & 2 & 3 & 2 & 2 & 2 & 2 & 2 & 2 & 2 & 2 & 2 & 2 & 2 & 2 & 2 & 2 & 2 & 2 & 2 & 2 \\ 3 & 1 & 3 & 3 & 3 & 3 & 2 & 3 & 4 & 3 & 3 & 4 & 2 & 2 & 3 & 3 & 3 & 3 & 3 & 3 & 3 & 3 & 3 & 3 & 3 & 3 & 3 & 3 & 3 \\ 1 & 3 & 4 & 2 & 1 & 3 & 2 & 4 & 1 & 1 & 2 & 3 & 3 & 1 & 3 & 3 & 3 & 3 & 3 & 3 & 3 & 1 & 3 & 3 & 3 & 3 & 3 & 3 & 3 \end{pmatrix}_{3 \times 30}$$

（二）计算八个一级指标的熵值、熵权和风险值

1. 政治风险熵

由 $A'_x = (a'_{ij})_{m \times n}$ 及式（4-2）可得标准化矩阵为

$$A'_1 = \begin{pmatrix} 1 & 0 & \cdots & 0.75 & 0.75 \\ 1 & 0.75 & & 0.75 & 0.75 \\ 0.75 & 0.75 & \ddots & 0.75 & 0.75 \\ 0.666667 & 0.666667 & & 0.75 & 0.5 \\ 0 & 0.75 & & 0.75 & 0.75 \\ 1 & 0 & \cdots & 0.5 & 0.5 \end{pmatrix}_{6 \times 30}$$

由式（4-4）可得概率矩阵为

$$P_1 = \begin{pmatrix} 0.059700 & 0.000006 & \cdots & 0.044776 & 0.044776 \\ 0.061536 & 0.046154 & & 0.044776 & 0.044776 \\ 0.055554 & 0.055554 & \ddots & 0.044776 & 0.044776 \\ 0.039025 & 0.039025 & & 0.044776 & 0.029853 \\ 0.000006 & 0.047619 & & 0.044776 & 0.044776 \\ 0.399688 & 0.000040 & \cdots & 0.029853 & 0.029853 \end{pmatrix}_{6 \times 30}$$

根据式（4-3）（4-5）可得熵值、熵权为

$$H_1 = \begin{pmatrix} 0.972433 \\ 0.975701 \\ 0.917252 \\ 0.974116 \\ 0.969357 \\ 0.425410 \end{pmatrix}_{6 \times 1} , \quad w_1 = \begin{pmatrix} 0.085000 \\ 0.082333 \\ 0.130040 \\ 0.083627 \\ 0.087511 \\ 0.531488 \end{pmatrix}_{6 \times 1}$$

由（4-6）可得风险值：$R_1 = 0.674661$

2. 政策风险熵

同理，可计算出

$$A_2' = \begin{pmatrix} 0 & 1 & \cdots & 0 & 0 \\ 0.666667 & 0.333333 & & 0.333333 & 0.666667 \\ 0.666667 & 0.666667 & & 0.333333 & 0.666667 \\ 0.5 & 0.5 & \ddots & 0.5 & 1 \\ 1 & 0.333333 & & 0.666667 & 1 \\ 0.5 & 0.5 & & 0.5 & 0.75 \\ 1 & 0.333333 & \cdots & 0.666667 & 1 \end{pmatrix}_{7 \times 30}$$

$$H_2 = \begin{pmatrix} 0.325707 \\ 0.926734 \\ 0.935311 \\ 0.976404 \\ 0.945593 \\ 0.959705 \\ 0.949156 \end{pmatrix}_{7 \times 1}, \quad w_2 = \begin{pmatrix} 0.462988 \\ 0.102738 \\ 0.097597 \\ 0.072967 \\ 0.091435 \\ 0.082976 \\ 0.089299 \end{pmatrix}_{7 \times 1}, \quad R_2 = 0.659389$$

3. 经济风险熵

同理，可计算出

$$A_3' = \begin{pmatrix} 0 & 0.5 & \cdots & 0.5 & 0.5 \\ 0 & 0 & \ddots & 0 & 0 \\ 0.333333 & 0.333333 & & 0.333333 & 0.333333 \\ 0.333333 & 0.666667 & \cdots & 0.666667 & 0.333333 \end{pmatrix}_{4 \times 30}$$

$$H_3 = \begin{pmatrix} 0.970741 \\ 0.500638 \\ 0.950568 \\ 0.972368 \end{pmatrix}_{4 \times 1}, \quad w_3 = \begin{pmatrix} 0.105934 \\ 0.660326 \\ 0.129724 \\ 0.104015 \end{pmatrix}_{4 \times 1}, \quad R_3 = 0.657872$$

4. 文化风险熵

$$A_4' = \begin{pmatrix} 0 & 0 & \cdots & 1 & 0 \\ 1 & 1 & \ddots & 1 & 1 \\ 0 & 1 & \cdots & 1 & 1 \end{pmatrix}_{3 \times 30}$$

$$H_4 = \begin{pmatrix} 0.325707 \\ 0.865880 \\ 0.833234 \end{pmatrix}_{3 \times 1}, \quad w_4 = \begin{pmatrix} 0.608812 \\ 0.182718 \\ 0.208470 \end{pmatrix}_{3 \times 1}, \quad R_4 = 0.530210$$

5. 管理风险熵

$$A_5' = \begin{pmatrix} 1 & 1 & \cdots & 1 & 1 \\ 1 & 1 & & 1 & 1 \\ 0 & 0 & \ddots & 1 & 1 \\ 1 & 1 & & 1 & 1 \\ 1 & 1 & \cdots & 1 & 1 \end{pmatrix}_{5 \times 30}$$

$$H_5 = \begin{pmatrix} 0.990043 \\ 0.969056 \\ 0.409540 \\ 0.921971 \\ 0.990043 \end{pmatrix}_{5 \times 1}, \quad w_5 = \begin{pmatrix} 0.075895 \\ 0.095345 \\ 0.613885 \\ 0.138981 \\ 0.075895 \end{pmatrix}_{5 \times 1}, \quad R_5 = 0.622219$$

6. 资金风险熵

$$A_6' = \begin{pmatrix} 0.5 & 0.5 & \cdots & 0.5 & 0.5 \\ 0 & 0 & & 0 & 0 \\ 0 & 0 & \ddots & 0 & 0 \\ 1 & 1 & \cdots & 1 & 1 \end{pmatrix}_{4 \times 30}$$

$$H_6 = \begin{pmatrix} 0.905036 \\ 0.474698 \\ 0.612210 \\ 0.895261 \end{pmatrix}_{4 \times 1}, \quad w_6 = \begin{pmatrix} 0.132385 \\ 0.408612 \\ 0.320345 \\ 0.138659 \end{pmatrix}_{4 \times 1}, \quad R_6 = 0.634034$$

7. 技术风险熵

$$A_7' = \begin{pmatrix} 0.5 & 0.5 & \cdots & 0.5 & 0.5 \\ 0.333333333 & 0 & \ddots & 0 & 0 \\ 0.5 & 0.5 & \cdots & 1 & 0.5 \end{pmatrix}_{3 \times 30}$$

$$H_7 = \begin{pmatrix} 0.908791 \\ 0.441991 \\ 0.954977 \end{pmatrix}_{3 \times 1}, \quad w_7 = \begin{pmatrix} 0.177984 \\ 0.695207 \\ 0.126809 \end{pmatrix}_{3 \times 1}, \quad R_7 = 0.590125$$

8. 市场风险熵

$$A_8' = \begin{pmatrix} 1 & 0.666667 & \cdots & 0 & 0 \\ 0.666667 & 1 & \ddots & 0.333333 & 0.333333 \\ 1 & 1 & \cdots & 0.666667 & 0.666667 \end{pmatrix}_{3 \times 30}$$

$$H_8 = \begin{pmatrix} 0.387941 \\ 0.950568 \\ 0.936243 \end{pmatrix}_{3 \times 1}, \quad w_8 = \begin{pmatrix} 0.726101 \\ 0.129353 \\ 0.144546 \end{pmatrix}_{3 \times 1}, \quad R_8 = 0.539973$$

（三）计算八个一级指标的熵权及总风险值

$R' = (R_1, R_2, R_3, R_4, R_5, R_6, R_7, R_8)$

$= (0.674661, 0.659389, 0.657872, 0.530210, 0.622219, 0.634034,$
$0.590125, 0.539973)$

其中，$R_k(k = 1, 2, \cdots, 8)$表示第 k 个一级指标的风险值

根据式(4-7)及 R'，计算得到相应的熵权向量为

$w' = (0.105236, 0.110176, 0.110666, 0.151964, 0.122199, 0.118377,$
$0.132580, 0.148803)$

$R_总 = 0.606700$

（四）风险值分析

根据计算结果，$R_1 > R_2 > R_3 > R_6 > R_5 > R_7 > R_8 > R_4$。结果表明，8个一级指标中，$R_1$ 最大，即政治风险熵最大，熵权最小，说明该指标提供的有用信息量最小，专家对于政策风险的把握程度最小，不确定性最大，风险最突出。R_4 最小，即文化熵最小，熵权最大，说明该指标提供的信息量大，专家对市场风险的把握性最大，不确定性最小，风险最小。

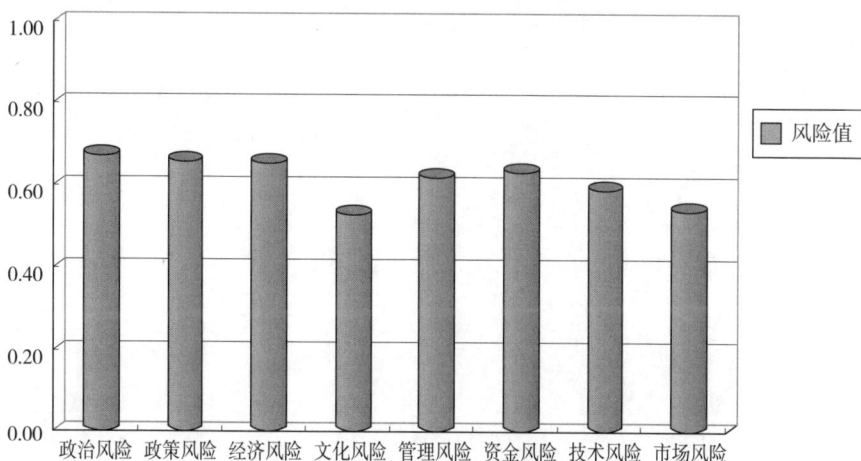

图4.4　资源型企业国际化风险因素影响分析

总风险值 $R_总 = 0.606700$，介于 0.48 至 0.64 之间，即一旦风险事件发生，将导致经营目标指标严重下降。

本 章 小 结

本章把熵理论引入我国资源型企业国际化风险管理的研究，提出了资

源型企业国际化风险熵,建立了我国资源型企业国际化风险的熵评估模型,结合我国资源型企业自身特性和国际化发展的实际状况,阐述熵权、熵值的含义,并对评估模型作了一定的优化和调整。通过对资源型企业国际化发展过程面临风险的构成分析,提出了我国资源型企业国际化风险评估指标体系。借助于国内相关行业协会、大型矿产资源型企业、煤炭资源信息安全研究院以及高校科研机构的相关人员,运用实地调研、专家访谈、问卷调查等方法,完成了风险因子的赋值,进而对我国资源型企业国际化风险进行量化分析。根据对总风险值的影响程度,完成各风险因子风险值的分析及其排序,较为科学地完成了我国资源型企业国际化风险评估的实证分析。

第五章 我国资源型企业国际化 投资市场分析

由于不同地区资源的种类和品质之间存在较大的差异,各个国家矿产资源的储量、产量和消费量有所不同,而且所处的国际化环境也是千差万别。因此,我国资源型企业在国际化发展进程中必须对投资目标市场进行详尽分析,使得企业在国际化发展过程对投资目标国进行科学有效地选择。所以,本章运用 DEA 理论对我国资源型企业国际化目标市场进行投资评价与分析,旨在为资源型企业国际化投资目标市场的选择提供参考借鉴。

第一节 世界矿产资源分布状况

截至 2013 年年底,在我国资源型企业国际化发展过程中,海外投资项目已扩展到世界多个国家,已经形成北美洲、中南美洲、欧洲、非洲、亚洲和澳大利亚六大海外矿产资源勘探开发区域,如图 5.1 所示。

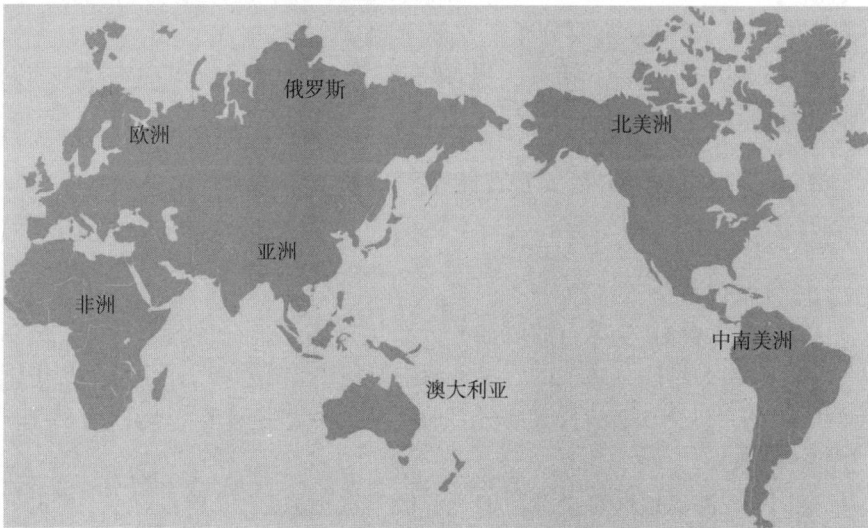

图 5.1 我国资源型企业国际化投资目标分布图

　　矿产资源是指经过较长时间(比如:几百万年、几亿年)地质结构的不断变化而形成的,一般储存于地壳内部或地表,埋藏于地下或出露于地表,呈现的形态通常是固态、液态或气态,是具有开发利用价值的矿物或有用元素的集合体。矿产资源是属于一种不可再生性资源,其储量都是有限的,储量的大小决定了矿物稀缺性的程度。目前已经探明的矿产资源有 160 多种,其中应用比较广泛的有 80 多种。按照其自身的特点和用途,这些矿产通常可以分为四类:能源矿产、金属矿产、非金属矿产和水气矿产。

　　世界除建材矿产外,元素周期表中可提取和利用的元素已达 85 种以上,工业上利用的矿物已占已知 3000 多种矿物的 15% 以上,其中非金属矿产品的品种、数量的增长和用途的扩大尤其引人注目,已从 21 世纪初的 60 种增加到目前的 300 多种,包括 200 多种非金属矿物和 50 多种岩石。

　　然而,世界各国矿产资源的储量分布却不平衡,许多矿产的大部分勘探储量仍集中在少数国家,但与 20 世纪 80 年代相比,其集中的程度有所减弱。比如,根据 1992 年世界储量分布所做的统计,在 40 种主要的矿产资源中,有 15 种矿产资源 75% 的储量集中在 3 个国家,有 26 种矿产资源 75% 的储量集中在 5 个国家,有 12 种矿产资源 50% 以上的储量集中在工业国家。但是,在西方工业国家中,80% 以上的主要金属和非金属矿产资源的储量主要分布在美国、加拿大、澳大利亚和南非等 4 个国家。而比如像石油、天然气、铝土矿、镍、钴、菱镁矿、锡、锑、锂、铌、钽、磷酸盐岩和石墨等 13 种矿产资源 50% 以上的储量主要分布在发展中国家,而且像铌、石墨、石油、天然气、铬、镍、钴、钼、钒、钨、铅、锌、锡、铋和银等 16 种矿产资源在发展中国家拥有的储量在全球总储量中所占的比例还有所增长。

一、能源矿产

(一)石油资源分布

1.分布状况

　　由图 5.2 看到,全球石油原油的分布从总体上来看极端不平衡。从东西半球来看,大约四分之三的石油资源主要集中于东半球,而小部分集中于西半球。从南北半球来看,大部分石油资源主要集中于北半球,而南半球只占了一小部分。

　　在中东,海湾地区是全球原油资源最丰富地区之一,曾经被誉为"世界油库",大约占到世界原油总储量的三分之二。2013 年 6 月,《BP 世界能源统计年鉴》数据表明,在世界原油储量居前十的国家中,中东地区占了其中的五个。具体来看,原油储量位居世界首位的国家是委内瑞拉,其已探明的

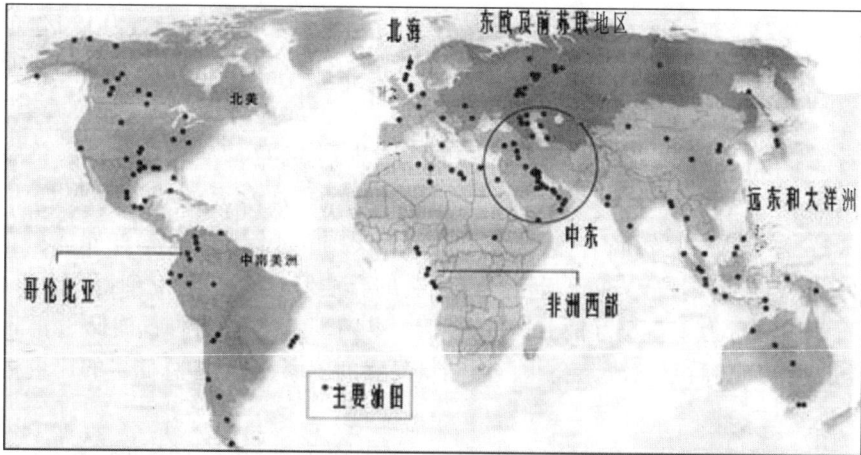

图5.2　世界石油资源分布图

储量为465亿吨。沙特阿拉伯的原油储量位居世界第二位,已探明的储量为365亿吨。居世界第三位的国家是加拿大,其已探明的原油储量为280亿吨。伊朗的原油储量位居世界第四位,已探明的储量为216亿吨,位居第五位的伊拉克的储量为202亿吨。

在亚太地区,原油储量比较丰富的国家分别是中国、印度、越南、印度尼西亚、马来西亚和澳大利亚,其原油储量分别是24亿吨、8亿吨、6亿吨、5亿吨、5亿吨和4亿吨。近年来,由于中国和印度经济的快速发展,虽然它们的原油储量也不小,但是对原油的需求量远远大于其供给量,所以每年这两个国家都要进口大量的原油才能满足其经济发展的需要。

在欧洲地区,俄罗斯原油最为丰富,位居世界各国的第八位,已探明储量为119亿吨。另外,储量比较为丰富的国家还有哈萨克斯坦,其已探明的原油储量为39亿吨。在非洲地区,原油资源主要分布于西非的几内亚湾地区和北非地区,利比亚是非洲地区的第一大原油储量国,已探明储量为119亿吨,占全球总储量的2.8%。尼日利亚是非洲地区的第二大原油储量国,已探明储量为50亿吨,占全球总储量的2.2%。

在北美洲地区,加拿大是世界第三大原油储量国,其已探明原油储量为279亿吨。美国是该地区原油储量仅次于加拿大的国家,原油资源主要分布在墨西哥湾沿岸和加利福尼亚湾沿岸,已探明原油储量为59亿吨。另外,墨西哥的原油资源也是比较丰富的,已探明储量为15亿吨。

在中南美洲,委内瑞拉、巴西和厄瓜多尔是该地区原油储量最为丰富的国家。其中,委内瑞拉的原油资源是全球最为丰富的,其储量位居世界第一位,已探明储量为466亿吨。巴西的储量在中南美洲仅次于委内瑞拉,已探明储量为 23 亿吨,而位居中南美洲第三位的是厄瓜多尔,已探明储量为 12 亿吨。

2. 石油储量分析

截至 2013 年年底,按照 BP 公司发布的《世界能源统计年鉴》可看到,石油储量位居第一名的是南美洲的国家委内瑞拉,已探明储量占世界总储量比重超过 2% 的十个国家依次为:沙特阿拉伯、加拿大、伊朗、伊拉克、科威特、阿联酋、俄罗斯、利比亚、尼日利亚和美国。各国的具体情况如下:

(1)委内瑞拉(Venezuela)。已探明的石油储量为 2976 亿桶,2012 年,石油供应量为 272.5 万桶/日。2013 年,委内瑞拉的已探明石油储量正式超过了沙特阿拉伯,成为全球石油储量最大的国家,占世界总储量的比重将近五分之一。

(2)沙特阿拉伯(Saudi Arabia)。已探明的石油储量为 2659 亿桶,2012 年,石油供应量为 1153 万桶/日,沙特阿拉伯的石油储量占世界总储量的15.9%,是世界最大的石油生产国和出口国。

(3)加拿大(Canada)。已探明的石油储量为 1739 亿桶,2012 年,石油供应量为 374.1 万桶/日。

(4)伊朗(Iran)。已探明的石油储量为 1570 亿桶,2012 年,石油供应量为 368 万桶/日。

(5)伊拉克(Iraq)。已探明的石油储量为 1500 亿桶,2012 年,石油供应量为 311.5 万桶/日。

(6)科威特(Kuwait)。已探明的石油储量为 1015 亿桶,2012 年,石油供应量为 312.7 万桶/日。

(7)阿联酋(United Arab Emirates)。已探明的石油储量为 978 亿桶,2012 年,石油供应量为 338 万桶/日。

(8)俄罗斯(Russia)。已探明的石油储量为 872 亿桶,2012 年,石油供应量为 1064.3 万桶/日。

(9)利比亚(Libya)。已探明的石油储量为 480 亿桶,2012 年,石油供应量为 150.9 万桶/日。

(10)尼日利亚(Nigeria)。已探明的石油储量为 372 亿桶,2012 年,石油供应量为 241.7 万桶/日。

(11)美国(United States)。已探明的石油储量为 350 亿桶,2012 年,石油供应量为 890.5 万桶/日。

另外,中国的石油储量在全球排名第 14 位,已探明储量为 24 亿吨。综上所述,世界主要产油国的石油储量、产量和消费量的详细数据如表 5.1 所示。

表 5.1　世界主要产油国的石油储量、产量和消费量

国　家	储量（10亿吨）	产量（千桶/日）	消费量（千桶/日）	国　家	储量（10亿吨）	产量（千桶/日）	消费量（千桶/日）
美　国	4.2	8905	18555	沙特阿拉伯	36.5	11530	2935
加拿大	28.0	3741	2412	阿联酋	13.0	3380	720
墨西哥	1.6	2911	2074	也　门	0.4	180	116
巴　西	2.2	2149	2805	阿尔及利亚	1.5	1667	367
厄瓜多尔	1.2	505	234	安哥拉	1.7	1784	180
委内瑞拉	46.5	2725	781	埃　及	0.6	728	744
阿塞拜疆	1.0	872	93	利比亚	6.3	1509	120
哈萨克斯坦	3.9	1728	265	尼日利亚	5.0	2417	190
挪　威	0.9	1916	247	南苏丹	0.5	31	302
俄罗斯	11.9	10643	3174	澳大利亚	0.4	458	1019
英　国	0.4	967	1468	中　国	2.4	4155	10221
伊　朗	21.6	3680	1971	印　度	0.8	894	3652
伊拉克	20.2	3115	289	印度尼西亚	0.5	918	1565
科威特	14.0	3127	476	马来西亚	0.5	657	697
阿　曼	0.7	922	165	越　南	0.6	348	361
卡塔尔	2.5	1966	250				

资料来源:2013 年 6 月的 *BP StatisticalReviewof World Energy*2013(整理而得)。

（二）天然气资源分布

全球最大的两个天然气消费市场是北美地区和欧洲地区,这两个地区的天然气消费量达到了全球总消费量的 60%。但是,由于二者地理位置的差异,欧洲地区地缘优势明显,邻近前苏联以及中东两个天然气资源比较丰富的地区,与美国相比,其天然气供给有更大的保障。

世界天然气净出口国主要分布在北非、中东、南美和东南亚地区,而净进口国主要分布在西欧、东亚、南亚和北美等地区。就天然气而言,北美地区基本可以实现自给自足,欧洲地区由于该资源的匮乏,严重依赖进口,亚太地区进口依存度在快速地增加。另外,前苏联地区是全球天然气资源的最大供应源,中东地区有着巨大的天然气出口潜力。南美和非洲地区虽然

资源比较丰富,但其天然气资源开采的工业基础较落后。

东亚地区具有与欧洲地区类似的地缘优势,同时,又是天然气资源消费增长最快的地区之一。因此,该地区具备了建立一个有发展前景的天然气市场的条件,从而形成连接俄罗斯、中亚和中东等地区的骨干天然气管网。

1. 全球天然气资源概况

由世界能源展望统计数据表明,截至 2013 年,全球天然气的已探明储量超过了 180 万亿立方米。同石油资源一样,天然气资源主要集中分布在一些少数国家和主要的油气田。其中,超过总储量一半的天然气资源只存在于三个国家,分别是俄罗斯、伊朗和卡塔尔。另外,世界上二十五个主要的大天然气田的储量占了全球总储量的一半左右。据美国地质调查局测算,当前全球天然气资源的累计产量占到总资源量的 15% 左右。另外,常规天然气资源的储量相对较小,而包括煤层气和页岩气在内的非常规资源的储量要大得多,而这其中约有 25% 的资源分布在北美洲地区,主要是在美国和加拿大两个国家。据有关部门预测,全球总体来看,在 2030 年之前,现有的天然气资源量完全可以满足世界各国经济发展对天然气资源的需求。另外,在 2013 年,全球天然气资源的产量增长为 1.9%。美国产量增长为 4.7%,达到 7000 亿立方米左右,增幅位居全球首位,继续保持全球最大天然气生产国的地位。同样,挪威、卡塔尔和沙特阿拉伯等国家的天然气产量增长亦较为迅猛。但是,俄罗斯的天然气产量却出现了下跌,以 -2.7% 的跌幅成为世界各国中的最大降幅。

2. 全球天然气资源消费市场分析

整体上可看到,不同类型的国家采取了不同的天然气资源的相关政策。比如,在中东地区天然气资源相对比较丰富的一些国家里,它们通常采取"以气代油"的政策措施来加快天然气资源的使用。在日本和韩国等一些较发达的国家,采用"以气代油"的方法以减小其对石油资源的依赖。而在俄罗斯一般通过采用以煤代气的方法,以减小天然气的出口压力,从而保障了天然气资源的平稳发展。在北美地区的一些国家,它们在谨慎地采取一些措施进行能源替代,继续保持着天然气资源消费水平的低速增长。在西欧地区,由于其有利的地缘位置和较为发达的经济,使其具备了可以自由选择来使用进口洁净能源的综合实力。另外,在亚太地区的部分国家,根据全球天然气资源的市场份额配对,在有节制地发展和使用天然气资源。

近年来,世界各国的天然气现货市场价格处于低位运行,中远期的价格可能会有所回升。而在近期,国际天然气市场预计将会维持供过于求的局面。比如,当前的美国、欧洲等国家和地区的天然气和液化天然气现货市场价格在 4 美元/百万英热单位左右。2013 年,全球天然气消费增长 2.2%,低于 2.7% 的历史平均水平。中南美洲、非洲和北美洲的天然气消费增长均超过历史平均水平,其中,美国以 4.1% 的天然气消费增量位居世界各国首位。在亚洲地区,中国和日本的天然气消费增量紧随其后,其消费增速分别达到了 10.3% 和 9.9%。但是,上述地区的天然气消费增长在一定程度上被欧盟和前苏联地区的消费下滑所抵消。另外,全球天然气资源的国际贸易颇为疲软,在 2013 年仅增长了 0.1%。具体而言,管道天然气资源贸易量增长为 0.5%,液化天然气资源贸易出现了有记录以来的首次下滑,跌幅为-0.9%,其中欧洲地区的液化天然气净进口量的降幅最大,达到了-28.2%。由此带来的是,液化天然气资源在全球天然气资源贸易中所占到的份额降至 31.7%。

但与此同时,我们要看到,全球的天然气相关工业总体上正处在一个发展转折期。当前世界各国提倡发展低碳经济,不断减少温室气体的排放,这将势必抛起一波新的天然气需求浪潮,对天然气资源的需求正在发生着新的变化。其中,液化天然气的交易在全球天然气贸易中所占的比重在逐渐得到提升。天然气相关的行业得到进一步的开放,越来越多的能源企业开始参与进天然气资源市场寻求发展,带来的市场竞争将日益加剧。随着市场改革的深入进行,企业长期提取或支付合同的结构和定价方式发生了明显的变化,比如:新合同时间变得越来越短,量额在不断变小,灵活性变大,同时与电网和现货价格进行直接挂钩。

在中国天然气市场中,根据国内的第三次油气资源评价数据可知,我国常规天然气的资源量约有 56 万亿方,可采的资源量约为 22 万亿方,主要分布在四川、鄂尔多斯、塔里木、柴达木、松辽、东海、琼东南、莺歌海和渤海湾等九个盆地,共计资源量为 45 万亿方,占全国天然气资源总量的 81%。另外,全国煤层气地质资源量大约 36.81 万亿方,可采资源量为 10.87 万亿方,主要分布在鄂尔多斯、沁水、准噶尔、滇东黔西、二连、吐哈、塔里木、天山和海拉尔等九个盆地,它们均为万亿方级的煤层气资源区域。同时,在四川盆地的威远和泸州两个地区发现页岩气资源,初步估计资源量有 7 万亿—8万亿方,而在南方的一些地区,以及鄂尔多斯、吐哈、茂名和抚顺等几个地区也具备有形成页岩气重要的地质条件。

综上所述,世界主要产气国的天然气储量、产量和消费量的具体指标详见表 5.2。

表 5.2　世界主要产气国的天然气储量、产量和消费量

国　家	储量 (万亿 m³)	产量 (10 亿 m³)	消费量 (10 亿 m³)	国　家	储量 (万亿 m³)	产量 (10 亿 m³)	消费量 (10 亿 m³)
美　国	8.5	681.4	722.1	卡塔尔	25.1	157.0	26.2
加拿大	2.0	156.5	100.7	沙特阿拉伯	8.2	102.8	102.8
委内瑞拉	5.6	32.8	34.9	阿联酋	6.1	51.7	62.9
阿塞拜疆	0.9	15.6	8.5	也　门	0.5	7.6	1.6
哈萨克斯坦	1.3	19.7	9.5	阿尔及利亚	4.5	81.5	30.9
荷　兰	1.0	63.9	36.4	埃　及	2.0	60.9	52.6
挪　威	2.1	114.9	4.3	利比亚	1.5	12.2	6.1
俄罗斯	32.9	592.3	416.2	尼日利亚	5.2	43.2	5.5
土库曼斯坦	17.5	64.4	23.3	澳大利亚	3.8	49.0	25.4
乌克兰	0.6	18.6	49.6	中　国	3.1	107.2	143.8
乌兹别克斯坦	1.1	56.9	47.9	印　度	1.3	40.2	54.6
伊　朗	33.6	160.5	156.1	印度尼西亚	2.9	71.1	35.8
伊拉克	3.6	0.8	3.0	马来西亚	1.3	65.2	33.3
科威特	1.8	14.5	17.2	巴基斯坦	0.6	41.5	41.5
阿　曼	0.9	29.0	4.2	越　南	0.6	9.4	9.4

资料来源:2013 年 6 月的 *BP Statistical Review of World Energy* 2013(整理而得)。

（三）煤炭资源分布

1. 北美洲地区

2013 年 6 月发布的《BP 世界能源统计年鉴》数据显示,2012 年年底北美洲的煤炭已探明储量占世界已探明储量的 28.5%,其中,美国占比达到 27.6%,加拿大占比达到 0.8%。

（1）美国

美国是世界上煤炭资源最丰富的国家之一,拥有着丰富的煤炭资源,盛产炼焦煤。而且煤炭资源赋存广泛,地区分布相对比较均衡。全美 50 个州,其中的 38 个州赋存煤炭,煤炭储藏国土面积将近 1.2 万平方公里,占国土总面积的 13%。在已经探明的储量中,烟煤占了 51%,褐煤占了 9.47%,次烟煤占了 38%,无烟煤占了 1.6%,而且适于露天开采的为 32.7%。据预测,截至 2013 年年底,煤炭可采储量接近 2400 亿吨,居世界第一位。

从地理分布上看,煤炭赋存主要集中在蒙大拿、西弗吉尼亚、科罗拉多、怀俄明、宾夕法尼亚、伊利诺伊、俄亥俄和肯塔基等八个州,这八个州的煤炭储量占全美的84%。其中,蒙大拿的储量占全国总储量的25.4%,在全国储量位列第一;怀俄明占了14.8%,位列第二;伊利诺伊占了14.3%,位列第三。若以密西西比河为界进行划分,则西部地区资源比东部地区资源更为丰富,占了全国总储量的55%,而且适合露天开采的储量是东部的三倍。但是,东部地区多产优质的动力煤、炼焦煤和无烟煤,这些煤的灰分低,热值却比较高,达到了288.42MJ/kg,不过含硫量也高,约为2%—3%;与东部相比,西部煤炭的质量相对比较差,多为褐煤和次烟煤,热值比较低,大约有255.72MJ/kg,不过含硫量也低,约为1%。

在美国,各地的煤田有很多,其主要煤田包括波德河煤田、阿巴拉契亚煤田、中西部煤田、格林河煤田、伊利诺伊煤田、尤塔固煤田、科尔维尔高煤田、尤宁堡煤田和圣胡安煤田等,而位于东部的阿巴拉契亚煤田和西部的波德河煤田是美国开发强度和储量最大的两个煤田。其中,阿巴拉契亚煤田是世界产量最大的煤田,也是美国发现最早、开采时间最长的煤田,位于美国东部阿巴拉契亚高地,分布在美国东部的九个州,对美国早期工业的发展提供了有力支撑;波德河煤田是世界上已开发探明储量最大的煤田,位于美国西北部的怀俄明州和蒙大拿州。

在煤矿的建设和管理方面,美国的煤矿建设是市场化运营的,由企业根据用户的要求和盈利状况自主决定。但是,煤矿建设项目的审批程序非常严格,审批煤矿建设的部门主要是内政部露天开采局,它的权限主要包括:针对地下煤矿和露天煤矿,进行勘探许可证和开采许可证的发放工作。但是,在某些情况下,美国的州政府也可以负责颁发煤矿的开采许可证。

目前,在煤炭生产方面,美国是仅次于中国的全球第二生产国,在煤炭出口方面,是仅次于澳大利亚的全球第二大出口国,同时,美国也是世界上劳动生产率最高、安全生产性最好的国家之一。

（2）加拿大

加拿大作为北美地区第二大煤炭储量国,其盛产无烟煤和褐煤,截至2013年年底,煤炭储量为65.8亿吨。加拿大的煤炭主要分布于西部的不列颠哥伦比亚省、萨斯喀彻温省和阿尔伯塔省等三个省份。其中,不列颠哥伦比亚省的七座煤矿均有烟煤生产,其中有一座煤矿主要生产热力煤,另外有六座煤矿均生产炼焦煤,主要完成出口供应。萨斯喀彻温省有三座煤矿,而且均生产褐煤。阿尔伯塔省有八座煤矿,五座煤矿生产亚烟煤,另外三座煤矿生产烟煤,其中的两座煤矿以热力煤生产为主,另一座煤矿以炼焦煤生产为主。除了这三个煤炭储量丰富的省份以外,另外还有新斯科舍省和新不伦瑞克省,它们各自拥有一座小规模煤矿,主要以热力煤生产为主,全部供火力发电厂使用。

2013年《BP世界能源统计年鉴》数据显示,2012年加拿大煤炭产量达到66.9百万吨,占世界产量的0.9%,比2011年产量份额减少1.1%。其中,在2007年,加拿大华人企业开发了首个大型地下煤矿——盖森煤田,为中国资源型企业在加拿大的发展奠定一定基础。目前,全球煤炭70%的产量是被用于发电所消耗,这部分电力占到世界所有电力的39%,而在加拿大,国家电力的16%是通过煤炭发电所贡献。

短期内,加拿大国内煤炭消费不会发生大的变化。进入21世纪以来,加拿大每年的煤炭消费数量相差不大,基本保持在6200万吨左右。其中,用于发电的煤炭消耗量占了总消耗量的90%,作为全国主要的二十多家火力发电厂的燃料来源;另外,用于钢铁工业的煤炭消耗量占了7%,而其他工业部门以及国内消费者的煤炭消耗量占了3%。在加拿大,阿尔伯塔省是最大的煤炭消费省份,每年用于发电的煤炭量约为250万吨,是加拿大发电用煤总量的45%,占加拿大煤炭总消费量的40%,而且阿尔伯塔省三分之二的电力来源于火力发电。另外,安大略省作为加拿大的第二大煤炭消费省份,自2000年以来,煤炭消耗量每年一般维持在2100万吨左右,其中的1700万吨煤炭量主要是用于发电使用,而约有300万—400万吨煤炭量用于钢铁工业使用,剩下的不到100万吨用于其他工业部门使用。另外,加拿大其他大部分省份的煤炭消费也主要用于发电,比如:在萨斯喀彻温省全部电力的62%来源于火力发电,每年用于发电的煤炭消耗量在900万—1000万吨;新斯科舍省每年用于发电的煤炭消耗量近300万吨;新不伦瑞克省每年用于发电的煤炭消耗量约为100万吨。另外,魁北克省主要是工业用煤,近年来的煤炭消耗量年均为70万—80万吨。

2.中南美洲地区

在中南美洲地区,煤炭资源比较丰富的国家是巴西和哥伦比亚。其中,巴西的矿藏在世界上都小有名气,它是中南美洲地区最大的矿产生产国。丰富的矿产资源使得巴西成为国际上矿业开发最具吸引力的国家之一,而且矿产资源开发在其国民经济中占有重要的地位。巴西煤炭的特点是高硫分、高灰分和低热量。截至2012年年底,巴西的次烟煤和褐煤储量达到4559百万吨,煤炭总储量占到世界储量的0.5%。

哥伦比亚是世界第五大动力煤出口国,煤炭开采主要分布在其北部沙漠和平原地区。该国动力煤发热量大,在国际市场的价格相对偏高。目前,在哥伦比亚的山区也储藏有丰富的冶金用煤,但是大范围的冶金或炼焦煤开发受到运输和环境等问题的困扰。近期,隶属于 Fenalcarbon 贸易集团矿业公司的投资财团已经提出建设一条连接高地矿床和服务于动力煤矿路线的铁路,但该项目尚在规划阶段。2011 年,哥伦比亚出口煤炭 8500 万吨,而随着主要煤炭生产商加大生产容量和加强交通设施的建设,2012 年煤炭出口量达到 1 亿吨。

3. 欧洲地区

欧洲地区现有煤炭储量较大,占到世界总储量的 35.4%,份额占 0.1%以上的国家共有十一个,它们分别是:俄罗斯占 18.8%,德国占 4.7%,哈萨克斯坦占 3.9%,乌克兰占 3.9%,波兰占 0.7%,希腊占 0.4%,保加利亚占 0.3%,土耳其占 0.3%,匈牙利占 0.2%,西班牙与捷克共和国均占 0.1%。其中,俄罗斯次烟煤和褐煤储量达到 1079 亿吨,仅次于美国,比亚洲次烟煤和褐煤总储量还要多。2012 年,欧洲地区煤炭产量达到 12.8 亿吨,占到世界产量的 12.2%,比 2011 年煤炭产量增加 2.7%。但是,在整个欧洲地区总产量增长的背后,仅有德国、哈萨克斯坦、波兰、俄罗斯和乌克兰煤炭产量有所增长,其他国家的煤炭产量较 2011 年都有所下降。其中,产量下降幅度最大的是保加利亚,其 2012 年煤炭产量比 2011 年下降幅度达到 12.1%。

在欧洲地区,俄罗斯的煤炭储量最为丰富,全球煤炭五分之一的已探明储量在俄罗斯境内。如果按照俄罗斯目前的开采能力,现在已探明煤炭储量至少可供开采 500 年。根据俄罗斯有关的统计数据表明,全国现有资源型企业的工业储量约 190 亿吨,其中焦煤占了 40 亿吨左右。但是,其煤炭资源分布却极不均衡,其亚洲部分的煤炭储量占了总储量的四分之三以上,而剩余约四分之一煤炭储量的一半左右集中在俄罗斯中部地区,即库兹涅茨克煤田,而另一半储量主要在伊尔库茨克州、罗斯托夫州和克拉斯诺亚尔斯克边区。

另外,哈萨克斯坦拥有的煤炭资源量也非常丰富,在前苏联国家中,其煤炭储量仅次于俄罗斯和乌克兰。在哈萨克斯坦,其煤炭资源主要分布在北部地区,主要的煤田有埃基巴斯图兹、卡拉干达、迈丘边和图尔盖等。而且,煤层的赋存条件很好,煤炭工业的发展潜力比较大,有三分之二的煤炭储量埋藏的深度在 600 米以内,可供露天开采。

4. 非洲地区

非洲已探明的矿物资源种类多,储量大。石油、天然气蕴藏丰富,铁、锰、铬、钴、镍、钒、铜、铅、锌、锡、磷酸盐等储量很大。但是,非洲的煤炭资源并不是很丰富,占世界储量的3.7%。

南非位于非洲大陆的最南端。自然资源非常丰富,是全球五大矿产国之一。南非是全球最大的黄金生产国和出口国,其中,黄金的出口额占其全部对外出口额的三分之一,因此,南非被誉为"黄金之国"。在其境内,黄金、锰、钛、铬、钒、铂族金属和铝硅酸盐的储量位居世界首位,锆、蛭石的储量位居世界第二位,磷酸盐、氟石的储量位居世界第三位,锑、铀的储量位居世界第四位。

同时,虽然非洲地区的煤炭资源不是很丰富,但是南非却是非洲地区国家中煤炭资源储量最多的国家。根据统计数据表明,截至2012年年底,南非煤炭储量占到世界储量的3.5%,储量在世界上排名第九,其煤炭资源主要集中于南非的东部地区。而且,国内的煤炭资源禀赋条件非常好,而且煤炭储藏的地质条件简单,煤层埋藏深度比较浅。同时,大多数煤炭资源的赋存比较稳定并呈现一种近水平状态的分布,约占总储量96%的煤炭资源埋藏的深度在200米以内,而且占总储量80%的煤炭资源的煤层厚度超过了2米。同时,南非国家的煤矿企业的安全生产条件较好,比如,其自身的水文地质条件简单,围岩稳定,发生自然灾害的概率很小。而且由于大多数的煤矿中瓦斯的含量比较低,使得在煤矿井下很少会出现瓦斯爆炸等危险。另外,煤层的自燃概率比较低。所以,在煤炭的生产过程中,南非主要采用长壁采煤法和房柱式采煤法,生产系统相对简单。在煤炭的安全生产方面,煤矿的井下和井面都安装使用了安全监控设备,可以对设备、瓦斯状况等进行实时监控,而且由于自然灾害的威胁很小,煤矿的安全监控系统相对也比较简单。综上所述,由于南非煤矿开采及安全防护的机械化程度非常高,煤矿作业的工作人员使用较少,在煤矿井下基本采用巷道喷洒岩粉和采煤机内喷雾,以及安设岩粉袋等抑爆措施。

另外,在南非,国内煤炭产业的集中化度非常高。其国内的煤炭产业主要集中在必和必拓集团公司、英美煤炭集团公司、萨索尔集团公司、斯特拉塔集团公司和埃克森集团公司等大型煤炭集团企业,而且,这五家企业的煤炭产量之和大约占到南非国内煤炭总产量的90%。

5. 亚洲地区

在亚洲地区,煤炭资源储量比较丰富,由于大多数为发展中国家,对传统煤炭能源的消费需求量也相对比较大。据统计,2012年年底亚洲地区煤炭储量超过1800亿吨,占到世界储量的21%左右,仅次于欧洲大陆和北美洲地区,位居世界第三位。其中,煤炭储量较大的国家主要有中国、印度,其中中国煤炭储量占到世界储量的 13.3%,达到 1145 亿吨,而印度煤炭储量占到世界的 7%,达到 606 亿吨。除此以外,在亚洲占到世界煤炭总储量 0.1% 以上的国家还有印度尼西亚、巴基斯坦、泰国和朝鲜等四个国家。

6. 澳大利亚

澳大利亚大陆地质年代古老,矿藏富集带分布广阔,而且地质条件易于开发。煤炭、天然气等矿产资源十分丰富,其中,澳大利亚的煤炭储量占世界总储量的 8.9%。在澳大利亚,各州均分布有煤炭资源,但 95% 以上煤炭储量集中在新南威尔士州(以下简称新州)和昆士兰州(以下简称昆州)。其中,新州的煤炭储量占国家已探明工业经济储量的 34.2%,井下开采的煤矿占了 60% 左右,其余 40% 的煤矿为露天开采。而昆州的煤炭储量占国家已探明工业经济储量的 62%,煤矿露天开采的比例则高达 75%,而黑煤是以露天矿藏为主。另外,新州和昆州的黑煤产量占了澳大利亚黑煤产量的 96% 以上和全部的出口量。在澳大利亚,露天开采的煤矿比例大,从整个国家来看,露天开采的煤矿占 60% 左右。

综上所述,世界主要产煤国的煤炭储量、产量和消费量的具体指标详见表 5.3。

表 5.3　世界主要产煤国的煤炭储量、产量和消费量

国　家	储量(亿吨)	产量(百万吨)	消费量(百万吨油当量)	国　家	储量(亿吨)	产量(百万吨)	消费量(百万吨油当量)
美　国	2372.95	922.06	437.76	俄罗斯	1570.10	354.80	93.88
加拿大	65.82	66.90	21.87	西班牙	5.30	6.23	19.30
墨西哥	12.11	13.82	8.84	土耳其	23.43	72.02	31.30
巴　西	45.59	5.76	13.47	乌克兰	338.73	88.20	44.55
哥伦比亚	67.46	89.20	4.00	南　非	301.56	260.03	89.78
委内瑞拉	4.79	1.64	0.22	澳大利亚	764.00	431.17	49.30
保加利亚	23.66	32.75	7.02	中　国	1145.00	2737.5	1873.3
捷　克	11.00	54.97	16.63	印　度	606.00	605.84	298.25
德　国	406.99	196.17	79.20	印度尼西亚	55.29	386.00	50.43
希　腊	30.20	60.35	7.46	新西兰	5.71	4.94	1.73
匈牙利	16.60	9.29	2.97	巴基斯坦	20.70	2.78	4.25

续表

国　家	储量 (亿吨)	产量 (百万吨)	消费量 (百万吨 油当量)	国　家	储量 (亿吨)	产量 (百万吨)	消费量 (百万吨 油当量)
哈萨克斯坦	336.00	116.40	34.96	泰　国	12.39	18.32	15.95
波　兰	57.09	144.09	53.98	越　南	1.50	41.90	14.94

资料来源:2013 年 6 月的 *BP StatisticalReviewof World Energy* 2013。

(四) 铀矿资源分布

根据经济合作与发展组织的核能机构和国际原子能机构联合报告的统计数据,截至 2013 年,世界铀资源储量较多的国家还是那些传统资源比较丰富的国家,比如:澳大利亚、哈萨克斯坦、加拿大、美国、南非、纳米比亚、巴西、俄罗斯、乌克兰、乌兹别克斯坦等国家,它们铀资源储量分别为 71.50 万吨、60.13 万吨、33.10 万吨、36.10 万吨、26.98 万吨、18.74 万吨、16.20 万吨、14.50 万吨、8.40 万吨和 8.37 万吨。

二、黑色矿产

(一) 铁矿

美国地质调查局(USGS)资料显示,截至 2013 年,世界铁矿石储量超过了 1700 亿吨,储量基础为 3700 亿吨。众所周知,铁矿石的储量和储量基础最能代表一个国家或地区的铁矿资源的丰富程度。因此,按照国别来看,铁矿石资源比较丰富的国家和地区为俄罗斯、乌克兰、澳大利亚、中国、巴西、哈萨克斯坦、加拿大、美国和印度,而乌克兰、俄罗斯、澳大利亚、巴西和中国等五个国家的铁矿石储量之和占全球总储量的 71% 还要多。具体而言,乌克兰的铁矿石储量为 300 亿吨,储量基础为 500 亿吨;俄罗斯的铁矿石储量为 250 亿吨,储量基础为 450 亿吨;澳大利亚的铁矿石储量为 350 亿吨,储量基础为 400 亿吨;巴西的铁矿石储量为 210 亿吨,储量基础为 680 亿;中国的铁矿石储量为 210 亿吨,储量基础为 500 亿吨。

由于品位不同,世界铁元素的分布情况与铁矿石的储量基础的分布情况并不一致。若按铁元素的储量进行计算,澳大利亚、巴西和俄罗斯是世界铁矿资源最丰富的国家,三者的铁元素储量分别为 170 亿吨、160 亿吨和 140 亿吨,分别占世界总储量的 21.3%、20.0% 和 17.5%,其储量之和占世界总储量的 58.8%。由此可知,乌克兰和中国两个国家铁矿石的储量虽然很大,但由于其铁矿石品位低,铁元素的储量并不突出。

(二) 锰矿

全球陆地锰矿的储量和储量基础分别为 6.8 亿吨和 50 亿吨,其主要集中分布于南非、乌克兰、加蓬、中国、澳大利亚、巴西和印度等几个国家。截至 2013 年,南非的锰矿储量为 3.7 亿吨,储量基础为 4 亿吨;乌克兰的锰矿储量为 1.35 亿吨,储量基础为 5.2 亿吨;加蓬的锰矿储量为 4500 万吨,储量基础为 1.5 亿吨;中国的锰矿储量为 4000 万吨,储量基础为 1 亿吨;澳大利亚的锰矿储量为 3000 万吨,储量基础为 8000 万吨;巴西的锰矿储量为 2100 万吨,储量基础为 5600 万吨;印度的锰矿储量为 2400 万吨,储量基础为 3600 万吨等。其中,南非的锰矿储量占世界锰矿总储量的 54.4%,其储量基础占世界总储量基础的 80%,均居世界第一位。另外,近年来加蓬的年产量均保持在 90 万吨左右,占世界总产量的 12% 左右,澳大利亚锰矿石的年均产量为 100 万吨左右,占世界总产量的 13% 以上。

(三) 铬铁矿

全球的铬铁矿资源极为丰富,按目前的生产水平,现有的储量可以满足世界各国几百年的需求。但是铬铁矿的分布极不平衡,比如,南非拥有世界铬铁矿总储量的 84% 左右和总产量的 42% 左右,哈萨克斯坦拥有世界总储量的 9% 左右和总产量的 23% 左右。而铬铁矿资源比较丰富的国家还有印度、土耳其、芬兰、津巴布韦、巴西、阿尔巴尼亚、俄罗斯和伊朗等。据统计,截至 2013 年,世界铬铁矿储量为 36 亿吨,储量基础为 75 亿吨。具体分布情况如下:南非的储量为 30 亿吨,储量基础为 55 亿吨;哈萨克斯坦的储量为 3.2 亿吨,储量基础为 3.2 亿吨;津巴布韦的储量为 1.4 亿吨,储量基础为 9.3 亿吨;芬兰的储量为 4100 万吨,储量基础为 1.2 亿吨;印度的储量为 2700 万吨,储量基础为 6700 万吨;巴西的储量为 1400 万吨,储量基础为 2300 万吨;俄罗斯的储量为 400 万吨,储量基础为 4.6 亿吨;土耳其的储量为 800 万吨,储量基础为 2000 万吨等。目前,世界关于铬的消费,85% 的比例被用于冶金工业,其余的多用于化学工业和耐火材料。

(四) 钛矿

就目前公布的钛资源情况看,全球钛资源主要分布于澳大利亚、南非、加拿大、中国和印度等国家。其中,加拿大、中国和印度主要是钛铁矿的原生矿,而澳大利亚、美国和南非主要是钛砂矿,这两种钛矿是具有开采价值的。就目前的开采规模和技术,现有的资源量可满足今后 50 年的需要。截至 2013 年,世界钛矿储量和储量基础分别为 4300 万吨和 1.7 亿吨,具体分布情况为:澳大利亚的钛矿储量为 1700 万吨,储量基础为 5100 万吨;南非的钛矿储量为 830 万吨,储量基础为 830 万吨;印度的钛矿储量为 660 万吨,储量基础为 770 万吨;斯里兰卡的钛矿储量为 480 万吨,储量基础为 480 万吨;乌克兰的钛矿储量为 250 万吨,储量基础为 250 万吨等。世界钛铁矿储量和储量基础分别为 3.3 亿吨和 4.6 亿吨,具体分布情况如下:澳大利亚的钛铁矿储量为 8100 万吨,储量基础为 1.2 亿吨;南非的钛铁矿储量为 6300 万吨,储量基础为 6300 万吨;挪威的钛铁矿储量为 4000 万吨,储量基础为 4000 万吨;加拿大的钛铁矿储量为 3100 万吨,储量基础为 3600 万吨;印度的钛铁矿储量为 3000 万吨,储量基础为 3800 万吨;中国的钛铁矿储量为 3000 万吨,储量基础为 4100 万吨;巴西的钛铁矿储量为 1800 万吨,储量基础为 1800 万吨;美国的钛铁矿储量为 1300 万吨,储量基础为 5900 万吨等。

三、有色金属矿产

(一) 铜矿

据预测,世界陆地铜资源量约为 16 亿吨,海底铜资源量约为 7 亿吨。从国家分布看,世界铜资源主要集中在智利、美国、赞比亚、独联体和秘鲁等国家和地区。其中,智利是世界上铜矿资源最为丰富的国家,已经探明的铜矿储量占世界总储量的 1/4,美国已探明铜矿储量位居世界第二,赞比亚和中国的铜储量分别位居世界第三位和第四位。全球分布来看,铜矿砂生产地主要集中在北美洲、南美洲西海岸、非洲中部地区和独联体等地区,而精炼铜生产地除了以上地区外,还分布在西方一些发达的国家。据美国地质调查局资料统计,截至 2013 年,世界铜金属储量为 3.4 亿吨,储量基础为 6.5 亿吨。其中资源储量最多的国家为智利和美国,智利的资源储量为 8800 万吨,储量基础为 1.6 亿吨,美国的资源储量为 4500 万吨,储量基础为 9000 吨,二者的铜储量分别居世界第一和第二位。另外,其他储量较多的国家还包括秘鲁、波兰、赞比亚、俄罗斯、墨西哥、印度尼西亚、加拿大、澳大利亚、哈萨克斯坦等。

(二) 铝矿

世界铝矿资源极为丰富,遍及五大洲的 40 多个国家,已查明的铝矿资源总量约为 550 亿—750 亿吨。具体来看,非洲地区的铝矿储量约为 160 亿—200 亿吨,大洋洲地区的储量为 70 亿—100 亿吨,南美洲地区的储量为 190 亿—250 亿吨,亚洲地区的储量为 80 亿—130 亿吨,加勒比海地区的铝矿储量为 20 亿—30 亿吨,欧洲地区的铝矿储量为 30 亿—40 亿吨。其中,几内亚铝矿的储量和储量基础分别居世界第一位,分别为 74 亿吨和 86 亿吨。其他铝矿资源比较丰富的国家分别为:巴西铝矿的储量为 39 亿吨,储量基础为 49 亿吨；澳大利亚铝矿的储量为 32 亿吨，储量基础为 70 亿吨；牙买加铝矿的储量为 20 亿吨，储量基础为 20 亿吨；印度铝矿的储量为 15 亿吨，储量基础为 23 亿吨；中国铝矿的储量为 7.2 亿吨，储量基础为 20 亿吨；圭亚那铝矿的储量为 7 亿吨，储量基础为 9 亿吨。

（三）铅矿

世界已查明的铅资源总量约为 15 亿吨，铅金属储量超过 500 万吨的超大型矿床约有 40 处。其主要分布在澳大利亚、中国、美国和哈萨克斯坦等四个国家，储量占世界总储量的 60% 左右，储量基础占世界总储量基础的 70% 左右。另外，秘鲁、墨西哥和南非等三个国家的铅资源也是比较丰富的。据调查资料统计，截至 2013 年，世界铅储量为 6400 万吨，储量基础为 1.43 亿吨。储量、储量基础较多的国家主要有：澳大利亚铅矿的储量为 1700 万吨，储量基础为 3600 万吨；中国铅矿的储量为 900 万吨，储量基础为 3000 万吨；美国铅矿的储量为 650 万吨，储量基础为 2000 万吨；加拿大铅矿的储量为 230 万吨，储量基础为 1200 万吨；秘鲁铅矿的储量为 200 万吨，储量基础为 300 万吨；南非铅矿的储量为 200 万吨，储量基础为 300 万吨；哈萨克斯坦铅矿的储量为 200 万吨，储量基础为 200 万吨；墨西哥铅矿的储量为 100 万吨，储量基础为 200 万吨等。铅最大的消费领域是在铅酸蓄电池，主要用于汽车工业，其消费量占铅总消费量的 60% 左右。其中，在美国用于汽车工业的铅消费量占总消费量的 90.4%，而在日本约占到 74.8%。此外，铅还用来进行生产弹药、铅管、铅片、合金、电缆包皮以及颜料、化工制品等。

（四）锌矿

锌是自然界中资源分布较广的金属元素，其多以硫化物状态存在，主要的含锌矿物是闪锌矿，也存在着少量的氧化矿。世界上锌资源主要分布在亚洲、大洋洲、北美和南美洲等地区。锌储量较多的国家有中国、澳大利亚、美国、加拿大、哈萨克斯坦、秘鲁和墨西哥等。其中澳大利亚、中国、美国和哈萨克斯坦的锌储量占世界锌总储量的 54% 左右，占世界总储量基础的 65% 左右。据美国地质调查局统计，截至 2013 年，世界锌资源的储量为 1.9 亿吨，储量基础为 4.3 亿吨。锌储量和储量基础较多的国家包括：澳大利亚锌矿的储量为 3400 万吨，储量基础为 8500 万吨；中国锌矿的储量为 3300 万吨，储量基础为 8000 万吨；美国锌矿的储量为 2500 万吨，储量基础为 8000 万吨；加拿大锌矿的储量为 1100 万吨，储量基础为 3100 万吨；秘鲁锌矿的储量为 700 万吨，储量基础为 1200 万吨；墨西哥锌矿的储量为 600 万吨，储量基础为 800 万吨等。

（五）镍矿

全球已探明镍矿的储量约为 230 亿吨,平均含镍量为 0.97%,镍的总量大约为 2.2 亿吨。其中,硫化镍矿的储量约为 105 亿吨,平均含镍量为 0.58%,镍含量约为 6200 万吨,约占镍矿总资源量的 28%;红土镍矿的储量约为 126 亿吨,平均含镍量为 1.28%,镍含量约为 1.6 亿吨,约占镍矿总资源量的 72%。矿产镍矿主要产于俄罗斯、加拿大、澳大利亚、印度尼西亚、新喀里多尼亚等国家和地区。截至 2013 年,世界已查明的镍资源总量约为 1.3 亿吨,镍资源的储量为 4000 万吨,储量基础为 1.4 亿吨。镍储量和储量基础较多的国家有:古巴镍矿的储量为 550 万吨,储量基础为 2300 万吨;加拿大镍矿的储量为 530 万吨,储量基础为 1500 万吨;俄罗斯镍矿的储量为 660 万吨,储量基础为 730 万吨;新喀里多尼亚镍矿的储量为 450 万吨,储量基础为 1500 万吨;印度尼西亚的储量为 320 万吨,储量基础为 1300 万吨;南非镍矿的储量为 250 万吨,储量基础为 1180 万吨;澳大利亚镍矿的储量为 790 万吨,储量基础为 730 万吨;中国镍矿的储量为 370 万吨,储量基础为 790 万吨;巴西镍矿的储量为 67 万吨,储量基础为 600 万吨;多米尼加镍矿的储量为 100 万吨,储量基础为 130 万吨等。另外,日本是电子镍矿的最大出口国,同时也是矿产镍矿的最大进口国和电子镍矿的最大消费国,而印度尼西亚和新喀里多尼亚均为镍矿的出口大国。

（六）钴矿

据美国地质调查局统计,世界已查明的陆地钴资源量约为 1500 万吨。此外,大洋深海的锰结核和钴结壳中,尚有潜在的钴资源量约 1480 万吨。2003 年,全球的钴储量为 450 万吨,储量基础为 960 万吨。按照国别来看,钴的储量和储量基础较多的国家分布情况如下:民主刚果钴矿的储量为 200 万吨,储量基础为 250 万吨;古巴钴矿的储量为 100 万吨,储量基础为 180 万吨;澳大利亚钴矿的储量为 68 万吨,储量基础为 92 万吨;赞比亚钴矿的储量为 36 万吨,储量基础为 54 万吨;新喀里多尼亚钴矿的储量为 23 万吨,储量基础为 86 万吨;俄罗斯钴矿的储量为 14 万吨,储量基础为 23 万吨;加拿大钴矿的储量为 4.5 万吨,储量基础为 26 万吨等。2002 年,全世界钴消费量为 3.75 万吨,供应量为 4.1 万吨。其中,美国的钴年消费约为 8700 吨,回收的废钴量约为 2800 吨,约占美国消费量的 32%。

（七）钨矿

世界钨储量主要集中在中国、俄罗斯、加拿大和美国,其储量总和占世界总储量的 75% 左右。在全球钨资源储量的估量中,中国的储量占总估计量的 40% 左右,加拿大占总估计量的 15% 左右,美国占总估计量的 10% 左右。除此以外,其他具备较大资源潜力的国家为巴西、哈萨克斯坦、澳大利亚、西班牙、塔吉克斯坦、玻利维亚、乌兹别克斯坦、土耳其、韩国、泰国和朝鲜等。据美国地质调查局统计,截至 2013 年,世界钨资源储量约为 200 万吨,储量基础约为 320 万吨。储量和储量基础较多的国家主要有:中国钨矿的储量为 85 万吨,储量基础为 120 万吨;俄罗斯钨矿的储量为 25 万吨,储量基础为 42 万吨;加拿大钨矿的储量为 26 万吨,储量基础为 49 万吨;美国钨矿的储量为 14 万吨,储量基础为 20 万吨;韩国钨矿的储量为 5.8 万吨,储量基础为 7.7 万吨;玻利维亚钨矿的储量为 5.3 万吨,储量基础为 10 万吨等。

(八) 锡矿

目前,世界上已开采的主要锡矿有两类,原生锡和砂锡。前者主要分布在中国、玻利维亚和俄罗斯的东北沿海地区,后者主要分布于东南亚、中南非洲、西澳大利亚等地区。截至 2013 年,世界上有 20 多个国家在进行锡矿的开采,锡矿的生产国主要有中国、印度尼西亚、秘鲁、玻利维亚和巴西等,五国的产量约占世界总产量的 90% 左右,其中中国的锡矿产量约占全球总量的 43%。我国是世界锡矿资源最丰富的国家,自 1993 年以来锡精矿产量一直处于世界首位,资源储量为 210 万吨,储量基础为 340 万吨。印度尼西亚是世界第二大锡矿的生产国和精炼锡生产国,也是目前市场经济国家中产量最多、生产成本较低的国家,其资源储量为 75 万吨,储量基础为 82 万吨。马来西亚曾经是世界第三大锡矿生产国,近年来由于国内锡矿资源的不断减少和矿石品位的不断下降,其锡矿产量在持续减少,资源储量为 120 万吨,储量基础为 140 万吨。巴西拥有大量的高品位锡矿床,目前在世界锡矿生产国中排第五位,资源储量为 120 万吨,储量基础为 250 万吨。其他锡矿资源丰富的国家还有一些,比如:泰国锡矿的储量为 94 万吨,储量基础为 100 万吨;玻利维亚锡矿的储量为 45 万吨,储量基础为 90 万吨;俄罗斯锡矿的储量为 30 万吨,储量基础为 35 万吨;澳大利亚锡矿的储量为 21 万吨,储量基础为 60 万吨;秘鲁锡矿的储量为 30 万吨,储量基础为 40 万吨等。

(九) 锑矿

世界锑矿资源主要分布在环太平洋成矿带、地中海成矿带和中亚天山成矿带,具有明显的分带性。而尤以环太平洋成矿带的经济意义最大,集中了全球约 77% 的锑矿储量。按照国别来看,中国是全球锑资源大国和生产大国,储量和产量均居世界首位,锑矿储量占全球锑矿总储量的 52% 左右。俄罗斯的锑资源也很丰富,是全球第二大锑资源国,居独联体国家之首,该国的锑资源主要分布在雅库特地区,其锑矿储量占全球锑矿总储量的19%左右。第三大锑资源国是玻利维亚,其锑矿储量占全球总储量的17%左右。由此看到,中国、俄罗斯和玻利维亚等三个国家的锑矿储量总和占到了世界锑矿总储量的近90%。截至2013年,世界锑资源储量约为210万吨,储量基础约为320万吨。世界查明的锑资源总量约为510万吨。世界锑储量和基础储量分布较集中的国家有:中国锑矿的储量为90万吨,储量基础为190万吨;俄罗斯锑矿的储量为35万吨,储量基础为37万吨;玻利维亚锑矿的储量为31万吨,储量基础为32万吨;南非锑矿的储量为24万吨,储量基础为25万吨;吉尔吉斯斯坦锑矿的储量为12万吨,储量基础为15万吨等。另外,由于锑是一种不可再生的战略性矿产资源,广泛用于阻燃剂、电池合金材料、滑动轴承和焊接剂。近代以来锑大量用于军事领域,加之汽车行业的蓬勃发展对用锑蓄电池的带动,导致锑的需求急剧增长。

四、贵重金属及稀土

(一) 金矿

全球已探明的黄金资源量为8.9万吨,储量基础为7.7万吨,储量为4.8万吨。世界黄金资源储量的分布相对比较集中,最重要的地区是南非,约占世界资源的一半。按照国别具体来看,南非占世界已探明黄金资源量和储量基础的50%,占世界储量的38%;美国占世界已探明资源量的12%,占世界储量基础的8%,世界储量的12%。除此以外,黄金资源较丰富的国家还有俄罗斯、乌兹别克斯坦、澳大利亚、加拿大和巴西等。从产量上看,美洲的金矿产量占世界总产量的33%左右,非洲占28%左右,亚太地区占29%左右。在世界80多个黄金生产国中,年产100吨以上的国家,除了俄罗斯、乌兹别克斯坦、澳大利亚、加拿大和巴西等国家外,还有印度尼西亚。另外,秘鲁、乌兹别克斯坦、加纳、巴西和巴布亚新几内亚等国家也是重要的黄金资源生产国。具体来看,南非金矿的储量为1.9万吨,储量基础为4万吨;美国金矿的储量为5600吨,储量基础为6000吨;俄罗斯的储量为3000吨,储量基础为3500吨;乌兹别克斯坦金矿的储量为5300吨,储量基础为6300吨;澳大利亚金矿的储量为4000吨,储量基础为4700吨;加拿大金矿的储量为1500吨,储量基础为3500吨;巴西金矿的储量为800吨,储量基础为1200吨等。

(二) 银矿

全球约有三分之二的银矿资源是与铜、铅、锌、金等有色金属和贵金属的矿床伴生的,三分之一是以银为主的独立银矿床。世界银矿资源主要分布在秘鲁、波兰、智利、澳大利亚和中国等五个国家,其储量总和约占世界总储量的73%。其中,秘鲁的银矿储量位居世界第一位,占全球总储量的23%左右。排在第二位的国家是波兰,其银矿储量占全球总储量的16%左右,而智利、澳大利亚和中国的银矿储量分别为总储量的13%、13%和12%左右。其他银矿资源较为丰富的地区还有加拿大、墨西哥等国家。据美国地质调查局统计数据表明,截至2013年,世界银资源的储量为28万吨,储量基础为42万吨。按照国别来看,美国的银矿储量为3.3万吨,银矿储量基础为7.2万吨;加拿大银矿的储量为3.7万吨,储量基础为4.7万吨;墨西哥银矿的储量为3.7万吨,储量基础为4万吨;秘鲁银矿的储量为2.5万吨,储量基础为3.7万吨;澳大利亚银矿的储量为2.9万吨,储量基础为3.3万吨等。

（三）铂族金属

全球的铂族金属资源主要分布在南非、独联体、加拿大和美国等几个国家和地区。美国地质调查局统计数据表明,截至2013年,世界铂族金属资源的储量为7.1万吨,储量基础为7.8万吨。而且,世界铂族金属储量分布相对比较集中,南非铂族金属储量和储量基础分别位居世界首位,分别为6.3万吨和6.9万吨,分别占全球储量和储量基础的79%和89%左右。其他铂族金属储量、储量基础较多的国家分别包括:俄罗斯铂族金属的储量为6200吨,储量基础为6600吨;美国铂族金属的储量为730吨,储量基础为810吨;加拿大铂族金属的储量为310吨,储量基础为380吨等。铂族金属的主要生产国家和地区是南非、独联体和加拿大,它们是全球铂族金属的主要供应地。自20世纪80年代以来,世界铂族金属的生产量保持持续稳定增长,尤其南非的增长速度最快,在1987年正式超过苏联,一跃成为全球铂族金属的最大生产国。

（四）稀土

据美国地质调查局统计数据表明,截至2013年,全球稀土资源的储量约为1亿吨,储量基础约为1.1亿吨。全球稀土金属资源相对比较丰富,但资源分布非常的不均匀。其中,稀土资源的储量和储量基础的一半以上集中分布在以下一些国家,具体分布情况为:中国稀土资源的储量为4300万吨,储量基础为4800万吨;独联体稀土资源的储量为1900万吨,储量基础为2100万吨;美国稀土资源的储量为1300万吨,储量基础为1400万吨等。另外,其他稀土资源储量和储量基础较多的国家主要有,澳大利亚稀土资源的储量为520万吨,储量基础为580万吨;印度稀土资源的储量为110万吨,储量基础为130万吨;加拿大稀土资源的储量为94万吨,储量基础为

100 万吨;南非稀土资源的储量为 39 万吨,储量基础为 40 万吨;巴西稀土资源的储量为 28 万吨,储量基础为 31 万吨等。

五、非金属矿产

(一) 硫矿

据美国地质调查局统计数据表明,截至 2013 年,世界硫矿资源储量约为 14 亿吨,储量基础约为 35 亿吨。硫资源主要集中分布在以下国家:加拿大硫矿资源的储量为 1.6 亿吨,储量基础为 3.3 亿吨;美国硫矿资源的储量为 1.4 亿吨,储量基础为 2.3 亿吨;伊拉克硫矿资源的储量为 1.3 亿吨,储量基础为 5 亿吨;波兰硫矿资源的储量为 1.3 亿吨,储量基础为 3 亿吨;中国硫矿资源的储量为 1 亿吨,储量基础为 2.5 亿吨;沙特阿拉伯硫矿资源的储量为 1 亿吨,储量基础为 1.3 亿吨;墨西哥硫矿资源的储量为 0.75 亿吨,储量基础为 1.2 亿吨;西班牙硫矿资源的储量为 0.5 亿吨,储量基础为 3 亿吨等。

(二) 磷矿

世界磷酸盐岩资源储量丰富,但分布非常不平衡。美国地质调查局统计数据表明,截至 2013 年,世界磷酸盐岩储量约为 120 亿吨,储量基础约为 360 亿吨。其中,磷酸盐岩资源主要集中分布在以下国家:摩洛哥和西撒哈拉磷矿资源的储量为 57 亿吨,储量基础为 210 亿吨;美国磷矿资源的储量为 10 亿吨,储量基础为 42 亿吨;南非磷矿资源的储量为 15 亿吨,储量基础为 25 亿吨;约旦磷矿资源的储量为 9 亿吨,储量基础为 17 亿吨;中国磷矿资源的储量为 1.8 亿吨,储量基础为 12 亿吨;俄罗斯磷矿资源的储量为 1.5 亿吨,储量基础为 10 亿吨;突尼斯磷矿资源的储量为 1 亿吨,储量基础为 6 亿吨;巴西磷矿资源的储量为 3.3 亿吨,储量基础为 3.7 亿吨;以色列磷矿资源的储量为 1.8 亿吨,储量基础为 1.8 亿吨等。

(三) 钾盐

世界钾盐资源储量极为丰富,资源总量超过了 2500 亿吨,但分布极为不平衡。美国地质调查局统计数据表明,截至 2013 年,世界钾盐储量约为 84 亿吨,储量基础约为 170 亿吨。按照国别来看,加拿大钾盐资源的储量与储量基础位居世界首位,分别为 44 亿吨和 97 亿吨;俄罗斯居第二位,分别为 18.0 亿吨和 22.0 亿吨。其他的储量和储量基础较多的国家主要的分布情况为,白俄罗斯钾盐资源的储量为 8 亿吨,储量基础为 10 亿吨;德国钾盐资源的储量为 7.2 亿吨,储量基础为 8.5 亿吨;中国钾盐资源的储量为 3.2 亿吨,储量基础为 3.2 亿吨;美国钾盐资源的储量为 1 亿吨,储量基础为 3 亿吨等。

（四）硼矿

除非洲以外，硼矿资源分布在世界的各大洲。美国地质调查局统计数据表明，截至 2013 年，世界硼矿储量约为 1.7 亿吨，储量基础约为 4.7 亿吨。硼矿资源储量较多的国家分布情况主要是：美国硼矿资源的储量为4000 万吨，储量基础为 8000 万吨；俄罗斯硼矿资源的储量为 4000 万吨，储量基础为 1 亿吨；土耳其硼矿资源的储量为 3000 万吨，储量基础为 1.5 亿吨；中国硼矿资源的储量为 2700 万吨，储量基础为 3500 万吨；哈萨克斯坦硼矿资源的储量为 1400 万吨，储量基础 1500 万吨等，上述五个国家的硼矿储量合计占世界硼矿总储量的 90%。

（五）重晶石

美国地质调查局统计数据表明，截至 2013 年，世界重晶石资源储量约为 1.5 亿吨，储量基础约为 4.8 亿吨。其中，资源储量较多的国家的分布情况主要是：中国重晶石资源的储量为 3500 万吨，储量基础为 1.5 亿吨；美国重晶石资源的储量为 2700 万吨，储量基础为 6000 万吨；印度重晶石资源的储量为 2800 万吨，储量基础为 3200 万吨；加拿大重晶石资源的储量为 1100万吨，储量基础为 1500 万吨；摩洛哥重晶石资源的储量为 1000 万吨，储量基础为 1100 万吨；泰国重晶石资源的储量为 900 万吨，储量基础为 1500 万吨；土耳其重晶石资源的储量为 400 万吨，储量基础为 2000 万吨；墨西哥重晶石资源的储量为 700 万吨，储量基础为 900 万吨等。

（六）石墨

美国地质调查局统计数据表明，截至 2013 年，世界石墨储量为 1500 万吨，储量基础为 3.6 亿吨。全球石墨资源的分布较为不均衡，主要分布在一些国家，具体的分布情况主要为，中国石墨资源的储量为 530 万吨，储量基础为 3.1 亿吨；墨西哥石墨资源的储量为 310 万吨，储量基础为 310 万吨；加拿大石墨资源的储量为 150 万吨，储量基础为 270 万吨；马达加斯加石墨资源的储量为 95 万吨，储量基础为 96 万吨；印度石墨资源的储量为 50 万吨，储量基础为 62 万吨；巴西石墨资源的储量为 46 万吨，储量基础为 100万吨；美国石墨资源的储量基础为 100 万吨等。综上所述，上述的几个国家的石墨资源的总量在世界石墨资源的总储量和总储量基础中的占比分别超过了 78% 和 87%。

（七）金刚石

美国地质调查局统计数据表明，截至 2013 年，世界工业级金刚石储量约为 3.5 亿克拉，储量基础约为 12 亿克拉，全球的宝石级金刚石储量基础估计有 3 亿克拉。而且在全球的分布较为不均衡,金刚石资源主要集中分布在几个国家,具体的分布情况为,南非金刚石的储量和储量基础分别为 0.7 亿克拉和 1.5 亿克拉,博茨瓦纳金刚石的储量和储量基础分别为 1.3 亿克拉和 2.0 亿克拉,民主刚果金刚石的储量和储量基础分别为 1.5 亿克拉和 3.5 亿克拉,澳大利亚金刚石的储量和储量基础分别为 0.9 亿克拉和 2.3 亿克拉,俄罗斯金刚石的储量和储量基础分别为 0.4 亿克拉和 0.65 亿克拉等。

第二节　我国资源型企业国际化投资目标市场界定

根据前文的预测分析,未来中国对矿产资源的消费需求量将持续增长,在国内矿产资源开采量不足以满足国内消费的情况下,加快我国资源型企业国际化发展是明智的选择。在企业国际化发展的过程中,如何选择海外投资目标国对于资源型企业成功实施国际化战略至关重要。除了项目本身要具备较强的盈利能力外,还要对投资目标市场进行筛选,本书选取投资目标国的基本原则是,基于投资目标国的矿产资源量与所处地理位置两个因素进行选取。

一、资源量因素

投资目标国的资源储量、消费量的大小往往是资源型企业国际化投资需要衡量的第一重要的指标因素。本章评价模型数据的选取以 2013 年《BP 世界能源统计年鉴》为准,把世界各国矿产资源的已探明储量、产量、消费量等指标在世界相关资源量中所占比重作为参考依据,选取了矿产资源已探明潜在储量、产量、消费量占到世界相关资源量的比重作为我国资源型企业国际化发展的投资目标对象的依据。基于以上原则,按照不同矿产资源类别进行分类,进而选取了投资目标国,包含美国、加拿大、墨西哥、巴西、厄瓜多尔、哥伦比亚、委内瑞拉、保加利亚、捷克、德国、荷兰、希腊、匈牙利、阿塞拜疆、哈萨克斯坦、挪威、波兰、俄罗斯、英国、西班牙、土耳其、乌克兰、伊朗、伊拉克、阿曼、卡塔尔、埃及、南非、津巴布韦、南苏丹、澳大利亚、印度、印度尼西亚、新西兰、朝鲜、巴基斯坦、泰国、越南等 30 多个国家。

二、投资风险因素

在一定程度上,投资风险较大的国家意味着其投资环境较差,可以说投资风险也是影响投资目标市场选择的重要因素。在投资项目选择过程中,项目所在国家的投资风险同样是重要影响因素,本书通过参考北京工商大学季铸教授主持编制的《全球 100 个国家国际贸易投资风险指数》(ITIRI2009)以及由中国出口信用保险公司编制的国家风险分析报告等资料,可以得到不同国家的投资风险指数,作为企业国际化投资目标市场选择的重要依据[133-134]。在《全球 100 个国家国际贸易投资风险指数》表中,所有指数指标分值在 0—1 之间,得分越高,风险越小。投资风险指数越小的国家,说明该国家的投资风险越大,投资环境对国际化项目的经营产生不利的影响,降低投资项目的收益率。反之,投资风险指数越大,说明该国的投资风险越小,投资环境相对较好。因此,投资风险指数可以作为我国资源型企业国际化投资项目选择的重要参考依据。

另外,还要综合考虑投资目标市场的政治环境、经济环境、社会环境与文化环境等影响因素,结合专家调查问卷的打分结果,从多方面进行分析,更加科学地完成目标市场投资风险的影响分析。

三、地理位置因素

由于我国资源型企业国际化发展的境外投资经验不足,以及与国际上很多跨国资源型企业相比,应对投资风险的能力也存在很大的不足。因此,应将投资目标锁定在那些国际环境稳定、交通便利、资源丰富、资源品质好、地理位置靠近我国的主要矿产资源生产和消费的国家和地区。具体来看,我国具备一定竞争力的大型资源型企业在选择投资目标时,不仅要考虑资源情况与环境局势,也要考虑地理位置。比如,中石油集团的国际化发展选择一些距离我国较近的国家和地区——俄罗斯、蒙古国、朝鲜等国家,以获得高质量的矿产资源或进行相关的贸易往来。兖矿集团的国际化发展选择在基础条件完备、开发条件友好及政治、经济环境稳定的国际资源重地——澳大利亚,这样可以很好地规避政治风险,获得高质量的矿产资源,而且在激烈的国际竞争中不断积累企业国际化投资的经验和能力。同样,神华集团除了选择澳大利亚作为其重要的投资目标对象外,还与我们的邻国——蒙古国存在很多国际化业务往来。另外,中煤能源集团的境外投资主要分布于亚太地区,比如俄罗斯、澳大利亚、印度、日本、土耳其、越南、印度尼西亚等国家。同样,徐矿集团的国际化业务涉及的国家较多,包括澳大利亚、俄罗斯、蒙古国、加拿大、印度尼西亚、巴基斯坦、孟加拉国、土耳其等。

另外,对于实力相对较弱的资源型企业原则上应首选资源优良、开发环境优越、和我国关系友好、竞争相对不太激烈的周边国家,比如越南、孟加拉国等,这样既能获得矿产资源,又能避免和大型跨国资源型企业的竞争[135]。

综上所述,基于投资目标国的矿产资源量、投资风险与地理位置两方面因素的考虑,结合数据的是否可获取性,我们可以选取美国、加拿大、墨西哥、巴西、厄瓜多尔、哥伦比亚、委内瑞拉、保加利亚、捷克、德国、荷兰、希腊、匈牙利、阿塞拜疆、哈萨克斯坦、挪威、波兰、俄罗斯、英国、西班牙、土耳其、乌克兰、伊朗、伊拉克、阿曼、卡塔尔、埃及、南非、津巴布韦、南苏丹、澳大利亚、印度、印度尼西亚、新西兰、朝鲜、巴基斯坦、泰国、越南等三十多个国家作为投资目标国,以界定我国资源型企业国际化项目的投资目标市场。

第三节　资源型企业国际化投资效益评价模型

一、资源型企业国际化投资效益评价的可行性分析

数据包络分析(DEA)方法可用于对多个决策单元在多投入、多产出情况下的相对效率的评价。在对投资效益的评价中,由于指标权重是由数据运算确定,这就避免了主观因素带来的影响,并可以为投资目标管理者进行决策提供相应的参考依据。在资源型企业国际化发展投资效益的评价中,可能会遇到研究极值的影响,但是结合煤炭行业国际化的实际情况进行输入输出指标的选取,可以有效地减少误差和极值产生的影响。本书采取DEA方法对我国资源型企业国际化发展投资效益进行评价主要基于以下几方面的考虑。

(1)客观性。运用DEA方法进行问题的求解,在很大程度上可以避免主观意志对结果产生的可能影响。首先,DEA方法是一种非参数方法,在使用过程中不需要设定随机误差项等分布,这就避免了在分析效率差异原因时主观因素带来的影响。其次,由于DEA理论模型的输入输出指标可以采取不同的计量单位,因此不需要人为地对计量单位进行无纲的量化处理,就避免了主观因素对数据准确性的影响。最后,DEA方法将数据权重作为求解过程中的变量,同样不需要对权重进行一些重要性的判断,由此避免了主观因素对敏感因素的影响,保证结果尽量接近实际情况。

(2)广泛适用性。由于DEA方法对市场价格因素没有很多要求,只要决策单元的指标体系符合DEA评价的原则就可以使用,这就大大拓宽了

DEA 方法的适用性。因为,DEA 方法有很大的普适性,自提出以后就受到众多学者的热捧。近年来,随着其理论体系的逐渐完善,应用领域也在不断的拓宽,目前在很多领域内用来解决不同经济系统的效率评价问题。所以,运用 DEA 方法对资源型企业国际化发展的投资效益进行评价与分析也是可行的。

二、评价指标的选取

对企业效益进行评价,其本质上就是采用运筹学与数理统计的方法,选取相应的评价指标,依据既定的评价原则,参照一定的评价流程,通过对数据进行定性与定量处理的对比分析,对企业的经营效益、市场表现和经营业绩进行客观评价[136]。同样,对于我国资源型企业国际化目标市场投资效益的分析,我们同样可以运用这一方法做出客观的评价。

衡量一个投资目标国投资效益情况的好坏,往往取决于目标国投资的风险状况和收益状况。把投资风险因素作为 DEA 模型的输入指标变量,投资收益因素作为输出指标变量。根据 DEA 模型的分析,结合我国资源型企业国际化的发展实践,针对投资风险,主要选取投资目标国的政治风险、经济风险、政策风险和支付风险等四个变量;针对投资收益状况,选取了投资目标国的矿产资源的潜在储量、生产量和消费量等三个变量。另外,选取以上七个指标变量对我国资源型企业国际化投资效益进行评价有以下原因:

首先,对于输入指标的选取,在前文总结的八大类风险中,政治风险、经济风险和政策风险是企业国际化发展过程面临的最主要的三类风险。另外,由于支付风险与企业国际化发展密切相关,企业的资金问题、技术问题与管理问题等都有可能出现影响东道国企业支付方面的问题。同时,考虑到指标数据是否可获得的问题,选取了以上四类投资风险作为评价的输入指标。其次,对于输出指标的选取,在其数据是否可获得的基础上,本书进一步考虑到不同国家数据的可比性,选取了矿产资源的潜在储量、产量和消费量三个指标作为评价的输出指标,这三个指标能够充分反映国际化发展投资目标国的资源型行业发展的具体状况。最后,为了使投资效益评价结果接近客观情况,使之尽可能的准确,那么选择的决策单元数目不能小于所选输入指标与输出指标之和的两倍[137]。因此,本书选定了以上七个指标来完成我国资源型企业国际化投资效益评价的实证分析。

三、资源型企业国际化投资效益评价模型

DEA 模型的使用对象是一组同类型的决策单元(Decision Making

Units, DMU)。在这里, DMU 是指代表或表现出一定的经济意义, 并将一定"输入"转化为一定"输出"的实体。DEA 方法最广泛的应用就是根据输入与输出数据对同类型的决策单元进行相对有效性的评价。通过运用 DEA 方法对我国资源型企业国际化投资效益进行评价与分析, 将政治风险、经济风险、政策风险、支付风险作为投入指标, 将矿产资源的储量指数、产量指数和消费量指数作为产出指标, 基于 DEA 的 C^2R 模型, 对全球四十多个主要矿产资源国的相对投资效益进行评判, 其数学模型及相关理论部分公式如下所示。

$$(D_{C^2R}) \begin{cases} \min\theta_0 \\ st. \ \sum_{j=1}^{n} X_j\lambda_j + S^- = \theta_0 X_0 \\ \sum_{j=1}^{n} Y_j\theta_j - S^+ = Y_0 \\ \lambda_j \geq 0, j = 1,2,\cdots,n, S^+ \geq 0, S^- \geq 0 \end{cases}$$

其中, X_j 为第 j 个决策单元的投入量, 代表投资风险的指标值; Y_j 为第 j 个决策单元的输出量, 代表资源的潜在储量、产量和消费量, 可用 (X_j, Y_j) 表示第 j 个决策单元 DMU_j。S^+, S^- 是加入的松弛变量。

第四节 我国资源型企业国际化投资
目标国效益评价分析

通过以上 DEA 模型在资源型企业国际化发展过程中的可行性分析, 以及相应的指标选取, 结合 2013 年《BP 世界能源统计年鉴》和《全球 100 个国家国际贸易投资风险指数》(ITIRI2009)的实际数据, 对我国资源型企业国际化投资效益评价进行实证分析, 具体情况如下。

一、输 入 指 标

结合前文的分析, 选取了政治风险、经济风险、政策风险和支付风险作为模型输入指标。通过参考北京工商大学季铸教授主持编制的《全球 100 个国家国际贸易投资风险指数》(ITIRI2009)以及由中国出口信用保险公司编制的国家风险分析报告等资料, 确定评价模型的指标数据, 并对数据做了进一步处理, 如表 5.4 所示。

表 5.4　世界主要资源生产国投资风险指数

国家 ＼ 风险类别	政治风险	经济风险	政策风险	支付风险
美　国	0.9138	0.6302	0.8646	0.979
加拿大	0.9425	0.7469	0.8854	0.9962
墨西哥	0.8563	0.7729	0.8802	0.8556
巴　西	0.8563	0.8089	0.7917	0.8518
厄瓜多尔	0.8161	0.5844	0.6719	0.6094
哥伦比亚	0.8678	0.5698	0.7552	0.8033
委内瑞拉	0.7586	0.5531	0.6875	0.4661
阿塞拜疆	0.9023	0.4396	0.4844	0.2597
保加利亚	0.8276	0.9151	0.7865	0.2823
捷　克	0.8678	0.5849	0.9271	0.9068
英　国	0.7815	0.6307	0.9167	0.9677
德　国	0.9655	0.7719	0.8802	0.993
挪　威	0.9655	0.9760	0.8333	0.7484
希　腊	0.8506	0.8099	0.8542	0.6536
匈牙利	0.8333	0.388	0.9271	0.8103
哈萨克斯坦	0.8031	0.5772	0.6039	0.5785
波　兰	0.8276	0.8875	0.8542	0.8798
俄罗斯	0.6552	0.5901	0.3802	0.8405
西班牙	0.8736	0.7245	0.8646	0.9397
土耳其	0.8678	0.4057	0.8333	0.7829
乌克兰	0.7931	0.5344	0.7292	0.673
科威特	0.9195	0.6161	0.7344	0.4041
阿联酋	0.9483	0.5932	0.9219	0.6622
南　非	0.7537	0.5532	0.7738	0.8005
阿尔及利亚	0.8333	0.9995	0.4010	0.3012
尼日利亚	0.8506	0.6063	0.7969	0.1945
纳米比亚	0.9425	0.5703	0.8594	0.7791
澳大利亚	0.7759	0.9563	0.9063	0.9720

风险类别 / 国家	政治风险	经济风险	政策风险	支付风险
中　国	0.8908	0.7932	0.8021	0.9063
印　度	0.9368	0.5526	0.8229	0.8351
印度尼西亚	0.8908	0.5771	0.8698	0.7699
马来西亚	0.9080	0.9271	0.8177	0.6277
新西兰	0.9885	0.7714	0.9635	0.952
巴基斯坦	0.6667	0.6188	0.7656	0.6261
泰　国	0.8736	0.5969	0.8177	0.8152
越　南	0.8966	0.5135	0.7656	0.5022

资料来源:根据《全球 100 个国家国际贸易投资风险指数》(ITIRI2009)和个别国家(哈萨克斯坦、南非等)风险投资报告整理得到。表中的指标采用 0—1 分制,所有指数指标分值在 0—1 之间,得分越高,风险越小。

由表 5.4 所示,政治风险指数,主要衡量投资目标国政局稳定性,包括国际和平、国内稳定、法律效率等方面;经济风险指数,主要涉及经济增长、物价变化以及经济环境;政策风险指数,政策风险主要涉及国际贸易壁垒、投资壁垒、WTO 成员国等;支付风险指数,支付风险主要考察国际贸易差额占 GDP 比重、汇率变动以及国际信用等级变化等。书中的风险指标值是在《全球 100 个国家国际贸易投资风险指数》基础上,通过以下数学计算公式(5-1)变动得出,以期能使风险数值便于我们进行模型计算研究。

$$RI_{new} = 1/RI_{old} \tag{5-1}$$

上述公式中,RI_{old} 指的是表 5.4 中的风险数值,RI_{new} 指的是经过调整后的风险指标值,调整后的风险数值,如表 5.5 所示。

表 5.5　世界主要资源生产国投资风险指数

风险类别 / 国家	政治风险	经济风险	政策风险	支付风险
美　国	1.0943	1.5868	1.1566	1.0215
加拿大	1.0610	1.3389	1.1294	1.0038
墨西哥	1.1678	1.2938	1.1361	1.1688
巴　西	1.1678	1.2362	1.2631	1.1740
厄瓜多尔	1.2253	1.7112	1.4883	1.6410

续表

风险类别 国家	政治风险	经济风险	政策风险	支付风险
哥伦比亚	1.1523	1.7550	1.3242	1.2449
委内瑞拉	1.3182	1.8080	1.4545	2.1455
阿塞拜疆	1.1083	2.2748	2.0644	3.8506
保加利亚	1.2083	1.0928	1.2715	3.5423
捷　克	1.1523	1.7097	1.0786	1.1028
英　国	1.2796	1.5855	1.0909	1.0334
德　国	1.0357	1.2955	1.1361	1.0070
挪　威	1.0357	1.0246	1.2000	1.3362
希　腊	1.1756	1.2347	1.1707	1.5300
匈牙利	1.2000	2.5773	1.0786	1.2341
哈萨克斯坦	1.2452	1.7325	1.6559	1.7286
波　兰	1.2083	1.1268	1.1707	1.1366
俄罗斯	1.5263	1.6946	2.6302	1.1898
西班牙	1.1447	1.3803	1.1566	1.0642
土耳其	1.1523	2.4649	1.2000	1.2773
乌克兰	1.2609	1.8713	1.3714	1.4859
科威特	1.0875	1.6231	1.3617	2.4746
阿联酋	1.0545	1.6858	1.0847	1.5101
南　非	1.3268	1.8077	1.2923	1.2492
阿尔及利亚	1.2000	1.0005	2.4938	3.3201
尼日利亚	1.1756	1.6493	1.2549	5.1414
纳米比亚	1.0610	1.7535	1.1636	1.2835
澳大利亚	1.2888	1.0457	1.1034	1.0288
中　国	1.1226	1.2607	1.2467	1.1034
印　度	1.0675	1.8096	1.2152	1.1975
印度尼西亚	1.1226	1.7328	1.1497	1.2989
马来西亚	1.1013	1.0786	1.2229	1.5931
新西兰	1.0116	1.2963	1.0379	1.0504

续表

风险类别　　　国家	政治风险	经济风险	政策风险	支付风险
巴基斯坦	1.4999	1.6160	1.3062	1.5972
泰　国	1.1447	1.6753	1.2229	1.2267
越　南	1.1153	1.9474	1.3062	1.9912

资料来源:根据《全球100个国家国际贸易投资风险指数》(ITIRI2009)和个别国家风险投资报告整理得到。表中显示的指数指标分值表示得分越高,风险越高。

二、输　出　指　标

结合前文的分析可知,选取了资源的潜在储量、产量和消费量作为模型输出指标,如表5.1、表5.2、表5.3所示。表中数据是关于世界主要矿产资源国2012年年底石油、天然气、煤炭的储量、产量和消费量的数值。

表5.6　我国资源型企业国际化投资目标(石油)国效益评价

指标　　　项目　国家	投　入　指　标				产　出　指　标			投资效益	排序
	政治风险指数	经济风险指数	政策风险指数	支付风险指数	储量	产量	消费量	θ (C^2R)	
美　国	1.0943	1.5868	1.1566	1.0215	4.2	8905	18555	1.000	1
加拿大	1.0610	1.3389	1.1294	1.0038	28.0	3741	2412	1.000	1
墨西哥	1.1678	1.2938	1.1361	1.1688	1.6	2911	2074	0.399	8
巴　西	1.1678	1.2362	1.2631	1.1740	2.2	2149	2805	0.326	10
厄瓜多尔	1.2253	1.7112	1.4883	1.6410	1.2	505	234	0.080	20
委内瑞拉	1.3182	1.8080	1.4545	2.1455	46.5	2725	781	1.000	1
阿塞拜疆	1.1083	2.2748	2.0644	3.8506	1.0	872	93	0.116	15
英　国	1.2796	1.5855	1.0909	1.0334	0.4	967	1468	0.115	16
哈萨克斯坦	1.2452	1.7325	1.6559	1.7286	3.9	1728	265	0.270	12
挪　威	1.0357	1.0246	1.2000	1.3362	0.9	1916	247	0.313	11
俄罗斯	1.5263	1.6946	2.6302	1.1898	11.9	10643	3174	1.000	1
科威特	1.0875	1.6231	1.3617	2.4746	14.0	3127	476	0.625	7
阿联酋	1.0545	1.6858	1.0847	1.5101	13.0	3380	720	0.661	6
阿尔及利亚	1.2000	1.0005	2.4938	3.3201	1.5	1667	367	0.265	13

指标\项目\国家	投　入　指　标				产　出　指　标			投资效益	排序
	政治风险指数	经济风险指数	政策风险指数	支付风险指数	储量	产量	消费量	θ（C²R）	
尼日利亚	1.1756	1.6493	1.2549	5.1414	5.0	2417	190	0.365	9
澳大利亚	1.2888	1.0457	1.1034	1.0288	0.4	458	1019	0.089	19
中　国	1.1226	1.2607	1.2467	1.1034	2.4	4155	10221	0.696	5
印　度	1.0675	1.8096	1.2152	1.1975	0.8	894	3652	0.205	14
印度尼西亚	1.1226	1.7328	1.1497	1.2989	0.5	918	1565	0.109	17
马来西亚	1.1013	1.0786	1.2229	1.5931	0.5	657	697	0.106	18
越　南	1.1153	1.9474	1.3062	1.9912	0.6	348	361	0.050	21

三、我国资源型企业国际化投资目标国效益评价分析

依据前文我国资源型企业国际化投资效益评价模型的分析,运用DEAP2.1软件,按照资源所分类别对相应投资目标所在国的效益进行评价分析。

（一）石油资源

由表5.1、表5.5中数据,利用前文的企业国际化投资效益评价模型进行数据分析,计算结果如表5.6所示。

根据表5.6的数据,可以对资源型企业国际化目标国进行投资效益的评价与分析,完成排序,进而作为我国资源型企业国际化投资目标国选择的重要参考依据。通过对表5.6中数据的进一步分析与处理,得出我国资源型企业国际化发展的21个投资目标国投资效益评价指数图,如图5.3所示。

在表5.6中,由目标国的投资效益结果可以看到,C^2R值越大,越接近1,说明在该国的投资效益越好;反之,C^2R值越小,越接近0,说明投资效益越差。表中美国、加拿大、委内瑞拉、俄罗斯的投资效益值均为1,说明这四个国家的投资效益很好,适合投资;其次是澳大利亚,该国的投资效益值为0.710;位居投资效益第五位的是中国,紧随其后的是阿联酋、科威特、墨西哥、尼日利亚、巴西和挪威等国家。

从表5.6与图5.3中可以看到,全球21个主要产油国国际化发展的投资效益状况,这将为我国资源型企业国际化投资目标国的选择提供重要的

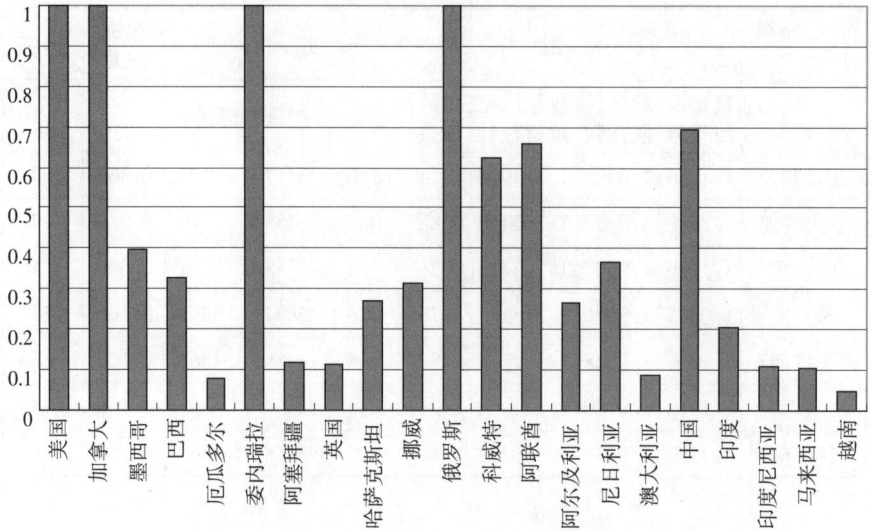

图 5.3　我国资源型企业国际化投资目标（石油）国效益评价指数图

参考依据。当然,这不是投资目标国选择的唯一参考依据,在资源型企业国际化发展进程中,应结合企业自身发展的实际情况以及国内外局势的发展变化,综合考虑到东道国国家政策是否允许外来企业的进入以及对待外来企业是否友好等多方面的因素,选择适合我国资源型企业国际化发展的投资目标对象。

（二）天然气资源

由表 5.2、表 5.5 中数据,利用前文的企业国际化投资效益评价模型进行数据分析,计算结果如表 5.7 所示。

表 5.7　我国资源型企业国际化投资目标（天然气）国效益评价

指标 项目 国家	投　入　指　标				产　出　指　标			投资 效益	排序
	政治风险指数	经济风险指数	政策风险指数	支付风险指数	储量	产量	消费量	θ （C^2R）	
美　国	1.0943	1.5868	1.1566	1.0215	8.5	681.4	722.1	1.000	1
加拿大	1.0610	1.3389	1.1294	1.0038	2.0	156.5	100.7	0.273	8
委内瑞拉	1.3182	1.8080	1.4545	2.1455	5.6	32.8	34.9	0.383	4
阿塞拜疆	1.1083	2.2748	2.0644	3.8506	0.9	15.6	8.5	0.040	20
哈萨克斯坦	1.2452	1.7325	1.6559	1.7286	1.3	19.7	9.5	0.075	16

续表

指标 项目 国家	投 入 指 标				产 出 指 标			投资效益	排序
	政治风险指数	经济风险指数	政策风险指数	支付风险指数	储量	产量	消费量	θ (C^2R)	
荷 兰	1.2083	1.1268	1.1707	1.1366	1.0	63.9	36.4	0.138	13
挪 威	1.0357	1.0246	1.2000	1.3362	2.1	114.9	4.3	0.269	9
俄罗斯	1.5263	1.6946	2.6302	1.1898	32.9	592.3	416.2	1.000	1
乌克兰	1.2609	1.8713	1.3714	1.4859	0.6	18.6	49.6	0.072	17
科威特	1.0875	1.6231	1.3617	2.4746	1.8	14.5	17.2	0.111	15
阿联酋	1.0545	1.6858	1.0847	1.5101	6.1	51.7	62.9	0.450	3
阿尔及利亚	1.2000	1.0005	2.4938	3.3201	4.5	81.5	30.9	0.233	10
尼日利亚	1.1756	1.6493	1.2549	5.1414	5.2	43.2	5.5	0.369	5
澳大利亚	1.2888	1.0457	1.1034	1.0288	3.8	49.0	25.4	0.275	7
中 国	1.1226	1.2607	1.2467	1.1034	3.1	107.2	143.8	0.286	6
印 度	1.0675	1.8096	1.2152	1.1975	1.3	40.2	54.6	0.112	14
印度尼西亚	1.1226	1.7328	1.1497	1.2989	2.9	71.1	35.8	0.225	11
马来西亚	1.1013	1.0786	1.2229	1.5931	1.3	65.2	33.3	0.151	12
巴基斯坦	1.4999	1.6160	1.3062	1.5972	0.6	41.5	41.5	0.072	17
越 南	1.1153	1.9474	1.3062	1.9912	0.6	9.4	9.4	0.041	19

　　根据表5.7的数据,可以对资源型企业国际化目标国进行投资效益的评价与分析,完成我国资源型企业国际化投资目标国的排序,进而作为我国资源型企业国际化投资目标国选择的重要参考依据。通过对表5.7中数据的进一步分析与处理,得出我国资源型企业国际化发展的20个投资目标国投资效益评价指数图,如图5.4所示。

　　在表5.7中,由目标国的投资效益结果可以看到,C^2R值越大,越接近1,说明在该国的投资效益越好;反之,C^2R值越小,越接近0,说明投资效益越差。表中美国、俄罗斯的投资效益值为1,说明这两个国家的投资效益很好,适合投资;其次是阿联酋,该国的投资效益值为0.450;位居投资效益第四位的是委内瑞拉,紧随其后的是尼日利亚、中国、澳大利亚、加拿大、挪威、阿尔及利亚、印度尼西亚和马来西亚等国家。

　　从表5.7与图5.4中可以看到,全球20个主要天然气生产国国际化发

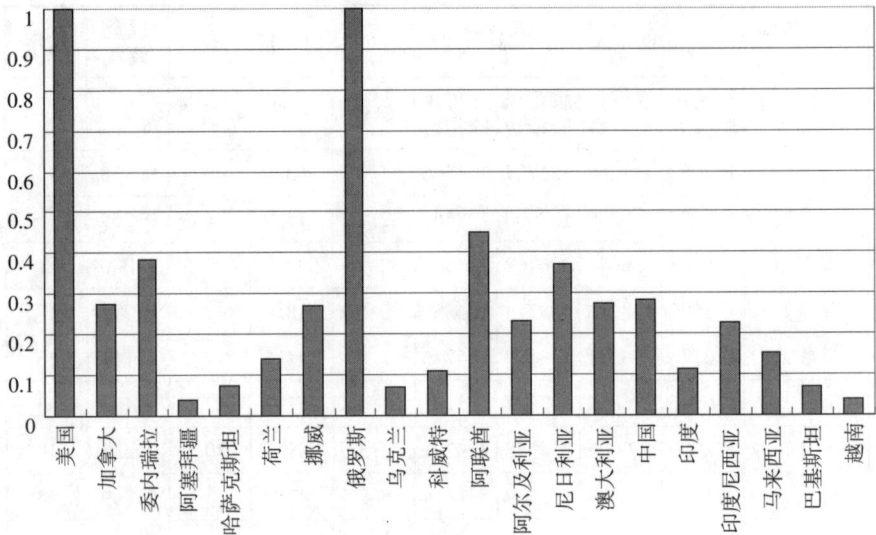

图 5.4　我国资源型企业国际化投资目标(天然气)国效益评价指数图

展的投资效益状况,这将为我国资源型企业国际化投资目标国的选择提供重要的参考依据。当然,这不是投资目标国选择的唯一参考依据,在资源型企业国际化发展进程中,应结合企业自身发展的实际情况以及国内外局势的发展变化,综合考虑到东道国国家政策是否允许外来企业的进入以及对待外来企业是否友好等多方面的因素,选择适合我国资源型企业国际化发展的投资目标对象。

(三)煤炭资源

由表 5.3、表 5.5 中数据,利用前文的企业国际化投资效益评价模型进行数据分析,计算结果如表 5.8 所示。

表 5.8　我国资源型企业国际化投资目标(煤炭)国效益评价

指标 项目 国家	投　入　指　标				产　出　指　标			投资 效益	排序
	政治风 险指数	经济风 险指数	政策风 险指数	支付风 险指数	储量	产量	消费量	θ (C^2R)	
美　国	1.0943	1.5868	1.1566	1.0215	2372.95	922.06	437.76	1.000	1
加拿大	1.0610	1.3389	1.1294	1.0038	65.82	66.90	21.87	0.086	12
墨西哥	1.1678	1.2938	1.1361	1.1688	12.11	13.82	8.84	0.025	21
巴　西	1.1678	1.2362	1.2631	1.1740	45.59	5.76	13.47	0.039	19

续表

指标 项目 国家	投 入 指 标				产 出 指 标			投资 效益	排序
	政治风 险指数	经济风 险指数	政策风 险指数	支付风 险指数	储量	产量	消费量	θ （C²R）	
哥伦比亚	1.1523	1.7550	1.3242	1.2449	67.46	89.20	4.00	0.092	11
委内瑞拉	1.3182	1.8080	1.4545	2.1455	4.79	1.64	0.22	0.002	25
保加利亚	1.2083	1.0928	1.2715	3.5423	23.66	32.75	7.02	0.052	16
捷　克	1.1523	1.7097	1.0786	1.1028	11.00	54.97	16.63	0.064	15
德　国	1.0357	1.2955	1.1361	1.0070	406.99	196.17	79.20	0.261	6
希　腊	1.1756	1.2347	1.1707	1.5300	30.20	60.35	7.46	0.084	13
匈牙利	1.2000	2.5773	1.0786	1.2341	16.60	9.29	2.97	0.011	22
哈萨克斯坦	1.2452	1.7325	1.6559	1.7286	336.00	116.40	34.96	0.130	9
波　兰	1.2083	1.1268	1.1707	1.1366	57.09	144.09	53.98	0.220	8
俄罗斯	1.5263	1.6946	2.6302	1.1898	1570.10	354.80	93.88	0.620	4
西班牙	1.1447	1.3803	1.1566	1.0642	5.30	6.23	19.30	0.051	17
土耳其	1.1523	2.4649	1.2000	1.2773	23.43	72.02	31.30	0.075	14
乌克兰	1.2609	1.8713	1.3714	1.4859	338.73	88.20	44.55	0.124	10
南　非	1.3268	1.8077	1.2923	1.2492	301.56	260.03	89.78	0.252	7
澳大利亚	1.2888	1.0457	1.1034	1.0288	764.00	431.17	49.30	0.710	2
印　度	1.0675	1.8096	1.2152	1.1975	606.00	605.84	298.25	0.698	3
印度尼西亚	1.1226	1.7328	1.1497	1.2989	55.29	386.00	50.43	0.421	5
新西兰	1.0116	1.2963	1.0379	1.0504	5.71	4.94	1.73	0.007	24
巴基斯坦	1.4999	1.6160	1.3062	1.5972	20.70	2.78	4.25	0.010	23
泰　国	1.1447	1.6753	1.2229	1.2267	12.39	18.32	15.95	0.035	20
越　南	1.1153	1.9474	1.3062	1.9912	1.50	41.90	14.94	0.045	18

　　根据表5.8的数据，可以对资源型企业国际化目标国进行投资效益的评价与分析，完成我国资源型企业国际化投资目标国的排序，进而作为我国资源型企业国际化投资目标国选择的重要参考依据。通过对表5.8中数据的进一步分析与处理，得出我国资源型企业国际化发展的25个投资目标国投资效益评价指数图，如图5.5所示。

　　在表5.8中，由目标国的投资效益结果可以看到，C^2R值越大，越接近

1,说明在该国的投资效益越好;反之,C^2R 值越小,越接近 0,说明投资效益越差。表中美国的投资效益值为 1,说明美国投资效益很好,适合投资;其次是澳大利亚,该国的投资效益值为 0.710;位居投资效益第三位的是印度,紧随其后的是俄罗斯、印度尼西亚、德国和南非等国家。

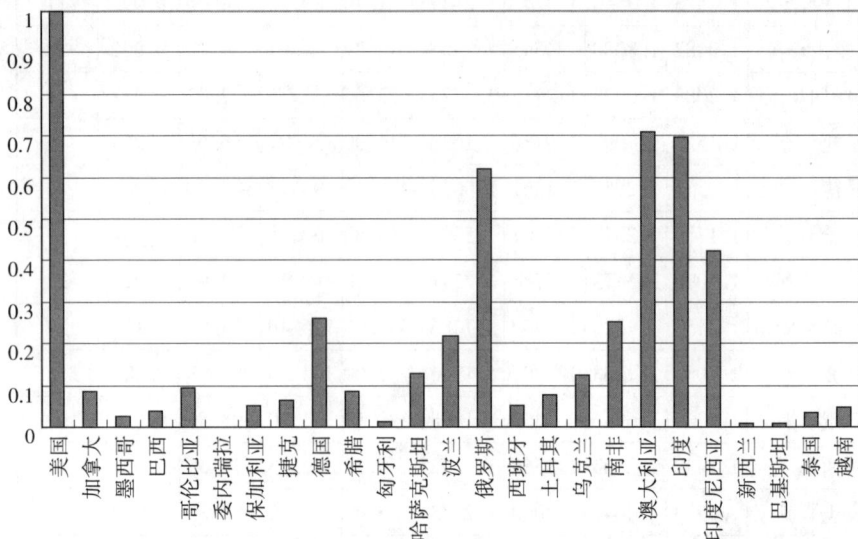

图 5.5　我国资源型企业国际化投资目标(煤炭)国效益评价指数图

从表 5.8 与图 5.5 中可以看到,全球 25 个主要产煤国国际化发展的投资效益状况,这将为我国资源型企业国际化投资目标国的选择提供重要的参考依据。当然,这不是投资目标国选择的唯一参考依据,在资源型企业国际化发展进程中,应结合企业自身发展的实际情况以及国内外局势的发展变化,综合考虑到东道国国家政策是否允许外来企业的进入以及对待外来企业是否友好等多方面的因素,选择适合我国资源型企业国际化发展的投资目标对象。

(四) 其他矿产资源

前文主要评价分析了石油、天然气、煤炭等能源矿产资源。同理,对黑色矿产、有色金属矿产、贵重金属及稀土、非金属矿产等矿产资源较为丰富的投资目标国也可开展评价分析。

1. 黑色矿产

全球黑色矿产资源非常丰富。具体的分布情况为:铁矿资源主要集中分布于俄罗斯、乌克兰、澳大利亚、中国、巴西和美国等一些国家;锰矿资源主要集中分布于南非、乌克兰、加蓬、中国、澳大利亚、巴西和印度等一些国家;铬铁矿资源主要集中分布于南非、哈萨克斯坦、津巴布韦、芬兰、印度、巴西、俄罗斯和土耳其等一些国家;钛矿资源主要包括金红石和钛铁矿,其中金红石资源主要集中分布于澳大利亚、南非、印度、斯里兰卡和乌克兰等一些国家;钛铁矿资源主要集中分布于澳大利亚、南非、挪威、加拿大、印度、中国、巴西和美国等一些国家。

2. 有色金属矿产

全球有色矿产资源分布比较广泛,主要分布在北美洲、欧洲、亚洲、大洋洲和非洲等。铜矿资源最丰富的国家是智利和美国,储量分别居世界第一和第二位。铜矿资源较多的其他国家主要有秘鲁、波兰、赞比亚、俄罗斯、墨西哥、印度尼西亚、加拿大、澳大利亚、哈萨克斯坦等国家。铝矿资源主要集中分布于几内亚、巴西、澳大利亚、牙买加、印度、中国和圭亚那等国家。铅矿资源主要集中分布于澳大利亚、中国、美国、加拿大、秘鲁、南非、哈萨克斯坦、墨西哥等国家。锌矿资源主要集中分布于澳大利亚、中国、美国、加拿大、秘鲁和墨西哥等国家。镍矿资源主要集中分布于古巴、加拿大、俄罗斯、新喀里多尼亚、印度尼西亚、南非、澳大利亚、中国、巴西和多米尼加等国家。钴矿资源主要集中分布于刚果、古巴、澳大利亚、赞比亚、新喀里多尼亚、俄罗斯和加拿大等国家。钨矿资源主要集中分布于中国、俄罗斯、加拿大、美国、韩国和玻利维亚等国家。锡矿资源主要集中分布于中国、巴西、马来西亚、泰国、印度尼西亚、玻利维亚、俄罗斯、澳大利亚和秘鲁等国家。锑矿资源主要集中分布于中国、俄罗斯、玻利维亚、南非和吉尔吉斯斯坦等国家。

3. 贵重金属及稀土

据美国地质调查局统计,全球金矿资源主要集中分布于南非、美国、俄罗斯、乌兹别克斯坦、澳大利亚、加拿大和巴西等一些国家。银矿资源主要集中分布于美国、加拿大、墨西哥、秘鲁和澳大利亚等一些国家。铂族金属资源主要集中分布于南非、俄罗斯、美国和加拿大等一些国家。稀土矿资源主要集中分布于中国、独联体、美国、澳大利亚、印度、加拿大、南非和巴西等一些国家和地区。

4. 非金属矿产

据美国地质调查局统计,全球硫矿资源主要集中分布于加拿大、美国、伊拉克、波兰、中国、沙特阿拉伯、墨西哥和西班牙等国家。磷矿主要集中分布于摩洛哥和西撒哈拉、美国、南非、约旦、中国、俄罗斯、突尼斯、巴西和以色列等国家。全球的钾盐资源分布很不平衡,主要集中分布于加拿大、俄罗斯、白俄罗斯、德国、中国和美国等国家。世界硼矿资源分布在除非洲以外的各大洲,主要集中分布于美国、俄罗斯、土耳其、中国和哈萨克斯坦等五个国家。重晶石主要集中分布于中国、美国、印度、加拿大、摩洛哥、泰国、土耳其和墨西哥等国家。石墨主要集中分布于中国、墨西哥、加拿大、马达加斯加、印度、巴西和美国等国家。石膏主要集中分布于独联体、美国、加拿大、中国、泰国、伊朗、西班牙和墨西哥等国家和地区。石棉主要集中分布于俄罗斯、哈萨克斯坦、加拿大、中国、巴西、南非和津巴布韦等国家,其中俄罗斯乌拉尔地区和加拿大魁北克地区的资源量合计占世界的一半以上。滑石主要集中分布于美国、巴西、中国、印度、日本和韩国等国家。另外,全球金刚石资源主要集中分布于南非、博茨瓦纳、民主刚果、澳大利亚和俄罗斯等国家。

本 章 小 结

本章首先分析了全球矿产资源的分布状况,基于资源量、投资风险和国家区位等三个因素的考虑,选定上述地区的 30 多个主要矿产资源国作为我国矿产企业国际化发展的投资目标市场。通过对各投资目标国内外环境和发展局势的进一步分析,基于各投资目标国的国际化投资风险及其资源的相关指标量,选取了政治风险、经济风险、政策风险、支付风险作为评价模型的输入变量,矿产资源的潜在储量、产量和消费量作为评价模型的输出变量。结合国内外权威机构的统计数据的比较分析,完成我国资源型企业国际化投资效益评价的实证分析,运用 DEA 的 C^2R 模型对上述主要资源国的投资效益进行分析,为我国资源型企业国际化投资目标国的选择提供参考依据。

第六章 我国资源型企业国际化投资项目评价

前一章研究表明,全球不同地区资源有很大的差异,各个国家的矿产资源储量、产量和消费量有所不同,而且所处的国际化环境也是千差万别。因此,我国资源型企业在选择国际化投资项目时,不仅要考虑项目本身的盈利状况,而且还要考虑投资项目所在国的资源及投资环境的状况。本章运用净现值(NPV)理论方法对我国资源型企业国际化项目进行投资评价分析,确保企业所选择的投资项目能够得到良好的回报,在为国内市场提供矿产资源的同时,也使得企业自身的国际化经营得到快速平稳的发展。

第一节 项 目 评 价

项目评价,是指项目在其生命周期全过程中,为了更好地进行项目管理,针对项目生命周期每阶段特点应用科学的评价理论和方法,采用适当的评价尺度,根据确定的目的来测定对象系统属性,并将这种属性变为客观定量的计值或者主观效用的行为。

根据项目生命周期各阶段的不同特点将项目评价分为三部分内容,分别是项目前评价、项目中评价、项目后评价。由于这三个阶段项目管理内容和侧重点不同,其项目评价内容也不同。

项目前评价,是指项目投资决策之前,对项目的盈利能力进行评估,以确定项目的投资收益率,从而帮助投资者作出投资决策。项目中评价是指在项目立项上马以后,在项目实施时期,历经项目的发展、实施、竣工三个阶段,对项目状态和项目进展情况进行衡量与监测,对已完成的工作做出评价。其目的在于检测项目实施的实际状态与目标状态的偏差,分析其原因和可能影响因素,及时反馈信息,以便作出决策,采取必要的管理措施来实现或达到既定目标,改进项目管理,加强对项目的监督和控制。项目评价的基本方法通常包括:净现值、现值指数和内部报酬率。

1. 净现值

净现值(Net Present Value, NPV),是指特定投资方案引起的未来各年现金净流量所折成的现值之和,或指特定项目未来现金流入的现值与未来现金流出的现值之间的差额。如果净现值为正数,表明投资项目的报酬率大于资本成本,该项目可以增加股东财富,应予采纳。如净现值为零,表明投资项目的报酬率等于资本成本,不改变股东财富,没有必要采纳。如净现值为负数,表明投资项目的报酬率小于资本成本,该项目将减损股东财富,应予放弃。净现值反映一个项目按现金流量计量的净收益现值,它是一个绝对数指标,在比较投资额不同的项目时有一定的局限性。

2. 现值指数

现值指数,是指特定投资方案引起的未来现金流入的现值与未来现金流出的现值之间的比值。判断标准:如现值指数大于1,表明投资项目未来现金流入的现值大于未来现金流出的现值,应予采纳。如现值指数等于1,表明投资项目未来现金流入的现值等于未来现金流出的现值,没有必要采纳。如现值指数小于1,表明投资项目未来现金流入的现值小于未来现金流出的现值,应予放弃。现值指数是相对数,反映投资的效率,现值指数消除了投资额的差异,但是没有消除项目期限的差异。

3. 内部报酬率

内部报酬率,是指能够使未来现金流入量现值等于未来现金流出量现值的折现率,或者说是使投资方案净现值为零的折现率。

第二节　资源型企业国际化投资项目评价模型

一、净现值法在国际化投资项目评价中的应用

用于评价投资项目可行性的方法主要有净现值法、内部报酬率法、获利指数法及投资回收期法等。其中,净现值法是最常用的投资决策方法。净现值是用投资项目投入使用后的净现金流量,按资本成本或企业要求达到的报酬率折算为现值,减去初始投资以后的余额。在只有一个备选方案时,净现值为正者则采纳,净现值为负者则不采纳。在有多个备选方案的互斥项目选择决策中,应选用净现值是正值的最大者。

净现值法是一种比较科学也比较简便的投资方案评价方法,是资本预算采用的一种评估投资效益的方法,将未来预期的收入与支出用适当的百分比折算成现值,所得到的金额是流入现金流的现值减流出现金流的现值。如果净现值大于或等于零,说明此项目投资后预期的现金流入大于或等于现金流出,对企业来说,这是一种真正的现金流入,此项目在财务上是可行的;反之,如果净现值小于零,说明此项目投资之后预期的现金流入小于现

金流出,对企业而言得不偿失,在财务上是不可行的。

在我国矿产企业国际化经营过程中,利用净现值法可以对国际化项目进行投资评价分析。在项目投资决策之前,根据净现值的大小来评价投资项目或方案。如果计算的净现值为正值,则该投资项目是可以接受的;反之,如果净现值是负值,则该投资项目就是不可接受的。同时,测算的净现值越大,则说明投资项目越好。因此,根据对投资项目 NPV 的评价分析,获取的测算结果可以为目标企业在国际市场中的投资活动提供重要的参考建议,可以帮助企业摒弃不正确的投资项目选择,有助于高层决策者对企业的战略发展、海外投资行为进行行之有效的思考、反省。

同时,由于目标企业是进入国际市场进行投资项目的选择与开发,将会面临着国际化投资风险问题,而且不同国家的投资风险必然不同,因此,国家投资风险是进行项目投资评价与分析的重要的影响因素。

二、传统 NPV 评价模型

根据前文对净现值法的分析,净现值(NPV)是一项投资所产生的未来现金流的折现值与项目投资成本之间的差值。净现值法是评价投资方案的一种方法。该方法利用净现金效益量的总现值与净现金投资量算出净现值,然后根据净现值的大小来评价投资方案。净现值为正值,投资方案是可以接受的;净现值是负值,投资方案就是不可接受的。净现值越大,投资方案越好。净现值法是一种比较科学也比较简便的投资方案评价方法。

在项目评价中的净现值的概念是指项目计算期内各年的净现金流量,按照要求达到的收益率折算到建设期初的现值之和,根据这个净现值正负、大小决定项目的取舍,传统 NPV 计算公式如下所示:

$$NPV(i) = \sum_{t=0}^{n} (CI - CO)_t (1 + i) - t \tag{6-1}$$

其中, $NPV(i)$ ——项目的净现值;

CI ——现金流入;

CO ——现金流出;

$(CI - CO)_t$ ——第 t 年的净现金流量;

i ——折现率。

另外,在对项目进行财务评价时 $i = i_c$, i_c 是指财务基准收益率或要求达到的收益率,通常按照行业确定或由投资者决定,计算得到 $FNPV(i_c)$ 。

在对项目进行经济评价时, i 取社会折现率 i_s ,计算得到 $ENPV(i_s)$ 。

$FNPV(i_c)$ 与 $ENPV(i_s)$ 的计算公式是完全相同的。除了所取的折现率不同外，CI、CO 的计算也不同。按照上式计算得的 $NPV(i_c)$ 或 $NPV(i_s) \geqslant$ 0，说明该项目的收益率大于或等于 i_c 或 i_s，$NPV(i_c) > 0$ 或 $NPV(i_s) > 0$，表示项目除能达到 i_c 或 i_s 外，还能得到超额收益或效益，项目从财务或经济角度看是可行的。当 $NPV(i_c) < 0$ 或 $NPV(i_s) < 0$，说明该项目不仅得不到超额收益，连最基本要求达到的 i_c 或 i_s 也得不到，项目在财务或经济上是不行的。

三、基于风险修正的 NPV 评价模型

传统净现值法的计算公式如（6-1）所示，$NPV(i) = \sum_{t=0}^{n} (CI - CO)_t$ $(1 + i) - t$。其中，$NPV(i)$ 是指项目的净现值，CI 是指现金流入，CO 是指现金流出，$(CI - CO)_t$ 是指第 t 年的净现金流量，i 是指折现率。

众所周知，我国企业的决策环境在过去几十年里发生了重大变化，特别是近年来，随着我国市场经济的深入发展和加入世贸组织以来，跨国企业间的竞争变得越来越激烈，外部决策环境的不确定性变得越来越大。面对这种剧烈变化的市场环境，作为企业的决策者就必须有足够的决策灵活性，在错综复杂的环境中随时根据国际环境的变化而调整投资决策评价。在这种环境中，传统净现值法的项目评价有效性就受到一定的质疑，其计算公式在对企业国际化投资项目进行评价时存在着一定的局限性。

因此，本书在对传统净现值法计算公式分析的基础上，结合我国矿产资源型企业国际化面临的投资风险，将对其做进一步的调整与完善[138-139]，如下所示。

考虑到我国矿产资源型企业跨国投资的风险问题，则 NPV 计算公式表示为：

$$NPV(i) = \sum_{t=0}^{n} (CI - CO)_t (1 + i + r) - t \qquad (6-2)$$

其中，r 是指企业国际化投资风险系数。

因此，我国矿产资源型企业在选择国内外投资项目时，不仅会面临着国际市场中不可预知的风险，也会遇到来自于国内政治、政策等多方面风险的影响。由于不同国家在政治、政策、经济等方面的风险指数不同，通过在传统净现值法计算公式中引入投资风险系数，以对此做进一步的修正与完善。因此，国内企业在面对着国内外多个国际化投资项目进行决策分析时，即可采用基于风险调整的净现值法计算公式，如公式（6-3）所示。

$$NPV(i) = \sum_{t=0}^{n} (CI - CO)_t (1 + i + r_k) - t \qquad (6-3)$$

其中,$NPV(i)$是指项目的净现值,CI是指现金流入,CO是指现金流出,$(CI - CO)_t$是指第t年的净现金流量,i是指折现率,r_k是指国际化投资风险系数,k代表投资项目的序号。由公式(6-3)看出,投资风险系数r_k的大小代表企业在国际化项目投资中受到风险影响的程度,r_k越大,说明投资项目的风险性越大,项目收益率会越低;反之,r_k越小,说明投资项目的风险性越小,项目收益率会越高。因此,在企业国际化项目投资过程中,投资风险是影响项目投资收益率的重要因素。

综上所述,不同投资环境为项目的投资开发将会带来不同程度的影响,由此可见,传统 NPV 评价模型已经不能很好地满足国际化项目的评价问题。由公式(6-3)可看出,通过在传统 NPV 评价模型中引入投资风险系数r_k,即把不同国际化项目投资过程面临的风险问题纳入进企业国际化项目投资评价中,会很好地解决上述存在的问题。根据r_k值的大小,可以计算得出投资风险对国际化项目投资收益率的影响程度。由此可知,不同国家投资项目的投资收益率是不同的,同一个国家不同投资项目的收益率也是不同的。

第三节 我国资源型企业国际化投资项目市场分析

截至 2013 年年底,在我国资源型企业国际化发展过程中,海外投资项目已扩展到世界多个国家,已经形成北美洲、中南美洲、欧洲、非洲、亚洲和澳大利亚六大海外矿产资源勘探开发区域。

一、北美洲地区

北美洲矿产资源种类比较多,其中的石油、煤炭、铁、铜、铅、镍、钼、银、铂、铀、钾盐、磷灰石、硫等资源的储量和产量均居世界前列。根据 2013 年 6 月发布的 2013 年《BP 世界能源统计年鉴》数据显示,2012 年年底北美洲的石油、天然气、煤炭等能源资源相当丰富,其中煤炭的已探明储量占世界已探明储量的 28.5%,美国占比达到了 27.6%,加拿大占比达到了 0.8%。另外,其他矿产资源比如铁矿、钾盐也是相当丰富。

（一）美国

美国是世界上矿产资源最丰富的国家之一,拥有着丰富的矿产资源。而且矿产资源赋存广泛,地区分布相对比较均衡。美国地质调查局和 BP

世界能源统计数据表明,美国已探明的矿产储量情况为,石油 36 亿吨,煤炭 2466 亿吨,天然气 192.5 万亿立方米,铁矿石 69 亿吨,钼 270 万吨,铜 3500 万吨等。其中,美国的煤炭、稀土、铁矿石、钼、铜、铅、锌、金、银、硼、硅藻土、天然碳酸钠、重晶石等矿产资源的储量在世界总储量中均占有一定的比重。

如果以煤炭资源为例进行分析,则可以从地理分布上看出,煤炭资源赋存主要集中在蒙大拿、西弗吉尼亚、科罗拉多、怀俄明、宾夕法尼亚、伊利诺伊、俄亥俄和肯塔基等八个州,这八个州的煤炭储量占全美的 84%。其中,蒙大拿的储量占全国总储量的 25.4%,在全国位列第一,怀俄明州占了总量的 14.8%,位列第二,伊利诺伊州占了总量的 14.3%,位列第三。若以密西西比河为界进行划分,则西部地区资源比东部地区资源更为丰富,占了全国总储量的 55%,而且适合露天开采的储量是东部的三倍。但是,东部地区多产优质的动力煤、炼焦煤和无烟煤,这些煤的灰分低、热值也比较高,不过含硫量也高;与东部相比,西部煤炭的质量相对比较差,多为褐煤和次烟煤,热值比较低,不过含硫量也低。各地主要煤田很多,主要包括波德河煤田、阿巴拉契亚煤田、中西部煤田、格林河煤田、伊利诺伊煤田、尤塔固煤田、科尔维尔高煤田、尤宁堡煤田和圣胡安煤田等,而位于东部的阿巴拉契亚煤田和西部的波德河煤田是美国开发强度和储量最大的两个煤田。其中,阿巴拉契亚煤田是世界产量最大的煤田,也是美国发现最早、开采时间最长的煤田,位于美国东部阿巴拉契亚高地,分布在美国东部的九个州,对美国早期工业的发展提供了有力支撑;波德河煤田是世界上已开发探明储量最大的煤田,位于美国西北部的怀俄明州和蒙大拿州。

（二）加拿大

加拿大幅员辽阔,矿产资源十分丰富。就矿产品种而言居世界第一,共有 60 多种矿物。加拿大采矿业也十分发达,是世界第三矿业大国,其碳酸钾和铀产量居世界第一,钴产量居世界第二,镍、铜、锌、铝、石棉、钻石、镉、钛精矿、盐、铂族金属、钼、石膏等金属和矿物产量均居世界前五位。同时,加拿大是金属和矿石出口大国,在矿产勘探开发、生产和出口方面均居领先地位。矿业在加拿大国民经济和社会发展中一向发挥着至关重要的作用,尤其是在一些偏远的原著居民社区,矿业几乎是唯一的经济收入来源和就业渠道。此外,加拿大还是拥有矿业上市公司最多的国家,全球 65% 以上的矿业公司已在多伦多证券交易所或 TSX 创业板上市。

加拿大一直是世界主要的矿产勘查目标国和勘查投资大国。近年来,受国际市场金属价格上涨和政府鼓励政策的影响,加拿大矿藏勘探和储量评估业逐步从20世纪90年代的萧条中复苏。加拿大作为北美地区第二大煤炭储量国,盛产无烟煤和褐煤,截至2013年年底,煤炭储量为65.8亿吨。加拿大的煤炭主要分布于西部的不列颠哥伦比亚省、萨斯喀彻温省和阿尔伯塔省等三个省份。其中,不列颠哥伦比亚省的七座煤矿均有烟煤生产,其中有一座煤矿主要生产热力煤,另外有六座煤矿均生产炼焦煤,主要完成出口供应。萨斯喀彻温省有三座煤矿,而且均生产褐煤。阿尔伯塔省有八座煤矿,五座煤矿生产亚烟煤,另外,三座煤矿生产烟煤,其中的两座煤矿以热力煤生产为主,另一座煤矿以炼焦煤生产为主。除了这三个煤炭储量丰富的省份以外,另外还有新斯科舍省和新不伦瑞克省,它们各自拥有一座小规模煤矿,主要以热力煤生产为主,全部供火力发电厂使用。进入21世纪以来,加拿大每年的煤炭消费数量相差不大,基本保持在6200万吨左右。自2000年以来,煤炭消耗量每年一般维持在2100万吨左右,其中的1700万吨煤炭量主要是用于发电使用,而约有300万—400万吨煤炭量用于钢铁工业使用,剩下的不到100万吨用于其他工业部门使用。

二、中南美洲地区

中南美洲是世界重要的石油生产和出口地区之一,也是世界原油储量和石油产量增长较快的地区之一,原油储量比较丰富的国家包括委内瑞拉、巴西和厄瓜多尔。截至2013年,委内瑞拉的石油储量为46.5亿吨,居世界第一位。另外,巴西、厄瓜多尔等国家的石油资源也是比较丰富的,巴西是中南美洲第二大产油国,厄瓜多尔位居第三位。

在中南美洲地区,矿产资源比较丰富的国家是巴西和哥伦比亚。其中,巴西的矿藏在世界上都小有名气,它是中南美洲地区最大的矿产生产国。丰富的矿产资源使得巴西成为国际上矿业开发最具吸引力的国家之一,而且矿产资源开发在其国民经济中占有重要的地位。截至2012年年底,巴西的次烟煤和褐煤储量达到4559百万吨,煤炭总储量占到世界储量的0.5%。哥伦比亚是世界第五大动力煤出口国,煤炭开采主要分布在其北部沙漠和平原地区。目前,在哥伦比亚的山区也储藏有丰富的冶金用煤,但是大范围的冶金或炼焦煤开发受到运输和环境等问题的困扰。2011年,哥伦比亚出口煤炭8500万吨,而随着主要煤炭生产商加大生产容量和加强交通设施的建设,2012年煤炭出口量达到1亿吨。

三、欧洲地区

欧洲地区的矿产资源相对来说较为丰富,原油探明储量约为160亿吨。其中,俄罗斯原油探明储量位居世界第八位,是世界产油量最大的国家之一。另外,哈萨克斯坦、挪威、英国、丹麦等国家的原油储量也较为丰富。

欧洲地区现有煤炭储量较大,占到世界总储量的 35.4%,份额占 0.1%以上的国家共有十一个,它们的储量情况具体如下,保加利亚的国内储量占全球总储量的 0.3%,德国的国内储量占全球总储量的 4.7%,希腊的国内储量占全球总储量的 0.4%,匈牙利的国内储量占全球总储量的 0.2%,哈萨克斯坦的国内储量占全球总储量的 3.9%,波兰的国内储量占全球总储量的 0.7%,俄罗斯的国内储量占全球总储量的 18.8%,土耳其的国内储量占全球总储量的 0.3%,乌克兰的国内储量占全球总储量的 3.9%,西班牙与捷克的国内储量均占全球总储量的 0.1%。其中,俄罗斯次烟煤和褐煤储量达到 1079 亿吨,仅次于美国,比亚洲次烟煤和褐煤总储量还要多。2012 年,欧洲地区煤炭产量达到 12.8 亿吨,占到世界产量的 12.2%,比 2011 年煤炭产量增加 2.7%。但是,在整个欧洲地区总产量增长的背后,仅有德国、哈萨克斯坦、波兰、俄罗斯和乌克兰煤炭产量有所增长,其他国家的煤炭产量较前几年相比都有所下降。其中,产量下降幅度最大的是保加利亚,其 2012 年煤炭产量比 2011 年下降幅度达到 12.1%。

在欧洲地区,俄罗斯的煤炭储量最为丰富,全球煤炭五分之一的已探明储量在俄罗斯境内。如果按照俄罗斯目前的开采能力,现在已探明煤炭储量至少可供开采 500 年。根据俄罗斯有关的统计数据表明,全国现有资源型企业的工业储量约 190 亿吨,其中焦煤占了 40 亿吨左右。但是,其煤炭资源分布却极不均衡,在其亚洲部分的煤炭储量占了总储量的四分之三以上,而剩余约四分之一煤炭储量的一半左右集中在俄罗斯中部地区,即库兹涅茨克煤田,而另一半储量主要在伊尔库茨克州、罗斯托夫州和克拉斯诺亚尔斯克边区。另外,哈萨克斯坦拥有的煤炭资源量也非常丰富,而且煤层的赋存条件很好,在独联体国家中,其煤炭储量仅次于俄罗斯和乌克兰。

四、非 洲 地 区

非洲大陆在漫长的地质演化进程中,已探明的矿物资源种类多,储量大,已形成了金、铬、铂族、铜、钴、锰、铁、铝土矿、铀、镍、钯、钛、钒、金刚石、石墨、煤、磷、萤石、石油、天然气等丰富多样的金属、非金属矿产资源。但是,非洲的煤炭资源并不是很丰富,占世界储量的 3.7%。

南非位于非洲大陆的最南端,自然资源非常丰富,是全球五大矿产国之一。南非是全球最大的黄金生产国和出口国,其中,黄金的出口额占其全部对外出口额的三分之一,因此,南非被誉为"黄金之国"。在其境内,黄金、锰、钛、铬、钒、铂族金属和铝硅酸盐的储量位居世界首位,锆、蛭石的储量位居世界第二位,磷酸盐、氟石的储量位居世界第三位,锑、铀的储量位居世界第四位。

同时,南非是非洲地区煤炭资源储量最多的国家。统计数据表明,截至2012年年底,南非煤炭资源的储量占到世界总储量的3.5%,资源储量在世界上排名第九,其煤炭资源主要集中于南非的东部地区。而且,煤炭资源禀赋条件非常好,地质条件简单,煤层埋藏较浅,大多赋存稳定并呈近水平状分布,煤炭资源储量96%的部分埋藏的深度在200米以内,而且煤炭储量80%的部分其煤层厚度超过了2米。另外,在南非,煤炭资源产业的集中度非常高,煤炭产业主要集中在必和必拓集团公司、英美煤炭集团公司、萨索尔集团公司、斯特拉塔集团公司和埃克森集团公司等大型煤炭集团企业。而且,这五家企业的煤炭产量约占南非煤炭总产量的90%。

五、亚 洲 地 区

亚洲地区的石油、煤炭、铁矿、锡矿等储量均居世界各洲首位。其中,波斯湾地区在世界石油总储量中的比重占60%左右。原油探明储量约为45.7亿吨,是目前世界石油产量增长较快的地区之一。另外,中国、印度和马来西亚是亚洲地区原油探明储量较为丰富的国家。

在亚洲地区,煤炭资源储量比较丰富,由于大多数为发展中国家,对传统煤炭能源的消费需求量也相对比较大。据统计,2012年年底亚洲地区煤炭储量超过1800亿吨,占到世界储量的21%左右,仅次于欧洲大陆和北美洲地区,位居世界第三位。按照国别来看,煤炭储量较大的国家主要有中国和印度两个国家,其中,中国煤炭储量占到世界总储量的13.3%,达到了1145亿吨,而印度煤炭储量占到世界总储量的7%,达到了606亿吨。除此以外,在亚洲的国家中,其储量占到世界煤炭总储量0.1%以上的国家还有印度尼西亚、巴基斯坦、泰国和朝鲜等四个国家。

六、澳 大 利 亚

澳大利亚是世界主要矿产大国之一,矿产资源十分丰富,境内的矿藏主要包括煤、铁、铅、锌、铜、镍、铝土、金、锰、锡、银、铀、石油和多种稀有金属、非金属等。在这当中,煤、铁矿砂和铝矾土是该国最重要的三大矿产资源,出口量居世界前列。澳大利亚是世界第一大煤炭出口国,第二大铁矿砂出口国,第三大铝矿、镍矿出口国,此外,它还是在西方仅次于美国、南非的第三大黄金出口国。澳大利亚目前主要的矿产资源和其他地表资源的可探明储量都稳居世界前列,矿产行业是该国利润额最高的出口行业。每年生产的矿产品中约有五分之四出口到其他国家,出口值占全国出口总值的四分之一以上,是名副其实的"坐在矿车上的国家"。作为澳大利亚支柱型产业之一的矿产行业,在该国占有十分重要的地位,澳大利亚的工业、旅游和资源部,扶持和指导国内各大矿业生产企业以支撑其庞大的矿业。

澳大利亚大陆地质年代古老,矿藏富集带分布广阔,而且地质条件易于开发。煤炭、天然气等矿产资源十分丰富,其中,澳大利亚的煤炭储量占世界总储量的 8.9%。在澳大利亚,各州均分布有煤炭资源,但 95% 以上煤炭储量集中在新南威尔士州(简称新州)和昆士兰州(简称昆州)。其中,新州的煤炭储量占国家已探明工业经济储量的 34.2%,井下开采的煤矿占了60% 左右,其余 40% 的煤矿为露天开采。而昆州的煤炭储量占国家已探明工业经济储量的 62%,煤矿露天开采的比例则高达 75%,而黑煤是以露天矿藏为主。另外,新州和昆州的黑煤产量占了澳大利亚黑煤产量的 96% 以上和全部的出口量。在澳大利亚,露天开采的煤矿比例大,从整个国家来看,露天开采的煤矿占 60% 左右。

第四节 我国资源型企业国际化投资项目评价分析

通过前文对传统 NPV 评价模型的分析,结合我国资源型企业国际化投资项目面临的风险因素,本书对传统 NPV 评价模型做了进一步的修正,提出了基于风险修正的 NPV 评价模型。即在传统 NPV 计算公式中加入了投资风险系数,使得企业在国际市场上进行项目投资评价时,根据面临投资风险的不同,测算时要适时调整对应项目的投资风险系数。

一、投资风险系数

结合前文对 NPV 评价模型的分析可知,为了更准确地测量我国资源型企业国际化投资项目效益,在基于风险修正的 NPV 评价模型中加入了国际化投资风险系数。而投资风险系数是指企业国际化项目在投资过程中,投资风险对项目经营目标实现的影响程度。本书投资风险系数来源于投资项目的风险值,项目风险值的确定见前文第四章对企业国际化风险的评估分析。

　　由于投资风险系数 r 的大小代表企业在项目投资中受到风险影响的程度，r 越大，说明投资项目的风险性越大，项目收益率会越低。从某种意义上说，在修正 NPV 评价模型中，投资风险系数与项目投资风险收益率之间存在着一定的正向关系。实质上，投资风险系数只是对投资项目基准收益率进行一定的修正与调整。由于投资风险收益率的大小主要取决于风险大小和风险价格，而在风险市场上，风险价格的高低还要取决于投资者对风险的偏好程度。因此，在不同的企业和项目之间，投资风险系数的大小存在很大的差异性和不确定性。依据相关理论的查阅与分析，本书中投资风险系数与项目风险值的转换可以通过以下数学公式（6-4）计算完成，使得所得到的投资风险系数能够更好地适用于公式（6-2），以便完成企业国际化项目的投资评价分析。

$$r = R_{总} / 100 \qquad\qquad (6-4)$$

　　上式中，r 指的是投资风险系数，$R_{总}$ 指的是投资项目风险值。

二、我国资源型企业国际化投资项目评价分析

　　为了评价和比较建设项目和方案的经济效益，要根据项目或方案在计算期内的现金流量计算净现值，以确定项目或方案的取舍。

　　由前文公式（6-3）$NPV(i) = \sum_{t=0}^{n} (CI - CO)_t (1 + i + r_k) - t$，其中，$NPV(i)$ 是指项目的净现值，CI 是指现金流入，CO 是指现金流出，$(CI - CO)_t$ 是指第 t 年的净现金流量，i 是指折现率，r_k 是指国际化投资风险系数，k 代表投资项目的序号。

　　在对项目进行财务评价时 $i = i_c$，i_c 是指财务基准收益率或要求达到的收益率，通常按照行业确定或由投资者决定，计算得到 $NPV(i_c)$。

　　除了所取的折现率不同外，CI、CO 的计算也不同。按照上式计算得出 $NPV(i_c) \geqslant 0$，说明该项目的收益率大于或等于 i_c，若 $NPV(i_c) > 0$，表示项目除能达到 i_c 外，还能得到超额收益或效益，项目从财务或经济角度看是可行的。当 $NPV(i_c) < 0$，说明该项目不仅得不到超额收益，连要求达到的 i_c 也得不到，项目在财务或经济上是不行的。

　　【实例分析】近年来，在国际化经营过程中，兖矿集团在澳大利亚的某一投资建设项目的可行性研究中，项目数据经过处理后，计算期内的净现金流量见表 6.1 所示，假设该建设项目的财务基准收益率为 $i_c = 10\%$，试分析该投资建设项目在经济上是否可行？（单位：万元）

表 6.1　累计净现金流量与净现值计算表

年序	1	2	3	4	5	6	7	8	9	10	11	12
净现金流量	-9100	-1000	500	2500	2500	2500	2500	2500	2500	2500	2500	3500
累计净现金流量	-9100	-10100	-9600	-7100	-4600	-2100	400	2900	5400	7900	10400	13900
折现系数	0.90909	0.82645	0.75131	0.68301	0.62092	0.56447	0.51316	0.46651	0.42410	0.38554	0.35048	0.31862
NPV_t	-8270	-830	380	1710	1550	1410	1280	1170	1060	930	880	1120
$\sum_{t=1}^{n} NPV_t$	-8270	-9100	-8720	-7010	-5460	-4050	-2770	-1600	-540	390	1270	2390

第一种解法:传统净现值法

借助于表6.1中数据,运用公式(6-1)计算可得:

$$NPV(10\%) = \sum_{t=0}^{n} (CI - CO)_t (1 + 10\%) - t$$
$$= (-9100) \times (1.1) - 1 + (-1000) \times (1.1) - 2$$
$$+ 500 \times (1.1) - 3 + 2500 \times \sum_{t=4}^{11} (1.1) - t + 3500 \times (1.1) - 12$$
$$= 2412.29(万元) > 0$$

说明该项目除了能达到该行业的财务基准收益率外,还能获得2412.29万元的超额收益。

当所取的折现率变化时,净现值也是变化的,可以得到非线性函数:$NPV(i) = f(i)$。以本例的数值计算得到折现率,如表6.2所示,并绘出净现值折现率关系图,如图6.1所示。

表6.2　折算率表

折现率 i,%	0	2	4	6	8	10	12	14	14.22	16	18
$NPV(i)$, 万元	14000	10680	7980	5760	3930	2410	1150	105	0	-773	-1510

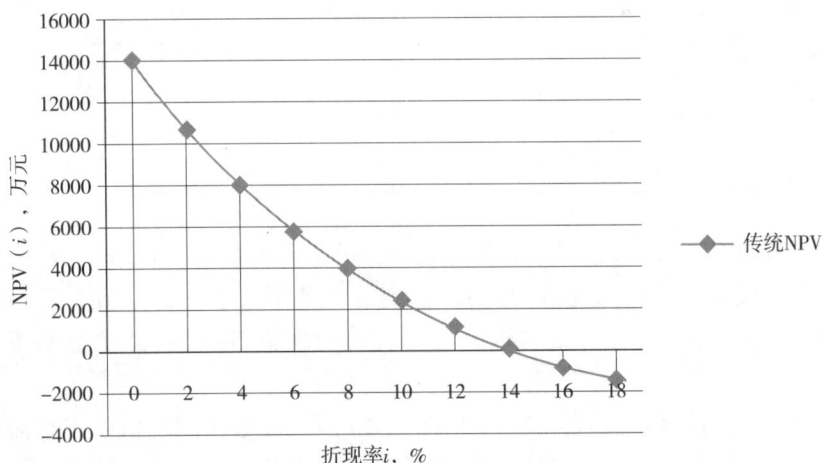

图6.1　净现值折现率关系图

由图6.1可知,0—14.22%之间项目的 $NPV(i)$ 是正值,说明项目收益的现值大于消费的现值,当要求达到的收益率大于14.22%时,项目的净现值为负数,项目费用的现值大于收益的现值,项目在经济上是不可行的。

第二种解法:修正净现值法

由于 $R_{总}$ = 0.6067 ,借助于公式(6-4)可得,投资风险系数 r = 0.006067 ,运用修正净现值计算公式(6-2)可得

$$NPV(i) = \sum_{t=0}^{n} (CI - CO)_t (1 + i + r) - t ,\ 则$$

$$
\begin{aligned}
NPV(10\%) &= (-9100)\times(1+10\%+0.006067)^{-1}+(-1000)\times(1+10\%+\\
&\quad 0.006067)^{-2}+500\times(1+10\%+0.006067)-3+2500\times\\
&\quad \sum_{t=4}^{11}(1+10\%+0.006067)^{-1}+3500\times(1+10\%+0.006067)^{-12}\\
&= (-9100)\times(1.106067)-1+(-1000)\times(1.106067)-2+500\times\\
&\quad (1.106067)^{-3}+2500\times\sum_{t=4}^{11}(1.106067)-t+3500\times(1.106067)^{-12}\\
&= 2011.28(万元)>0
\end{aligned}
$$

说明该项目除了能达到该行业的财务基准收益率外,能获得 2011.28 万元的超额收益。

当所取的折现率变化时,净现值也是变化的,可以得到非线性函数: $NPV(i) = f(i)$ 。以本例的数值计算得到折现率,如表 6.3 所示,并绘出净现值折现率关系图,如图 6.2 所示。

表 6.3　折算率表

折现率 i,%	0	2	4	6	8	10	12	13.69	14	16	18
$NPV(i)$,万元	14000	9733	7206	5132	3424	2011	839	0	-138	-953	-1635

由图 6.2 可知,0—13.69% 之间项目的 $NPV(i)$ 是正值,说明项目收益的现值大于消费的现值,当要求达到的收益率大于 13.69% 时,项目的净现值为负数,项目费用的现值大于收益的现值,项目在经济上是不可行的。

综合两种解法数据,由图 6.1、图 6.2 可看出,运用净现值法进行国际化项目投资评估时,传统净现值法计算公式与基于风险修正的净现值法计算公式所取得结果的差异,综合二者可得到净现值折现率对比关系,如图 6.3 所示。

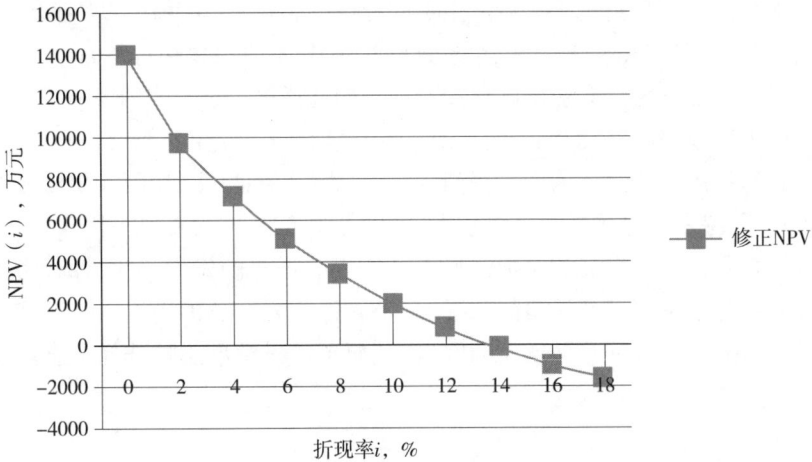

图 6.2　净现值折现率关系图

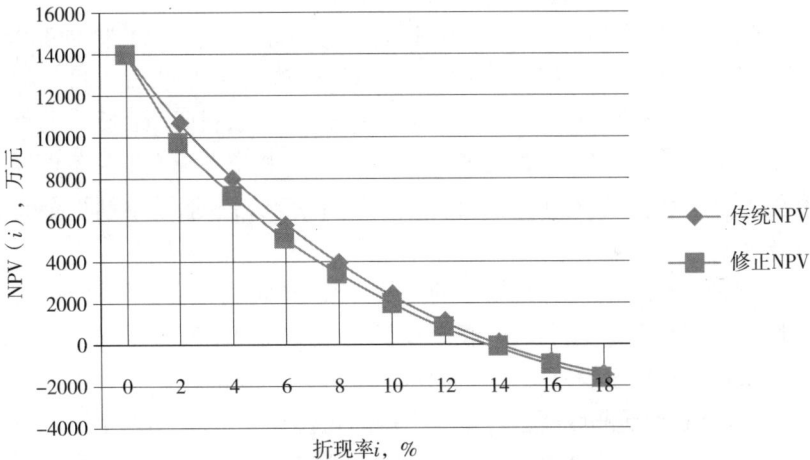

图 6.3　净现值折现率对比图

　　由图 6.3 可知,针对同一个投资项目,运用传统净现值计算公式计算出最高收益率为 14.22%,而运用修正过的净现值计算公式计算出最高收益率为 13.69%,二者之间的差值 0.53% 为国际化投资风险可能带来的损失。我国资源型企业在进行国际化项目投资时,针对在澳大利亚的国际化投资项目,应该在基准收益率的基础上再增加 0.53% 的收益率,可以抵消国际化风险可能带来的损失,只有这样,投资项目的可行性分析才会更具科学性。与传统 NPV 评价模型的分析结果相比,运用基于风险修正的 NPV 评价模型对不同目标市场的国际化项目进行评价分析时,项目投资风险的大小对测算的净现值折现率将会产生不同程度的影响,投资风险系数越高,则投资收益率越低,相反,投资风险系数越低,则投资收益率相对越高,这些分析结果为我国资源型企业国际化投资项目的选择提供了重要的参考依据。

综上所述,我国资源型企业在对国际化项目进行投资决策时,投资风险是项目选择的重要参考因素。当然,我国资源型企业在选择国际化项目进行投资时,除了考虑项目自身的盈利能力、目标市场的投资风险因素以外,还应结合企业自身发展的实际情况以及国内外局势的发展变化,综合考虑到投资目标市场中矿产资源的状况、是否允许外来企业的进入以及对待外国矿产企业是否友好等多方面的因素,从而更加科学准确地选择适合我国资源型企业国际化投资的开发项目。

第五节　我国资源型企业国际化投资项目决策分析

我国资源型企业在进入国际化目标市场进行投资经营时,目标市场的投资风险越大,则面临的不确定性就越大,投资项目可能获取的收益率就越低。根据公式(6-2)可以看出,投资风险系数 r 越大,说明投资项目面临的风险越大,投资环境给项目经营带来的不利影响越大,投资项目损失的程度越严重,必然降低投资项目的收益率。此时,除非投资项目自身具备更好的盈利能力,该投资项目对企业的可持续发展才有利,否则,就不利于企业的国际化经营。

由前文对传统 NPV 评价模型的分析可知,针对我国资源型企业而言,如果选择在国内进行项目投资,投资项目至少要达到基准收益率,否则,该国际化项目就不适于投资开发。而且,只有在达到基准投资收益率的基础上,才有可能获取超额收益。针对一个国际化投资项目,根据对基于风险修正的 NPV 评价模型的分析可知,我国资源型企业选择进入国际市场进行项目投资时,还要考虑目标市场的投资风险系数。由于不同国家面临的投资风险不同,在对国际化项目进行投资评价时,需要选取不同的投资风险系数。根据高风险高收益原则,投资风险系数较大的国家的基准收益率应该要大,否则,项目的投资收益可能会低于基准收益,甚至导致企业国际化投资损失。

综上所述,企业在开展国际化项目投资时,如果目标市场的投资风险较大,说明该目标市场的投资环境较差,将会对项目的生产经营带来不利影响,降低投资项目的盈利能力,给企业带来一定的投资损失。因此,遵循高风险高收益的原则,针对一些投资风险较大的目标市场的项目,只有确保投资项目具备较高的投资收益率,即具有较好的盈利能力,才能继续开展该项目的投资与开发。

本 章 小 结

本章首先划分了全球六大主要的矿产资源地区,分别是北美洲、中南美洲、欧洲、非洲、亚洲和澳大利亚。由于不同投资目标市场面临着不同的投资风险,结合对传统 NPV 评价模型的进一步分析,考虑不同投资目标国的国际化投资风险,通过引入国际化投资风险系数,对传统 NPV 评价模型做进一步的修正与完善,提出了基于风险修正的 NPV 评价模型。结合国内外权威机构的统计数据的比较分析,完成了我国资源型企业国际化投资项目效益评价的分析。运用风险修正的 NPV 评价模型对不同资源生产国的国际化投资项目进行评判,得出具有重要参考意义的分析结果,为我国资源型企业国际化投资项目的选择提供参考依据。

第七章　我国资源型企业国际化风险防范

本章通过多角度分析建立了我国资源型企业国际化风险防范体系,提出了防范原则与措施。结合我国资源型企业国际化发展进程面临的风险分析,从企业国际化发展的三个阶段着手进行分析,即国际化的准备阶段、筹建阶段和经营阶段。由于企业国际化不同发展阶段面临的主要问题和风险是不同的,针对在不同阶段遇到的关键问题提出对应的防范措施。同时,结合我国兖矿集团的国际化发展道路,对其在国际化发展进程中采取的风险防范策略进行分析。

第一节　风　险　防　范

一、风险防范的思路

风险防范是指有意识、有目的地通过计划、组织、控制和检察等活动来降低风险损失发生的可能性,削弱损失发生带来的影响程度,以获取到最大利益。

如同生物的生命体一样,企业组织也有着自己的生命周期,通常要经历初创期、成长期、成熟期和衰退期等,而处在不同发展阶段的企业会有着不同的特点。在企业国际化发展中,从一个阶段发展到另一个阶段时,经常面临着各种各样的问题,遭遇到各种的矛盾和危机。也就是说,企业在不同的阶段将面临不同的关键风险因素。针对企业国际化进程的不同阶段,我们应该采取的风险应对措施也各有不同。如何能够及时、科学有效地化解企业国际化进程出现的矛盾和危机,促进企业健康较快地发展,对跨国企业的国际化发展至关重要。

在跨国企业国际化发展进程中,我国有很多企业会面临着各种各样的障碍与挫折甚至遭遇到不同程度的经济损失。探究其产生的原因,主要是企业缺乏国际化发展与管理的经验,缺少科学有效的国际化治理机制。在国际化进程中,企业要在理论分析的基础上,探讨各类风险对进入的影响,以便更全面、更深刻地把握各类风险对企业国际化进程的影响,为风险防范做好准备[140]。

　　如何进行风险防范措施的制定呢？由于企业是开展国际化投资的微观主体，也是其投资风险的内部来源和直接承担者，加之企业国际化是其在国际市场完成生产运营的一个过程，因此，企业需要从国际化发展的完整过程来设计一个完善而全面的防范架构体系。只有事先将可能发生的问题以及解决的策略进行梳理分析，运用科学的方法制定一套风险防范的预期策略，在发生风险时，才能够将其可能带来的不利影响降至最低。

二、建立风险防范体系

　　为应对企业国际化发展进程面临的风险问题，在前文对风险因素分析评价的基础上，结合企业国际化进程的发展阶段论，从资源型企业国际化进程的三个阶段着手进行研究分析。一是准备阶段，是指一个企业在进入国际市场之前，为进入该市场所做的一系列准备；二是筹建阶段，是指企业在完成了准备阶段一系列工作后，计划建立或筹备建设的工作阶段；三是运营阶段，是指企业在生产经营过程中的计划、组织、实施和控制等活动，是与产品生产和服务有着密切关系的各项管理工作的总称。本章从企业国际化进程的不同阶段着手制定风险的应对策略，建立我国资源型企业国际化风险防范体系，研究如何能够有效地防范可能发生的风险，如图 7.1 所示。

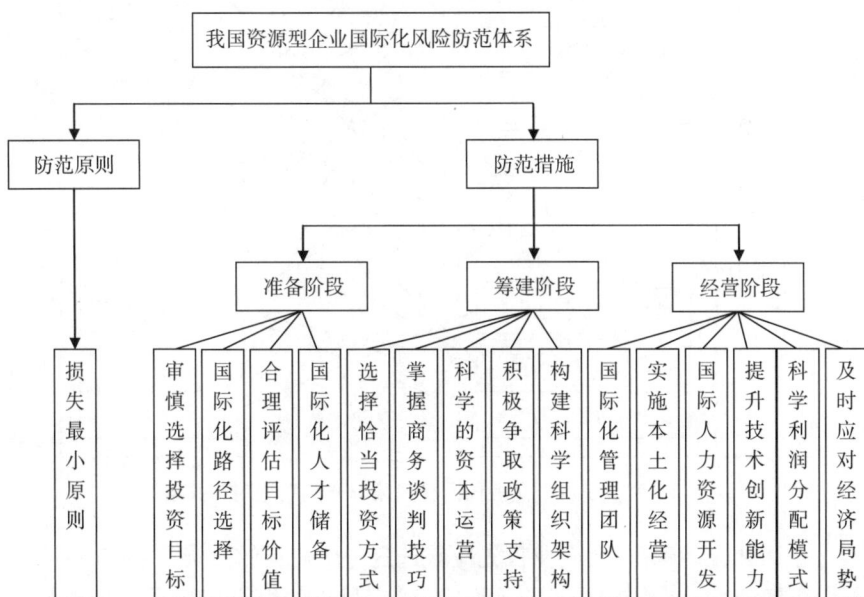

图 7.1　我国资源型企业国际化风险防范体系

　　资源型企业在国际化的不同发展阶段,关注的问题不一样,面临要解决的问题也不一样。在国际化准备阶段,首先在前文对目标国投资效益评价与分析的基础上,结合当前世界主要资源国的发展状况和国际化局势,科学合理地选择投资目标国。其次,通过对国内外环境的进一步分析,选择恰当的国际化进入路径,对投资目标要进行科学合理的价值评估,积极着手国际化人才储备。

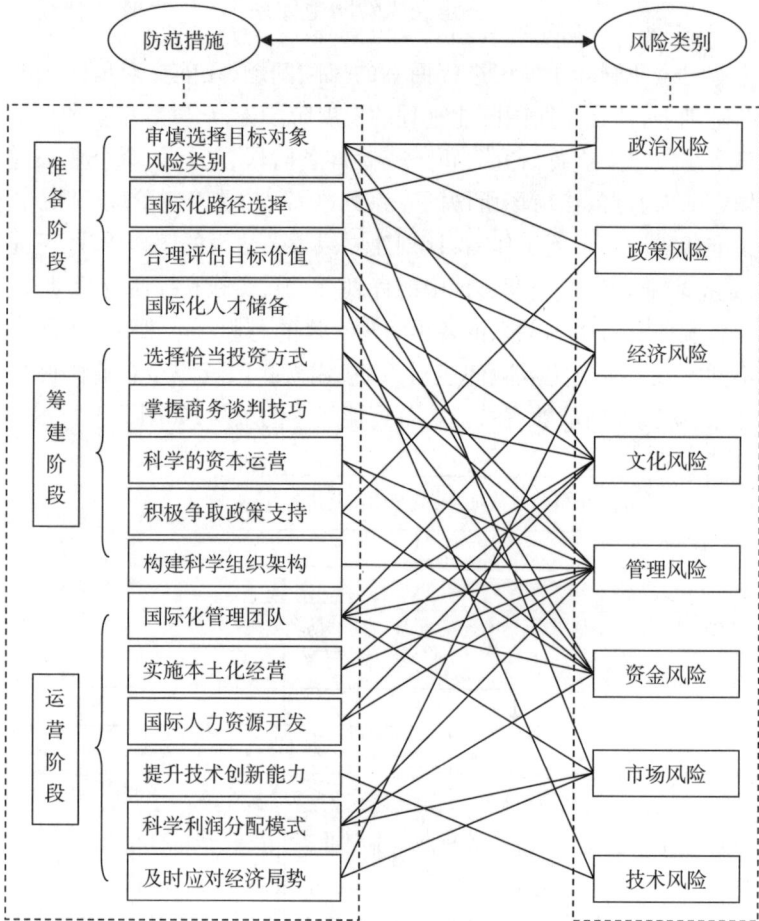

图 7.2　我国资源型企业国际化风险与防范措施对应关系图

　　在国际化筹建阶段,企业首先应该选定一个恰当的投资方式,在进入之前要了解清楚目标国的相关政策要求,确定科学的组织架构进一步规范企业的运营与管理,采用科学的资本运营模式使其发挥最大效用。具体来讲,包括选择恰当投资方式、掌握商务谈判技巧、采取科学的资本运营、积极争取政策支持和构建科学合理的组织架构等工作。

在国际化运营阶段，首先要打造一个国际化管理团队，使得企业能够适应不同的发展环境，同时注重企业的本土化经营，在运营过程中积极开发和培养国际人才队伍，不断地提升企业的自主创新能力，以及时应对国际经济局势的变化，制定科学的利润分配模式以保持企业活力与竞争力，等等。具体而言，主要包括打造国际化管理团队、实施本土化经营、国际人力资源开发、提升技术创新能力、选择科学的利润分配模式并及时应对国际经济变化等。

同时，由于企业开展国际投资运营活动，意味着资源型企业将更多、更深地卷入国际化市场环境，其遭遇国际化风险的可能性也随之骤然上升，为尽可能降低国际化风险给资源型企业带来的影响和可能的损失，应该从政府、行业协会和企业三个层面来构建资源型企业国际风险防范机制，夯实资源型企业国际化的基础，为资源型企业成功进入国际市场提供服务。

以上关于我国资源型企业国际化风险的防范措施是针对前文资源型企业国际化风险体系制定的，由此可见，二者之间存在着一定的对应关系，如图 7.2 所示。

第二节　国际化准备阶段

一、审慎选择目标国

在企业国际化战略实施之前，投资者要做大量的前期准备工作，全面分析企业国际化发展的必要性和可能性。针对资源型企业而言，选择矿产资源丰富的国家作为投资目标是必须要首先考虑的问题。要选择那些政局稳定、国内法律法规比较健全的国家，防患于未然，可以避免政治风险的发生，这是国际化前期准备阶段的重要工作内容。

企业在国际化准备阶段，首先应当选择投资目标国。在选择过程中，要对投资目标所处的国内外环境和潜在的投资风险分别进行评估，从中选择出最恰当的目标市场。通过对投资目标效益的评估与分析，确定投资目标对象之后，企业应当对所选定的投资目标所处的投资环境以及产生投资风险的因素进行深入全面性的分析。由于影响投资风险的因素很多，应该结合目标对象的实际情况进行具体的分析。比如：如果投资目标国的政局不稳定，民族矛盾尖锐，社会秩序混乱，则可能导致外来企业的生产经营活动的中断，甚至遭受损失[141]。

在不同的国家,由于采取的政治制度不同,政府为指导其国内经济的运行会制定相应的方针、政策和行为方式,这就使得各国政治、利益阶层在其国内对经济社会产生的影响力有所不同,因此,对外资的态度和看法也不同。一般情况下,在一些民主化程度较高的国家,由于政府的政策制定、决策流程和行为规范等方面的透明度较高,在面对外资问题时持开放的态度,这就在很大程度上减少了企业在国际化进程中面临的风险。相反,在一些相对独裁的国家,由于政府的政策制定、决策流程和行为规范等对外的透明度较低,而面对外资的态度通常不易把握,这就使得企业在国际化进程中面临着较大的投资风险。通常情况,如果国家的经济越发达,则其国际化发展得越好,吸引国外的投资规模也越大,对外来合作者的限制措施就少,而外来企业被国有化和没收的政治风险也较小;相反,如果国家的经济欠发达,由于政府要保护本国民族工业的发展,会增加对外来企业的限制措施,那么对外来企业而言,其被国有化和没收的可能性会大大增加,因而会面临较大的政治风险。另外,由于各国的文化背景不同,导致其意识形态相差较大,在对待外来经济和文化的态度会有很大不同。在一些开放性较高的国家,对外资和外来文化普遍持欢迎和鼓励的态度,而在一些开放性较低的国家,对外来经济和文化一般持排斥的态度。因此,我国资源型企业应深入考察和分析投资目标国的政局稳定性、政治制度、文化背景以及未来发生重大变革的可能性[142]。

另外,在分析了目标国投资风险的各种影响因素后,企业还要借助于科学的方法,对目标国的国内外环境进行评价与分析,详细分析目标国在投资过程面临的风险程度。为此,美国学者罗伯特·斯托伯于 20 世纪 60 年代末创立了等级尺度法,这是一种对东道国投资环境进行评价的、体系较完整的方法。此后,此方面的理论得到了进一步发展,国外学者基于不同的角度提出了十多种关于投资环境的评价方法,不同的评价方法的特点各有不同,适用于不同类型的投资活动。因此,我国资源型企业在对目标国的投资环境进行评价时,应根据自身发展的特点、国际化发展目标和方式以及与东道国之间的差异等因素,选择科学的投资环境评价方法,并加以适当的调整,使得评价结论更具针对性和合理性。

二、国际化路径选择

跨国企业选择何种路径进入国际市场呢? 这是企业国际化发展之前必须要考虑的。因为不同的国际化路径意味着企业在国际市场获得不同的收益,同时说明企业资源配置的国际化程度与风险程度也不同[143]。所以,企业究竟选择什么样的国际化路径进行海外投资,主要是取决于企业国际化的价值目标。战术服务于战略,行为服从于动机,企业要追逐的应是长远的发展战略目标。

由于每个企业的经营实力不同,使得不同企业追逐的国际化目标也会有所差异。比如说,企业是否具有进入国际市场所需要的资金、管理经验以及技术,是否具备国际化经营与发展的管理能力等。一些经营实力较强的企业希望加快进入国际化大企业行列的步伐,因此,往往倾向于选择那些创造价值较大、风险报酬较高的国际化投资方式。而一些经营实力相对较弱的企业只是将国际化市场作为其进一步发展的缓冲器,其基本战略主要还是国内业务的发展,所以往往选择国际贸易的方式。另外,企业选择什么样的市场进入方式还会受到国家政策、法律环境以及国际关系等因素的制约。因此,企业能否顺利地进入国际化市场以及选择何种路径进入国际化市场,既受到企业自身因素的影响,也受到国内外环境、政策及法律的限制。

一般情况下,我国企业在选择国际化路径之前会仔细分析投资目标国的环境状况,从而预测发生投资风险的概率,在此基础上选择进入东道国市场的国际化路径。当企业管理者发现东道国的投资风险比较高时,他们会选择企业资源承诺较低的国际化路径,如国际贸易。相反,如果投资目标国社会较稳定、投资风险较低,则企业管理者会鼓励与投资目标国企业进行较大范围的合作,如国际合作。当投资目标国的社会环境稳定,而且资源较多,成本较低时,企业国际化发展可选择国际投资的发展路径。

我国资源型企业在选择国际化路径时,可以运用 SWOT 分析方法,综合考虑国内外各种影响因素再做出决策。影响因素包括外部与内部两种,外部因素包括目标国和所在国的市场、经济、政治和社会文化等方面的因素;内部因素是指与企业自身条件和所处行业相关的影响因素,如表 7.1 所示。

表 7.1　我国资源型企业国际化路径选择影响因素分析

优势(S):	劣势(W):
低成本优势; 后发性技术优势; 母国政策的扶持;等等	技术创新匮乏; 国际化人才缺失; 文化差异;等等
机会(O):	威胁(T):
有利的市场条件; 东道国的鼓励; 世界经济一体化;等等	政治法律风险; 国际经济形势严峻; 竞争对手强大;等等

　　由表 7.1 中关于国际化路径选择影响因素的分析可知,根据影响因素的不同组合,得出四种不同的情形,包括 SO 组合的情形、ST 组合的情形、WO 组合的情形和 WT 组合的情形,如表 7.2 所示。由此,根据不同的组合情形来选择适合我国资源型企业国际化发展的路径。

表 7.2　四种组合情形

	S	W
O	SO	WO
T	ST	WT

　　（一）SO 情形下的路径选择

　　在此情形下,企业拥有一定的自身竞争优势,而且东道国对其在国际化进入方面没有严格的要求,并且还表现出非常友好的态度。这时,企业就可以选择股权式进入方式,也就是绿地新建投资或跨国并购。因此,这可以使得企业可以充分借助于东道国的资源或并购双方具有的资源及其他各种资产等,对东道国的市场情况进行充分的了解与分析,不断地积累国际化经验,提高企业自身的国际竞争力,以加快推进企业的国际化发展。

　　（二）ST 情形下的路径选择

　　如果企业具备一定的自身优势但面临着不太有利的外部环境,比如,东道国对某一些行业进入有一些明显的要求或限制,或者现有市场的竞争非常激烈,使得企业很难挤占其市场份额。在这种情况下,企业就可以以契约式进入方式进入国际化市场。一方面,合作双方可以取长补短,使得国内企业可以借助于对方企业的一些优势或资源对东道国市场进行探索,并为其国际化市场的进一步开发做准备;另一方面,在双方的合作中,企业应逐渐掌握一定的无形资产,以推进企业在国际市场上的后续发展。

　　（三）WO 情形下的路径选择

　　如果东道国市场存在一定的有利环境和政策条件,而企业自身不具备明显优势时,这时企业可以选择贸易式进入方式来打开目标市场的大门,即直接出口或间接出口的形式。原因在于,企业自身的竞争力不是很强,如果贸然进入国际化市场开展经营活动遭遇失败的可能性较大。所以,此时企业可以先采取国内生产、国外销售的模式,在不影响正常生产经营活动的条件下,通过积极了解对方市场的情况,在对其不断熟悉的同时,逐渐增强企业自身的核心竞争力,进而采取具有针对性的措施以推进企业国际化的发展进程。

（四）WT情形下的路径选择

如果企业不具备自身的发展优势，同时又面临着不太有利的外部投资环境，企业最好不要贸然地开展国际化发展业务，此时应把主要精力投入在企业的国内发展上。通过国内市场的发展使其不断地发展壮大，具备一定的自身优势，逐步培养在国际市场的核心竞争力。一旦遇到恰当的时机，就可以果断地开展国际化经营活动，这将大大增加企业国际化成功的可能性。

三、合理评估目标价值

目标价值是衡量一个投资目标当前及未来发展状况的关键指标，通过对目标价值的评估，既可以用于企业投资分析，也可以用于企业战略分析，为企业的投资者、管理者等利益相关者提供有用的决策信息。合理测定目标企业价值，一方面可以提供投资双方都能接受的交易价格基础，促进合作完成；另一方面能使投资方根据战略目标及时调整投资方式，进一步完善投资计划，提高国际化投资成功率。因此，企业的目标价值评估是其国际化发展能否取得预期效果的关键。严格意义上说，企业价值评估是企业目标价值的一种货币表现，是遵循一定的程序和标准，按照企业自身的目的与要求，运用科学有效的评估方法，对企业价值的现时价格进行评定和估算的过程。同时，在企业价值的评估过程中，存在着有形实体的价值，也可能存在着无形的价值，而且这两种价值均处于一个不断变化的过程。

在我国资源型企业国际化发展过程中，企业的投资目标往往是矿产资源或者矿产企业。针对矿产资源来说，掌握投资目标的相关参数以及矿产的有关属性尤为重要，包括资源量、资源质量、所处的位置等。针对矿产企业来说，由于它可能是一个以矿产为主要经营对象的实体，因此除了要了解投资目标的相关参数以外，寻找一个科学有效的评估方法完成企业投资目标价值的合理评估是必要的。而其国际化进程面临的风险问题是重要的考虑因素，那么在项目评估中加入风险影响因子是必要的。

因此，评估方法是企业投资目标价值评估的核心问题，这将直接影响价值评估结果的准确性及其市场交易的实施情况。已有的研究成果表明，评估方法一般可以分为三类：一是成本法，该方法是从历史成本的角度对企业目标价值进行评估分析；二是收益法，是指从未来收益的角度对企业目标价值进行评估分析；三是市场法，又称市场比较法，是指从目前市场价格的角度对企业目标价值进行评估分析。由此可知，这三类评估方法的形成过程与经济学的价值理论有着密切的关系和历史渊源。另外，还有一些学者将评估方法分为四类：一是通过与价值已知的企业进行比较，进而完成企业目标价值的评估;二是通过将企业所有在外发行证券的市场价值进行加总,来完成企业目标价值的评估,这种方法通常只适用于一些上市公司的评估;三是通过资产负债表对企业目标价值进行评估,即直接将企业在外发行的所有证券账面价值进行加总完成;四是通过先预测企业未来的现金流量,并将其进行折现,就可以获得企业证券持有人所拥有的企业目标价值。基于以上评估方法,在对企业目标进行评估时,评估专家根据具体的情况设计或使用一些更具操作性的方法,诸如折期权定价法、现金流量法、价格/账面值比率法、相对估价法等方法。在实际操作过程中,企业可以根据实际情况,采用不同的评估方法来完成目标价值的评估,并以此做出决策。

四、国际化人才储备

人才是第一资源,人才优势是企业参与国际市场竞争的最大优势,因此,国际化人才储备是实施企业国际化战略的关键。在国际化准备阶段,可以通过学习国外先进的管理理念和经验,加强对国际化人才的培训和培养,造就一批熟悉国际经济运行规律及当地法律法规、具备一定专业知识的复合型国际化技术和管理人才队伍。同时,要积极引进海外国际化专业人才,注重吸纳一些具有丰富实践经验和国际化视野的高层次人才。

(1)制定适应国际化经营和可持续发展要求的人力资源开发规划。对企业未来的人才需求进行科学预测,按照适量原则留有一定储备,列出专业人才的引进与使用计划,采用与高校联合培养、企业内部培养、外出培训等多种方式。对矿产资源企业而言,大力培养与矿产产业相关的多种专业性技术人才,培养集管理、经营、法律等方面的国际复合型人才,为实施国际化经营战略提供有力的人才支持。

(2)建立专业人才培训机制。采用多种方式开发所需的专业人才,按照引进、培养和使用人才的原则,按照时段分层次地培养和引进相关的专业技术人才。同时,应该到企业外部开展招聘活动以引进紧缺型的人才,通过送出去开展培训活动,培养企业经营过程所需的关键岗位的人才。另外,尤其要注重工程技术人员的继续深造与知识的不断更新,培养提高他们的科技创新的技能水平。

(3)建立有利于人才脱颖而出的激励机制。在企业内部应建立一套以能力和业绩为考核重心的企业专业人才的激励和评价体系,加大对企业贡献突出者的奖励力度。同时,对在企业内部从事着一些基础工作和关键岗位的专业技术人员实行一定的分配倾斜政策。同时,要不断地优化人力资源配置和创业的环境,形成一套科学有效的人才发展激励机制。

综上所述,为实施企业国际化发展战略要大力推进专业性人才的培养体系,坚持人才资源是企业不断发展的第一资源,人才优势是企业国际化发展的最大优势的管理理念。在企业内部,深入实施人才强企的发展战略,建立健全企业专业性人才的工作机制,着力加强企业的国际化投资管理、专业性技术和高技能等人才队伍的发展建设。同时,对一些企业急需的专业人才要加大引进的力度,按照市场的运行机制来确定其薪酬待遇,从而激励优秀的专业性人才要不断地挖掘其自身的潜力。

第三节　国际化筹建阶段

一、选择恰当投资方式

依据企业是否拥有直接控制权,可以将国际投资方式分为两种形式,包括国际直接投资和国际间接投资。其中,前者是指跨国企业在国际市场上建立和经营项目或企业而进行投资的过程;后者又称为国际证券投资,是指跨国企业在国际市场上通过购买外国企业的股票、债券或政府发行的债券进行投资的过程。实际上,企业传统的国际投资方式是国际间接投资,并不是国际直接投资。在国际间接投资过程中,企业按照所购买债券的相关规定收取一定的债息和归还本金,或按照所购买股票的相关规定获得一定的红利,遇到破产的企业时参与其剩余财产的分割,但不能参与企业的经营活动。这种投资方式的好处在于资本运用灵活,可以随时调用和转移资本,政治、经济风险相对较小。

在国际直接投资中,由于会遭遇到不同国家之间的货币兑换以及在财务制度、金融管制和税收规则等法规的不同,由此使得跨国企业将面临着较大的国际化风险。因此,在进行国际直接投资时,企业必须考虑可能出现的各种相关因素,分析产生的风险和收益,提出国际化投资方案,最终做出投资决策。该投资方式趋向于多样,比如:按照投资者拥有股权的不同,可分为非股权式合作、股权式合作、独资等方式;按照投资组建方式的不同,可以分为跨国兼并与收购、合作经营、创建新企业等;按照投资的直接目的不同,可以分为商贸型投资和非商贸型投资;按照投资动机的不同,可以分为资源导向型、市场导向型、生产要素导向型、地缘导向型和全球战略导向型等。

在我国企业国际化发展过程中,跨国企业的投资方式越来越多样化,而且经营的层次逐步提高。比如通常采用跨国并购、股权置换、收购专利技术、收购许可证、建立工程研发中心等直接投资方式，而且投资的一些工程项目，在规模、技术含量及其档次上不断提高。具体来说，我国企业在选择对外直接投资的方式时，需要考虑以下几种情况。比如，一是如果东道国的投资市场竞争比较激烈，跨国企业的生产要素成本就会比较高，此时可选择兼并或收购的投资方式，借助于被并购企业的资源进入目标市场；二是如果国内外的文化差异比较大，此时企业可采取新建的投资方式，可避免因文化差异而发生摩擦的风险；三是如果投资发展中国家，由于企业经营水平不高，可以选择新建投资方式，而如果是发达国家，则可以选择并购的投资方式；四是如果企业自身有一定的比较优势，规模较大时可采用并购的投资方式，反之，适宜新建投资。综上所述，对外投资企业通过投资方式的选择，可以合理利用东道国的资源、环境构建自身的优势竞争力。

二、掌握商务谈判技巧

在国际商务谈判中，要想顺利实现预期的目标，又要保证自己的合法权益不受损失，并不是一件容易完成的事情。但是，这并不说明无规律可循，在遵循国际谈判原则的基础上，注重科学的谈判技巧，就一定会达到更好的结果[144]。

（1）兼顾双方利益的技巧。商务谈判是谈判各方为了追求共同目标，在实现双方利益过程中不断化解冲突以确保自己利益最大化的手段。实践证明，在国际商务谈判中，双方都要树立"双赢"的概念，由于各方有着一定的共同利益，也存在商业利益的矛盾和冲突，而关键是采用什么样的手段来化解这些矛盾和冲突。一是尽量扩大总体利益。通过各方的努力减少风险，降低成本，使得各方的利益均得到增长。二是分散目标，避开利益冲突。应善于营造一个公开、公平、公正的竞争局面，扩大自己的选择余地，使得在合作伙伴选择、技术方案制定、资金运作等方面获得有利地位，避免陷入对自己不利的局面。三是消除对立。谈判各方会因为对问题期望的不同而致使谈判受阻。事实上，各方只要确定了最终目标，在具体的谈判中采取灵活的态度，问题就能得到解决。因此，在谈判中为了使谈判顺利进行下去，寻求折中的妥协方案是解决问题的一个很好途径。但是，并不是什么事情在谈判中都可以妥协，涉及原则问题时是不允许妥协的。

（2）公平技巧。在谈判中，各方之间的竞争是一种"公平竞争"。同潜在的合作方进行谈判应建立在平等互利的基础上，否则的话，就会带来一些不良的后果。如同博弈中表明的那样，如果一个投资者在不公平的竞争中失败了，那么在今后的合作中他一定会采取消极的态度。但是，在世界上，不存在绝对的公平,比如将一笔财富在穷人和富人之间进行分配,无论是将财富平均进行分配还是不平均的进行分配,都各有各的道理。众所周知,过程的公平比结果的公平更加重要,而机会的平等才是最大的公平。因此,在公平的机制下进行谈判,才能使各方信服并共同遵守。

(3)时间技巧。时间的价值体现在质与量两个方面。在谈判中,所谓质就是要抓住时机,果断地出手;所谓量是指在谈判中要切忌焦躁,要学会深思熟虑,考虑成熟后再作进一步处理,要懂得慢工出细活。同时,在谈判中也可以故意装聋作哑,待对方按捺不住轻率出手了,我们再采取应对的方法和措施,以此来达到自己的目的。同时,要注意谈判时间的结构,要多谈对我方有利而给对方产生不利影响的内容,少谈或不谈对我方不利的内容。另外,在谈判之前也可以弄清对方的行程安排,在不经意间安排一些不利于对方行程的内容,可能会使得对方签订有利于我方的协定。

(4)信息技巧。在谈判之前,要尽可能多地搜集对方的信息,对方信息搜集得越多,就会了解得越多,越能抓住对方存在的弱点,从而在谈判过程中才可以进行有利的回击,可以采取多种手段来达到这样的目的。一是搜集信息。可以采用不同的方式来获取信息,比如公开的方式或隐秘的方式。根据已有事实证明,大部分的信息是通过合法渠道获得,而剩余的信息则是通过对已有信息的分析获得。二是制造假信息。在学会如何搜集有用信息时,还要学会通过制造假信息来迷惑对方,或者采取一些隐蔽手段,在无意间给对方传递使其慌乱的信息,从而给对方造成压力,顺利达到我方的目的。三是注重无声的信息。比如手、脚、眼等肢体语言,这些肢体语言可以给我方传递一些反映对方内心世界的信息。

(5)谈判过程技巧。在谈判过程中,既要做到具体问题具体分析,从而满足对方的心理需求,同时还要善于抓住对方的弱点。另外,在谈判中,如果各方的地位不平等,谈判就会无法进行。此时,要保持一定的耐心和相对放松的心情,并可以通过适时暴露专业身份等方式,实现提高谈判地位的目的。

三、科学的资本运营

资本运营是市场化经济发展到一定阶段的必然选择,是一种高层次的经营活动,对于企业追求利润最大化、实现资源的最优配置、扩大其市场占有率等具有重要作用。资本运营相关理论认为,只有在运动中资本才能增值。因此,要把企业的存量与增量资本、有形与无形资本等作为可以流动的资源,在流动过程中资本就会自动地进行逐利组合。具体形式包括资本的改组、控制、兼并、收购、租赁以及嫁接改造等。总之,通过资本组合的不同方式,促进资本的结构优化和合理流动以产生放大效应,使得企业的自有资本带动外部更大的资本运转。

当今社会,科学技术的快速发展带来了国际化经济活动。任何一个国家的生产经营都不可能局限于国内发展,必须要进入国际化市场,积极参与到国际化分工中。企业国际化经营,是指在国际化市场中进行一系列出口或投资的活动,使得企业立足于国际化市场并得到进一步的发展。企业进入国际化市场开展经营活动,可以帮助企业寻找新的市场发展机会和生产条件,扩大企业进一步发展的空间,帮助企业寻求和利用国际资本,并提高国内资本的利用率。因此,企业应采用跨国并购、联盟以及境外上市等方式进行国际化经营活动,借助于国外的资源和生产要素,不断提高企业的国际竞争力。资本运营是现代企业发展的必然趋势,股份制的建立和完善为资本运营提供了可能性条件和运营规则。当前,在企业的生产经营活动中,由于科学技术的进步和管理水平的不断提高,使得企业的生产效率越来越高,发展速度越来越快,为企业带来更多的经济利润,使得企业积累了大量的资金,如果不能对其进行科学有效的使用,就会给企业带来很大的经济损失。因此,企业可以采用资本运营的方式,比如参股、控股、兼并等手段,使得企业资本较快的增值,不仅提高了资本的增值效率,而且实现了企业的规模经济,节约了企业的交易成本,这将充分显示资本运营的效用。因此,资本运营是企业提高资本效率、实现企业低成本发展的好途径[145]。

我国资源型企业把资本运营作为其管理创新的重要内容,通过主动出击资本市场,运用资本运作以解决企业国际化发展中的资金短缺的问题,使得企业的产业运作与资本运作更好地结合。同时,在企业兼并重组与国际扩张的实施过程中,通过资本运营的方式可以加快企业国际化的进展。按照企业的发展规划和战略,采用不同形式的资本运作方式,加快推进资源型企业与其他产业的收购和重组等活动,增强企业的整体发展实力,提升企业在国际市场上的竞争力,加快推进资源型企业的国际化发展进程,实现企业在国际市场的发展壮大。同时,加大对企业资金投入和使用的力度,借助于国际资源市场这个平台,采用股票、债券、参股等各种融资方式,不断地扩大企业的国际化经营规模,增强资源型企业抵御和分散国际市场风险的能力。另外,还可以通过开展合资经营,采用以技术、设备入股等方式,进一步拓展企业国际化投资业务。除此之外,借助于技术授权、工程承包和国际分包等多样化方式,使得企业多渠道、多方位地进入国际市场来参与竞争,进一步拓展企业的发展空间。

另外,重视资本运营手段是探索企业国际化发展的新途径。与国内发展不同的是,在国际化发展时期,资本运营的方式会发生很大的调整。在国内经营过程中,资源型企业的主要使命就是加快资源及相关产业的快速发展,在追逐企业利润的同时,还要承担一些社会责任,包括企业职工就业、社会稳定等。而且,企业经营方式是以产业的生产经营为主,资本运营是为产业的发展提供资金服务的。在企业实施国际化战略后,不论是产业经营还是资本运营,在国外经营的主要目的是追求收益的最大化。此时,资本运营不仅是手段,更是国际化经营的重要方式,有时可能是在产业实体基础支撑下的主要经营方式。因此,企业在国际化发展进程中,应坚持产业发展与资本运营相结合,充分借助于国内和国外市场中的资源,依托企业自身的品牌资源,运用各种资本运作的手段,实现企业国际化规模的不断扩张以及收益的不断增加。

四、积极争取政策支持

实施国际化战略是国家的重要战略举措,国家制定相关的政策,为企业"走出去"发挥政策引领的作用。面对日趋复杂的全球化市场,要成功地"走出去",需要政府的支持与协调,强有力的政策管理既是促使企业的行为与社会整体利益相互协调的客观保证,又是提高企业资金使用效率和经济效益的先决条件[146]。

在国际化发展进程中,资源型企业面对着变化无常的外部环境,由此将面临多种风险和挑战。针对此种情形,国家有关的管理部门可以出台一些相关政策措施,对企业国际化运营进行规划和管理,通过扶持政策帮助企业降低海外的投资风险,从而保障企业海外的投资收益。具体措施如下:一是拓展企业资金渠道,降低企业资金运营风险。比如:政府有关的管理部门可以通过设立国家海外矿产资源勘探专项基金,帮助企业境外矿产资源勘探开发活动,以减少企业海外前期勘探风险,同时,也可以使企业拿到后续资源变得相对容易。二是加强国家各职能部门之间的协调,简化对外投资审批手续。对于海外收购,境内外审批工作起到至关重要的作用。通常最佳的收购时机,所给予的时间有限。因此,收购时机和报价过程把握至关重要,如果是我国的国有上市企业,所面临的审批程序则更加复杂,需要通过国家相关的一些职能部门的审批。若能够由其中重要部门牵头,联合其他各职能部门加快审批程序,简化和平行开展审批工作,必会起到事半功倍的效果。三是加强与资源大国之间的政府合作。若国内部委与国外监管机构加强日常性沟通,建立长期可信赖的关系的话,不仅可以打消海外机构对中国国有企业的种种疑惑，也可以降低境外机构阻碍收购项目开展的风险。同时，由当地的大使馆协助中国企业与当地机构沟通，国家部委提供支持，可大幅增加海外收购成功的可能性。四是培养和引进"走出去"复合型人才。通过在企业内部成立研发中心、提高专业人才待遇等措施，积极引进高层次国际化人才，同时鼓励企业吸纳东道国优秀的经营管理人才。五是政府各部门和地方、各企业协调一致，统筹规划，避免因各辟通道而引起可能的中国对境外资源开发的无序竞争，合理地保护国家整体利益和企业的合理利益。

加强对"走出去"企业的金融和财税支持。一是建立健全境外投资保险制度，制定和完善对外投资保险制度的具体内容，对境外投资保险的承保机构、被保险人、承保对象、保险险种、投保程序、争端解决等问题做出详细规定。二是完善企业"走出去"的融资政策，对企业国际化项目根据其规模、类型、风险等具体情况提供长期优惠贷款。三是完善企业"走出去"的税收政策。对属于政府鼓励企业发展的国际化项目，给予一定的税收优惠，对通过"走出去"带动的产品出口实行出口退税，对通过"走出去"返销的产品实行关税减免。

五、构建科学组织架构

组织架构是指一个组织整体的结构，是在企业管理要求、管控定位、管理模式及业务特征等多因素影响下，在企业内部进行组织资源、搭建流程、开展业务、落实管理等基本要素[147]。组织架构是企业的流程运转、部门设置及职能规划等最基本的结构依据，常见的组织架构形式包括中央集权制、分权制、直线式和矩阵式等。

企业组织架构由三方面内容所构成，它们分别是：单位、部门和岗位的设置；单位、部门和岗位角色相互之间关系的界定；企业组织架构设计规范的要求。企业管理者在进行组织架构设计时，必须考虑六个关键因素，包括工作专门化、部门化、命令链、控制跨度、集权与分权和正规化。

在构建企业组织架构过程中，可以借助于层次分析法（AHP）和权变理论等基础理论。首先，从权变的角度看，世界上根本不存在一个能够普遍适用的、理想的组织结构。对企业而言，恰当有效的组织结构要取决于其在一定时期内所处的具体环境以及对其产生多种不同程度的影响因素，由于外部环境与影响因素是不断变化的，那么对同一个企业而言，在不同的时期其组织结构也可能会有所不同。另外，企业还应该根据自身的条件和特点、经营战略、业务性质、历史背景等因素，进一步来决定其采用的组织形式。其次,基于 AHP 方法的原理,把对企业组织结构设计产生影响的因素看作是多种因素相互作用的大系统,并基于一定的隶属关系对这些相互关联的因素进行一定的排列组合,形成从高到低的若干层次。然后,邀请一些学者、专家及专业人员对这些因素进行两两比较,并借助于一些相关的数学方法,对各因素进行层层排序,从中选出那些影响较大的因素进行比较,从而就可以对各因素的重要程度进行排序与分析,分析的结果就是组织结构设计的依据。综上所述,根据备选组织的结构形式对组织目标层影响程度的大小来选择最为科学合理的组织结构形式,如图 7.3 所示。

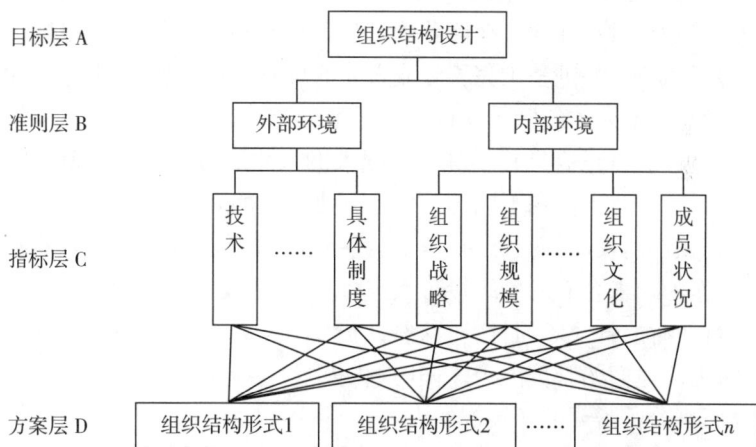

图 7.3　组织结构形式选择的层次结构示意图

第四节　国际化经营阶段

一、打造国际化管理团队

管理团队的国际化经验是企业国际化所需国际市场知识的重要来源,能够有助于他们了解企业国际事务间的连接关系以及跨国间多样化的活动网络,帮助他们迅速有效地回应并解决由于企业国际运营所导致的管理复杂性与环境不确定性等问题[148-149]。

随着我国资源型企业国际化进程的加快,企业应该建立具备何种特征的高层管理团队以确保国际化战略的实施是急需解决的现实问题。根据研究结果表明,企业国际化战略的实施需要拥有某些属性的高层管理团队才能应对国际化复杂局势的挑战。实施国际化战略的企业面临着充满不确定性、复杂性和模糊性的国际环境，这就要求企业高层管理团队必须富有弹性，对外界变化表现出很大的开放性和包容性，即高层管理团队必须拥有很强的应对国际环境变化的处理能力。因此，企业国际化程度与高层管理团队的某些特征具有紧密的联系，这说明跨国企业选择具备某些特定属性的高层管理团队能够更好地满足企业国际化战略的要求[150-151]。

打造资源型企业国际化管理团队，要大力推进专业技术人才的培养，加快国际化管理人才的引进与培训。积极探索和建立一套符合国际化标准的人才引进、培养与任用体系，制定鼓励企业引进高级人才的优惠政策，从而吸引一些高端专业人才和高层次国际人才的聚集，为企业国际化发展提供强有力的智力保障。同时，在企业内部实行任期制、聘任制，大力推行企业人才的公开竞聘，并进一步完善专业人才的培育体系，促进企业国际化管理人才和专业技术人才的队伍建设。

（1）通过人才的梯队培养建立起强大的人才后备资源。打造国际化管理团队，要求企业不但在不同的岗位上安排合适的人才，使得企业在现阶段能够得到较快的发展，而且还要考虑为企业的重要职位储备和培养年轻的管理者，作为未来企业的后续接班人进行培养，以便在企业内部人员发生变动时进行随时的补充。而且，对这些人员要开展定期的不同层次的培训活动，不断提高他们的管理能力。同时，积极制订多梯队的人才培养计划，为企业全面培养所需要的各层次的人才。

（2）团队建设是促进企业国际化快速发展的重要影响因素，也是企业培养企业国际化管理团队的做法。管理团队成员的组成很重要，一方面，企业可以通过在国内选拔优秀人才的加盟；另一方面，可以通过国际市场中人才的选拔来寻找当地接班人，由此可以迅速搭建企业的国际化管理团队，以尽快适应国外的文化和投资环境。

（3）文化建设是企业对不同类型员工进行管理的原动力。由于不同的文化背景，使得员工对企业文化的理解和领悟存在着差异性，只有在文化教育中使得他们达成共识，才能深入理解企业国际化的发展战略，才能更好地激发他们的创造力，从而提高他们的工作积极性。在企业国际化发展过程中，不同文化之间存在着较大的冲突，在员工之间会产生不信任的情况，所以，推进以信任为基础的企业文化融合至关重要。

二、实施本土化经营

本土化经营是指跨国企业在东道国从事生产经营活动过程中，为更好地适应东道国的经济、社会和文化环境，以淡化企业的母国色彩，在人员、技术、资金等方面实行当地化发展策略,使其成为地道的当地企业。因此,本土化战略又称当地响应能力或当地化经营,实际上就是合作双方为了更好地发展所寻求的一种战略协调模式,可以理解成是一个过程而不是一个目的。"本土化"的实质是跨国企业将其生产、经营、营销、人事等不同方面全方位地融入东道国经济进行发展的过程,同时也是承担其在东道国的公民责任,并将企业文化植根于当地文化模式的发展过程[152]。

跨国企业通过建立现代企业制度,明晰产权关系,按照国际市场的通行做法贯彻和实施国际化运营战略,加快推进和巩固企业的本土化经营。这时,跨国企业只需要选派一些高层管理人员到东道国负责企业的生产经营活动,而不需要担心企业控制权可能丢失的问题,甚至企业资产的流失。在人事管理制度改革方面,由海外企业负责对企业所需人员就地进行公开招聘,并允许海外企业根据其发展需要在当地或第三国进行人员招聘,对人数及其选拔过程不要设置太多的限制条件。另外,企业应积极谋划到海外上市,以实现企业资金的本土化,进一步扩大和提升企业品牌的影响力,这是众多跨国企业热衷于海外上市的重要原因。同时,海外上市还可以获得当地的认同,促进企业与当地经济社会的融合,从而加快推进企业的国际化发展。因此,在海外投资的中国企业要时刻关注东道国发展态势,做好在海外上市的准备工作,利用海外上市的契机进一步扩大企业知名度,有助于实施企业本土化发展战略,以实现企业的长远发展。

在实施本土化经营战略时,建立适合当地社会的企业文化是非常重要的。既要体现企业自身的特色,又要符合当地社会文化的习惯,容易被东道国民众所接受,所以要切记不能把在母国的企业文化全盘照搬到海外企业。企业文化对其海外的发展会产生很大的影响作用,关系到海外企业是否能够真正地融入当地的社会文化生活,关系到是否能够吸引并利用当地的高素质人才,甚至关系到企业自身及其产品是否能够得到当地居民和海外市场的认同问题。比如,在中国经营的比较成功的跨国企业,其发展经验就是因为对中国文化的深入理解而获得了社会与老百姓的广泛认同。由此可见,建立能够体现企业自身特色、又能够适应东道国社会文化的企业文化是跨国企业顺利实现本土化经营的重要方面[153]。

同时,在实施本土化过程中,跨国企业应该注意保护自身的原有优势,避免因为实施本土化经营战略而造成企业过分依赖于海外市场进行发展的状况。因此,企业在实施本土化的过程,应该充分利用企业自身的原有技术,并保持技术的不断开发,同时注意防止技术的外溢,以确保企业自身的技术优势,减少对当地市场的过分依赖。同时,要保持企业产品和原材料市场的多元化,以减少可能的不确定性因素对企业国际化发展产生的影响。

三、国际人力资源开发

对跨国企业而言,决定其成败的不仅仅是其拥有的物质资本数量,而且还有其拥有的高层次人才[154]。所以,要加大力度培养和引进企业国际化需要的人才,包括专业技术人才、经营管理人才等,并且还要具备一定的文化适应能力,这些都是企业国际化成功经营的基本条件。从企业国际化战略和可持续发展的角度,高度认识到国际化人才对企业海外发展的重要性,依据国内作为人才基地、国外人才属地化和国内外人才互济共用的原则,参照企业国际化战略规划的要求,全面分析企业内部的人才现状及未来发展的需求,围绕着企业经营管理和专业技术等人才的团队建设,大力推进企业人力资源开发与管理制度创新,进而建立开放式、市场化和科学规范的人才资源开发管理体系[155]。

长期以来,由于我国资源型企业对其国际化人才的培养不够重视,加之国内资源型企业的国际化发展水平较低,使得企业在国际化发展进程中面临着人才短缺的局面,这增加了企业国际化发展的风险性,对资源型企业在国际市场的进一步发展产生了重要影响[156]。所以,为了保证企业能够正常地从事国际化运营活动,企业应从两方面着手解决以上问题。一是培养高素质复合型人才。在企业内部选拔一些有潜力的员工到国外培训,培养他们的国际化视野和管理才能,提高其国际化管理技能,使得他们成为懂外语、懂管理以及适应国外环境的复合型人才。同时,还可以通过高薪聘请一些高层次人才、海外留学人员等,进一步扩充企业的国际化人才储备库。在企业内部,制定科学有效的激励措施,充分发挥这些人才在国际化经营过程中的作用。二是实施海外人员本地化战略。通过大量招聘本地人才的方式,充分利用东道国的人才资源,可以使得企业较快地融入海外市场,加快企业的本地化,降低了企业的运营成本,减少了企业国际化的风险。

(1)培养国际化人才。按照国际化的标准对企业所需要的人才进行培养,可以帮助企业较快改变专业技术人才短缺的局面,使得企业国际化运营活动可以顺利开展,减少因人才缺乏产生的风险。培养人才,一方面通过选派一些有发展潜力、熟悉业务并且具备一定基础的员工到知名院校进行系统的培训;另一方面,还可以选拔一些员工进入优秀的跨国企业学习和锻炼,直接参与到企业的国际化业务,在实践中提升他们自身的能力。制定适应企业国际化战略和可持续发展要求的人力资源开发规划。科学预测人才需求，与有关高等院校联合，着力培养矿产资源、化工、铝材、机电等方面的专业技术拔尖人才，造就一批会管理、善经营、懂法律的高素质复合型人才，加快形成结构合理、素质过硬、各尽其能的人才队伍，为实施国际化经营战略提供有力人才支持。

（2）建立人才培训机制。采取多种方式开发各类所需人才，按照引进紧缺人才、培养关键人才、使用重点人才的原则，分层次培养和引进开发人才。通过到科研院所招聘与项目合作等方式，引进紧缺人才。除了进行常规培训外，还要进行一些有针对性的培训，比如对企业各类专业技术人员及一些关键部门或岗位人员的培训等。通过送出去培训、请进来培育、创建学习型组织等方式，培养关键人才。采用事业造就、环境凝聚、机制激励等方式，使用重点人才。对管理人员着重于培养提高决策和经营管理水平，对工程技术人员着重于继续深造和知识更新，对岗位工人着重于培养提高生产操作的技能水平。

（3）建立有利于人才脱颖而出的激励机制。探索建立以能力和业绩为重点的人才评价、激励体系，完善分配制度，对贡献特别突出者实行重奖，对从事基础工作、关键岗位和艰苦行业的技术人员实行分配倾斜政策。建立新型的岗位绩效考核系统，对全体员工实施全面、真实、科学的考核，优化人力资源配置和创业环境，形成有效的人才激励机制，改善用工体制。同时，在企业内部积极开展人力资源开发的活动，进一步完善企业在用人方面的制度，开拓出一些新的企业用人渠道。因此，通过完善企业内部人员的激励机制，进一步提高企业员工的待遇水平，为企业吸引更多优秀的人才。

四、提升技术创新能力

所谓技术创新，是一个从产生新产品或新工艺的设想到市场应用的完整过程，它包括新设想的产生、研究、开发、商业化生产到应用等一系列活动。本质上，它是一个科技、经济一体化的过程，包括技术开发与技术应用等两个环节。在技术创新的过程，企业借助于创新知识和新技术、新工艺，改进原有的生产方式和经营模式，通过提高企业的产品或服务质量，增强企业的市场竞争力，并实现企业的市场价值。由此可知，技术创新不仅可以节约经济资源，尤其是稀缺资源，而且在一定条件下使得企业的产出效率进一步提高并实现多样化生产，增强企业国际化发展的竞争力。越来越多的人意识到，技术创新在推动企业国际化发展中的重要地位[157]。

伴随着世界经济形势的发展变化，特别是知识经济时代的到来，一个国家应当将国际化竞争优势放在技术创新基础之上，通过不断的技术创新来提升其国际竞争力，构建核心发展竞争力。一个国家的国际核心竞争力由产品的国际竞争力、企业的国际竞争力和产业的国际竞争力来体现。"技术创新"与"国际发展"之间存在着密切的关系，可以说技术创新是企业国际化不断发展的根本动力，它能够提高国际竞争能力、国际运作的效率，推动企业国际化快速发展。

多年来，我国资源型行业一直坚持"科教兴矿"战略，完善产学研相结合的科技创新体系，搭建行业科技创新平台，推动科研成果产业化，有力地推进了矿产资源科技进步，以科技创新推动产业创新，解决影响产业未来发展的关键技术问题。在国际化进程中，遵循东道国的法律法规与行业标准，不断提升企业的技术创新能力，促进企业国际化快速发展[158]。

资源型企业应积极建设高层次技术研发平台，发挥企业技术创新的主体作用，实现矿产资源与科技之间的优势互补。在企业内部，通过构建一个有利于推进企业不断开展技术创新的管理体系，来激发企业员工从事技术创新工作的积极性，不断提高企业技术创新的意识。加大对资源勘查、开采与安全生产等技术研发的投入力度。针对东道国地质条件日趋复杂，按照当地的技术标准和法规要求，加大资源安全开采与清洁利用技术、装备及工艺的研发，推动资源开采与安全生产技术的整体升级，提升企业的技术创新能力。

五、科学的利润分配模式

利润分配，是指依据国家有关部门制定的相关规定，将企业实现的净利润按照一定的分配原则在企业与其他投资者之间进行分配的过程。由于利润分配涉及企业所有者的权益问题，所以，利润分配的形式与结果，对企业与投资者而言都是非常重要的，是企业能否长期、可持续发展的问题，同时，对其他投资者的工作积极性也会产生重要的影响。因此，企业在发展过程中，必须要制定科学合理的利润分配制度，建立一个能够有利于企业的长期发展并保护投资者合法权益的利润分配体系[159-161]。

对我国资源型企业而言，要想立足全球进行资源、资本、人才和技术等的优化配置，建立科学合理的利润分配模式是非常必要的。科学合理的利润分配模式可以降低企业财务风险发生的概率，是企业可持续经营的保证。但是，由于与东道国之间在文化背景、意识形态、价值观念等方面的不同，造成不同的投资者和消费者对于利润分配的信号传递效应情况不同。对跨国资源型企业来说,如果在利润分配过程中产生或者是向市场传递了错误的信号,将会很难吸引国际投资者对企业进行投资。而不合理的利润分配,将会影响到企业的积累,降低企业的支付能力,严重挫伤外来投资者的积极性,给企业的国际化发展带来不利的影响,提高企业国际化发展的风险性。同时,企业的利润分配方式、利润分配的时机或者是分配金额不合适,都会影响到资源型企业的发展壮大。在我国资源型企业的国际化经营中,会面对更多的不同类型的投资主体,对企业利润的分配是否合理显得更为的重要,这将直接影响到企业国际化发展是否能够取得成功。所以,利润分配既可以给企业带来更多的收益,推进企业国际化的进一步发展,同时,也可能给企业带来一定的风险,对企业国际化发展产生不利的影响。

六、及时应对经济局势变化

通常情况下,由于世界各国汇率、利率的不断变化以及经济周期的波动,可能会引起全球经济局势的不断变化,而这必将对企业的国际化发展产生不利的影响[162]。因此,跨国企业必须要及时地发现国际经济局势的变化,分析发生变化的原因,从而及早做出应对策略。

（一）汇率波动

汇率波动会使跨国企业国际化发展面临很多的不确定性,影响到企业的经营收益、税收甚至导致国际化发展的失败。具体而言,汇率波动将给企业增加财务工作的难度,提高企业的生产经营成本,对企业国际化投资项目的资本预算与经营收益的评估产生重要的影响。同时,汇率波动可能对企业国际化经营战略的选择产生影响。在生产方面,汇率变动将引起进口原材料的价格变动,从而增加企业的生产成本,使得企业有可能重新选择其原材料的供应地以及产品的生产地,甚至影响到企业的生产工艺。在营销方面,汇率波动将带来企业产品价格的变化,直接影响到企业在国际市场上的销售情况、企业在国际市场上所占的份额,以及企业的原有市场地位。因此,在资源型企业国际化发展过程中,虽然汇率风险是不可避免的,但可以采取一定的措施使汇率风险进行转移和消失,甚至在风险防范过程中可能获利。通常,企业规避汇率波动风险主要有两类方法:一是不借助金融衍生工具的自然避险方法;二是利用金融衍生工具避险[163-166]。

（二）利率波动

利率风险是指由于预期利率水平和到期实际市场利率水平产生差异而使得企业产生损失的可能性。利率风险表现为两个方面:投资风险和收入风险。因此,利率的变动不仅会带来企业和银行的收益或损失,而且可能对一个国家的经济稳定产生影响。利率的波动将导致其他金融资产价格的频繁波动,还会导致银行负债成本的增加以及经营的不稳定,从而降低储蓄者对银行的信心,加剧银行内部的不稳定性,甚至导致发生损失。通常情况下,利率风险管理流程可以分为四个不同阶段,包括风险的识别、测量、处理与评价等。其中,利率风险识别是指通过运用各种手段以确定风险的来源、性质以及发生时间的过程。对常规风险而言,可以先找出对利率风险影响较大的有关参数,同时确定其系数允许的波动范围,并由此采取相应的防范措施。利率风险测量是指对风险大小及其发生的频率和幅度进行度量的过程。利率风险处理是指运用各种措施化解风险带来的不利影响,或降低风险发生的概率或幅度,一般情况下采取回避、分散、承担、转移、补偿等处理方法。最终,利率风险评价是对前三个步骤的实施工作进行评价,了解风险管理的效果,纠正风险管理中出现的偏差,进一步确立后续工作的方向和重点。

(三) 经济周期波动

一般情况下,经济周期性的波动会导致价格或生产水平的变动,对商品的供求和价格产生重要的影响。在经济周期过程中,价格变动的特征一般包括:在危机阶段,需求大幅减少,而供给将大大超过需求,导致库存量的大幅增加,从而带来产品价格的大幅下降;在萧条阶段,主要表现在生产不会继续下降,原材料需求有所恢复;在复苏阶段,生产已经开始恢复和发展,需求得到不断的增加,产品价格随之开始回升;到高涨阶段,由于商品的需求量可能大大的增加,而出现了供给远远小于需求,价格迅速上升。比如,在2008年金融危机期间,美国商务部公布的统计数据显示,在第三季度,美国经济出现了0.3%的负增长,使得市场普遍预期其第四季度的经济将进一步萎缩,这必将使美国经济不可避免地出现衰退。并将伴随着经济活力下降、需求减退、大量失业和企业破产,相对于本土企业可能接受政府各种形式援助,在美国从事国际化经营的企业将面临巨大的风险。因此,在企业国际化发展过程中,要有效规避国际经济发展过程中的各种政策风险,充分发挥各种战略对我国企业和整个国民经济的积极推动作用,在企业和政府两个层面上都应尽快采取一些有效、具体的措施。

第五节　兖矿集团国际化风险防范策略分析

兖矿集团坚持以技术创新为先导的国际化发展战略,依托自身具有自主知识产权的技术优势,积极稳妥推进一系列海外项目并购重组,比如,收购澳大利亚的煤炭资源和铝土矿资源以及加拿大的钾矿资源等。当然,一系列成功收购的背后,除了自身具备的技术条件和并购运营能力外,企业有较强的国际化风险防范能力至关重要。为此,在企业国际化投资运营过程中,兖矿集团逐渐建立了一套科学有效的企业国际化风险防范体系,针对企业不同的国际化进程阶段制定了具体的风险应对措施[167]。

一、国际化准备阶段

在国际化准备阶段,企业要有针对性地培养自己的跨国投资项目的管理团队,通过详细的市场调研来审慎选择投资目标市场,从而最大限度地降低企业国际化风险发生的概率。

（一）审慎选择投资目标

在选择投资目标市场时,应综合考虑该市场的政治稳定程度、风俗习惯、外商投资政策等因素,以及相关的法律法规和市场状况[168-169]。同时,要深入了解矿产资源的赋存特征、地质构造、安全因素以及安全开采技术的创新水平,借助于先进的方法对投入产出和企业的效益进行科学的测算分析,以实现对企业在国际化战略过程中产生的风险的防控。澳大利亚的国土辽阔,是世界上矿产资源最为丰富的国家之一,是世界上最大的烟煤、铝土、铅、钻石、锌及精矿出口国,第二大氧化铝、铁矿石、铀矿出口国,第三大的铝土和黄金出口国。同时,澳大利亚国内的人口稀少,是南半球经济最发达以及法制最健全的国家之一。因此,兖矿集团选择了澳大利亚作为其国际化投资的目标市场,从而来开展包括煤炭、铝土矿在内的矿产资源的投资生产和经营活动。

（二）合理评估目标价值

同澳大利亚一样,加拿大也是全球矿产资源丰富的国家,其中,国内的钾矿资源的储量、产量和出口量等数量指标均居世界首位。其中,位于加拿大中部的萨斯喀彻温省被称为"世界钾矿之都",占世界钾矿资源量的53%和加拿大钾肥产量的95%,是加拿大的主要钾矿开采和钾肥生产基地。在对加拿大的钾矿收购之前,兖矿集团采用科学的估算方法来对投资收购目标价值进行评估,如表7.3所示。本次投资收购使得兖矿集团获得了19项钾矿资源的勘探许可权区块,均位于加拿大萨省萨斯卡通市至省府里贾纳市之间,加拿大11号高速公路和国家铁路主线穿过该地区,连接里贾纳和萨斯卡通市,地理位置比较好,交通十分便利。另外,兖矿集团收购的该钾矿资源总面积约5363.84平方公里,潜在资源量约397.63亿吨。

表 7.3   钾矿资源潜在资源量估算表

序号	矿权区域	面积 （平方千米）	盐溶侵蚀 （%）	钾盐厚度 （米）	K_2O （%）	兖州煤业 估算结果 （亿吨）	技术顾问 估算结果 （亿吨）
一	德文涅钾肥公司						
1	KP-361	225.38	30	26.8	16.2	13.01	50.0
2	KP-362	226.19	极严重			—	23.0
3	KP-363	191.67	25	28.9	20.0	15.78	10.0
4	KP-365	359.42	15	26.9	15.0	23.41	67.0
5	KP-366A	299.40	极严重			—	7.0
6	KP-367	302.06	50	34.7	15.0	14.93	42.0
7	KP-368	303.85	8	19.8	17.0	17.87	78.0
8	KP-369	258.24	40	35.0	17.0	17.51	45.0
9	KP-370	352.16	15	25.9	15.0	22.09	51.0
10	KP-482	68.31	20	20.0	20.0	4.15	15.0
11	KP-483	117.72	20	20.0	20.0	7.15	22.0
	小计	2704.40				135.90	410.0
二	北大西洋钾肥公司						
1	KP-374	231.71	极严重			—	65.0
2	KP-377	384.61	15	24.7	18	27.61	44.0
3	KP-378	357.02	0	38.1	18	46.51	63.0
4	KP-392	397.45	0	34.9	18	47.43	65.0
5	KP-399A	353.83	5	31.7	18	36.43	74.0
6	KP-406	331.72		34.9	18	39.59	65.0
7	KP-506	308.14	5	36.9	18	36.93	68.0
8	KP-507	294.99	10	30.0	18	27.23	71.0
	小计	2659.47				261.73	515.0
三	合计	5363.85				397.63	925.0

（三）国际化人才储备

人才是企业的最重要资源之一，人才储备是实施国际化战略的关键，人才优势是企业参与国际竞争的最大优势，在进入国际市场之前企业应该做好国际化人才储备的工作。兖矿集团在实施国际化发展战略之前,学习国外跨国企业先进的管理理念和经验,强化对企业内部跨国经营人才的培训,培养了一批熟悉国际经济运行规则和当地法律法规、具有一定专业知识的复合型跨国经营管理和技术人才队伍。同时,还积极引进海外留学的专业性人才,注重吸纳国内具有丰富实践经验和国际化视野的高层次人才。在对境外子公司管理时,特别注意吸收一定比例的外方管理和技术人才,为企业在澳大利亚的"本土化"管理做准备工作,提升兖矿集团实施国际化战略后的企业管理水平。

在企业国际化人才培养过程中,兖矿集团坚持"人才资源是第一资源,人才优势是最大优势"的理念,树立"内外并重,大胆引进"的用人观,倡导"引进的是人才,内部培养的也是人才"的思路,深入实施人才强企的发展战略,着力加强企业经营管理、专业技术和高技能等"三支人才队伍"的建设。建立健全企业人才工作机制,推进人才工作的"个十百千"和"金蓝领"工程。对紧缺、急需的专业性人才加大引进力度,根据国际市场中人才管理机制确定其薪酬待遇,让优秀人才得到实惠,不断提高人才的地位。

一是培养国际化人才。按照国际标准培养复合型的国际化经营人才,迅速改变煤炭职工中懂技术的不懂外语,懂外语的不懂专业知识,项目管理人员不懂经营、国际商贸知识的现状。培养人才,除选派一些年富力强、熟悉业务、懂管理且有外语基础的人到高校接受系统的培训,更要重视选派人员到成功的跨国公司学习与锻炼,参与国际化经营的具体业务,从实践中培养才干、积累经验。制定适应企业国际化经营和企业持续发展要求的人力资源开发规划。科学预测人才需求,按照适量、适用和留有一定储备的要求,列出专业人才引进、居养、使用计划,与有关高等院校联合,大力培养煤炭、化工、铝材、机电等方面的专业技术拔尖人才,从而培养一批会管理、善经营、懂法律的高素质复合型人才,加快形成一支结构合理、素质过硬、各尽其能的人才队伍,为实施企业国际化经营发展战略提供有力的人才支持。

二是建立人才培训机制。采取多种方式开发所需各类人才。按照引进紧缺人才、培养关键人才、使用重点人才的原则,按时段分层次培养和引进开发人才。通过到科研院所招聘、项目合作等方式,引进紧缺人才;继续加大人才培训力度,在常规培训之外,要有针对性地加强各类专业人才和关键岗位人员的培训,不断提高工程技术服务队伍的整体素质。通过送出去培训、请进来培育、创建学习型组织等方式,培养关键人才;通过事业造就、环境凝聚、机制激励等方式,使用重点人才。对管理人员着重于培养提高决策和经营管理水平,对工程技术人员着重于继续深造和知识更新,对岗位工人着重于培养提高生产操作的技能水平。

三是建立有利于人才脱颖而出的激励机制。探索建立以能力和业绩为重点的人才评价、激励体系,完善分配制度,对贡献特别突出者实行重奖,对从事基础工作、关键岗位和艰苦行业的技术人员实行分配倾斜政策。建立新型的岗位绩效考核系统,对全体员工实施全面、真实、科学的考核,优化人力资源配置和创业环境,形成有效的人才激励机制。改善用工体制。积极进行人力资源开发,进一步改善用工制度,采取有效措施,在充分发挥现有人员作用的基础上,积极开拓新的用人渠道;要进一步建立和完善内部激励机制,改革分配制度、待遇制度,真正留住人才、吸引人才。

二、国际化筹建阶段

(一) 科学的资本运营

通过资本运营,运用控股、参股、兼并、扩张等手段,则可以开辟使资本直接增值的捷径,其间不仅大大节约了交易成本,而且由于企业规模和范围的迅速扩大,规模经济和范围经济得以实现,资本的增值效率也会显著提高,从而使企业得以迅速发展壮大。可见,资本运营可以使得企业有效地放大资本效率,是实现企业低成本扩张的好方法。

兖矿集团抓住金融危机所带来的发展机遇,通过创新资本运营方式成功收购了澳大利亚的菲利克斯公司。2008 年受国际金融危机的影响,兖矿集团决策层抓住机遇,于 2008 年 9 月以控股子公司兖州煤业股份有限公司为运作平台,由兖州煤业在澳大利亚的全资下属公司——澳思达煤矿有限公司作为具体收购实施主体启动收购菲利克斯公司项目。收购历时长达16 个月,收购的过程大致可以分为四个阶段:前期准备、项目谈判、项目审批和项目接管等。经过一年多的周密调研和精心运作,经过中澳两国政府以及相关监管机构的批准,2009 年 8 月兖州煤业与菲利克斯公司签署了《安排执行协议》,确定以 33.33 亿澳元收购菲利克斯公司 100% 的股权,成为我国在澳大利亚历史上最大的一笔收购交易。收购过程中,兖矿集团采取了"内保外贷"的融资方案,即在没有动用企业存量资金的情况下,圆满完成了这次收购活动。2010 年 1 月 6 日,兖矿集团完成对菲利克斯公司法人治理调整、修订了公司《章程》和相关内部制度,从法律形式和实际控制上实现了对菲利克斯公司的接管。

(二) 构建科学的组织架构

1. 建立管理体制

管理是企业永恒的主题。在实施国际化经营战略过程中,兖矿集团坚持以国际化战略的管理理念去指导企业管理创新,以建立先进的组织管理体系,提升国际化管理水平为目标,创新方式方法,提高管理效能,促进管理体制和运营机制转换。

一是建立科学有效的适应国际化战略运营需要的管理体制。国际化经营不仅要有正确统一的国际化战略作导向,更要建立有效实施国际化战略的运营管理体系。新的管理体制应当服务于兖矿集团国际化战略,成为国际化战略实施的坚强组织保障。对此,兖矿集团的现有管理体制必须变革转型。首先,要着手建立和完善现代企业制度,包括建立规范有效的公司法人治理结构,更为关键的是实现产权归属的明晰化。其次,要建立与企业国际化战略协调配套的集团组织管理架构,规范集团母子公司关系,明确各自责任、权利和义务,为企业优化配置内部资源和有效控制经营风险建立可靠的体制保障。

二是建立国际化运营机制。国际化经营,是以国际化竞争要求来运作管理企业,即在规范的国际化管理体制的基础上建立有效的运营机制。

三是管理创新提效益。坚持用现代科学理念指导企业管理创新实践,用国际通用标准和惯例规范企业管理工作,推动企业管理由粗放式向精细化转变。主要手段是:高度重视经营风险的防控;加强与国内外先进企业的对标;强化企业信息化建设。

2. 构建内部组织体系

在组织结构构建上,实现公司组织结构网络化,使分散于世界各地的研发、生产、销售等活动能够服务于企业的全球发展战略,使得公司组织结构向扁平化和柔性化方向发展。在兖矿集团内部,引入地区总部制度并在全球主要投资区域设立地区总部,在国内和国外设立了研发中心,实现研发活动的国际化。在多国政治、经济、文化及多国竞争存在的境况下,兖矿集团的经营活动涉及多国政府与多国籍的股东、雇员、顾客、供应商,而且各国经济周期不一致,使得公司的跨国经营管理的不确定性增加。在这种情况下,产业领域的扩展就要被资本运营所替代,兖矿集团就要转变为以控股集团方式的组织形式,进行全球性的资本运作。同时,要不断地改变管理体制与制度,以适应复杂多变的跨国投资经营环境和激烈的国际竞争环境。

在内部组织管理体系建设上,兖矿集团大胆借鉴国外先进的管理模式,通过技术领先化、管理精细化、内部市场化以及企业文化建设,加强企业管控体系的建设,初步形成"十个方面的内部管理体系",即:以全面预算管理为核心的经营管理体系,以生产过程控制和工艺管理为重点的生产管理体系,以循环经济为主线的环保节能管理体系,以人为本的安全管理体系,以

"六最"原则、"四制"管理、"三大控制"为特色的工程建设体系,以质量管理为基础的品牌建设体系,以引进、留住、用好为目标的人才队伍建设体系,以价值创新为指向的管理创新体系,以加强风险预控为关键的全面风险管理体系,以资产损失追究责任为主的责任追究体系。逐步形成以市场为导向,以产权为纽带,专业化管理的母子公司体制。同时,以国际通用标准和惯例规范企业管理工作,集团公司通过 ISO9000 质量管理体系和 ISO14000 环境管理体系认证,并在全行业首家应用了企业资源计划(ERP),建立起灵活高效的市场网络和物流管理体系。

三、国际化经营阶段

(一) 实施本土化经营

兖矿集团实施企业本土化的经营战略,是其国际化发展顺利实施的重要影响因素,而且也积累了大量丰富的国际化项目的运营管理经验。在实施跨国本土化经营过程中,兖矿集团通过引进学习国外跨国企业先进的管理理念和经验,强化对跨国经营人才的培训,培养了一批熟悉国际经济运行规则和当地法律法规、具有一定专业知识的复合型跨国经营管理和技术人才队伍。同时,积极引进海外留学的专业人才,注重吸纳国内具有丰富实践经验和国际化视野的高层次人才。在对境外子公司管理时,特别注意吸收一定比例的东道国的管理和技术人才,实现人才的"本土化",不断地提升兖矿集团在国际市场投资经营的管理水平。

在对澳大利亚菲利克斯公司的收购过程中,成功的运营要得益于实行了本土化的管理。比如,2009 年 12 月 23 日,实施企业股权交割后,兖矿集团按照"平稳接管,渐进整合,稳健发展"的经营思路,推进兖州煤业澳洲公司与菲利克斯公司体制以及业务方面的整合,在管理上实施本土化发展战略,充分利用澳大利亚当地的优秀管理人才,从而确保了企业在东道国的有序高效运营。此外,菲利克斯公司的工程技术人员对新技术非常敏感,因为他们学会了综采放顶煤技术后,身价会显著提高。他们对兖矿集团先进的综采放顶煤技术尤其感兴趣,因此兖矿集团就邀请这些技术人员来中国来进一步学习煤炭的开采技术,在一定程度上,这种做法比邀请他们来中国旅游更受到欢迎,在技术交流与沟通的同时实现了企业文化之间的融合。

(二) 提升技术创新能力

兖矿集团坚持产学研相结合,发挥企业技术创新主体的作用,在全国煤炭系统率先建成"一室一站两中心",即煤液化及煤化工国家重点实验室,企业博士后科研工作站,国家级企业技术中心,水煤浆气化以及煤化工国家工程研究中心,形成了以本部煤炭技术研发为主体,以上海煤液化及煤化工技术研发和以西安新材料、电子信息、机械装备技术研发为重点的"一体两翼"创新平台。联合煤炭科学研究总院、中国矿业大学等10余家科研院校及大型企业,组建了山东联创煤炭技术中心,实现煤炭科技资源优势互补。同时,成立了技术委员会、专家委员会,实行研发项目和资金合同管理制、首席专家负责制,形成决策咨询、技术研发、科技管理、成果转化为一体的技术创新体系。

针对澳大利亚矿区进入深部开采、地质条件日趋复杂,兖矿集团进一步加强煤炭安全高效开采技术、装备及工艺研发,形成了多项具有自主知识产权和国际领先的安全高效开采技术,推动了煤炭开采技术的整体升级。为达到澳大利亚技术标准和法规要求,实施了"综采放顶煤技术在澳大利亚的创新研究与实践"项目,研发了符合技术准入条件的自动化综放开采成套技术和装备,建成了世界上第一个全自动化综放工作面。

同时,由于澳大利亚国内的厚煤层储量丰富,仅已探明的厚煤层煤炭可采储量就达到了近800亿吨,其中厚度在6米以上的煤炭普查储量约为170亿吨,可采储量近80亿吨。而综采放顶煤技术是实现厚煤层以及特厚煤层安全高效开采的有效工艺方式之一,兖矿集团充分发挥自身在综采放顶煤技术方面的优势,首先在澳大利亚进行资源的投资开发。

由于放顶煤开采技术进入澳大利亚应用受到各种制约因素的影响,这些因素包括澳洲煤炭行业的法律、法规、行业标准、安全标准和环保要求等。因此,综采放顶煤作为一项新的技术进入澳大利亚,需要解决的关键问题是采用放顶煤技术后所带来的与澳洲普通长壁开采不同所引起的问题,如工作面后部设备运行环境问题、工作面后部设备的安全维护空间问题、工作面两头的安全支护问题、工作面的通风防火问题等,尤其是一次性开采煤层厚度的增加(澳大利亚没有分层开采工艺,传统工艺最大采高目前为4.5米)所带来的相关问题。比如,地层控制、矿井水控制、地表下沉及环境影响等。需要对可能产生的不利影响进行分析、研究和论证,尤其是澳大利亚对煤矿安全和环保的要求比较严格,必须制定相关的控制和预防等措施,消除其所带来的不利影响,以满足澳大利亚相关法律法规的要求,否则就不允许投产进行开采作业。

兖矿集团从2000年开始与澳洲联邦科学院、新南威尔士大学等合作,双方互派专家到澳大利亚和中国的煤矿进行调研以及与科研院所和大专院校进行座谈和交流,探索综采放顶煤技术在澳大利亚使用的可行性,并编写了《澳大利亚开采条件下进行放顶煤开采的可行性研究报告》,全面分析了在澳大利亚可进行放顶煤开采的煤层条件,分析了存在的风险和需要解决的技术问题。

在此基础上,2004年10月,兖矿集团依托综采放顶煤技术优势,投资3200万澳元竞标收购澳思达煤矿。收购完成后,开展进行放顶煤开采的宣传、咨询和申报工作,向社区、政府官员介绍放顶煤情况,邀请新南威尔士州矿业部的官员到兖矿集团总部参观放顶煤工作面。在充分研究澳思达煤矿的煤岩层赋存条件、顶板控制目标、自动化配套要求和后部放煤空间特点的基础上,通过各方面的专家咨询,应用理论分析、技术创新与研发、计算机数值模拟分析、现场研究与实践等多种方法和手段,对放顶煤开采所产生的地表下沉、环境影响、矿井水、综放面的通风防灭火管理等进行了全面的研究,通过技术创新与集成,形成了澳大利亚综放开采自动化配套系统和技术体系。

总体来看,在国际化发展过程中,兖矿集团在澳大利亚能够很好地规避国际化风险的关键因素可以归为以下几点[170-171]。第一,审慎选择投资目标。澳大利亚国土辽阔,资源丰富,是世界上矿产资源最为丰富的国家之一,同时其国内人口稀少,是南半球经济最发达、法制最为健全的国家之一。第二,把握进入国际市场的机遇,有效规避了风险。在对菲利克斯公司收购过程中,恰逢全球经济环境处于低迷状态,在充分论证了当时的国际经济环境后,兖矿集团抓住机遇并及时做出决策。通过系统的风险控制机制有效地规避了风险,充分展现了公司资本运营和风险控制的能力。第三,创新资本运营方式,解决资金问题。在收购菲利克斯公司时,采用产业运营和资本运营并重的组合方式。统筹考虑交易架构、融资方案和整合发展规划,制定了"内保外贷,上市融资还贷"的运营方式,在没有使用企业自有资金的情况下,完全通过资本运营手段获得了千万吨级的矿业资产。第四,实施本土化管理并实现文化的融合。在完成菲利克斯公司收购之后,企业的管理运营主要得益于本土化的管理方式。比如,菲利克斯公司原有的工程技术人员对新技术非常感兴趣,尤其是对兖矿集团的综采放顶煤技术感兴趣,因此,邀请这些工程技术人员来学习煤炭开采技术,从而在技术沟通与交流的同时实现了不同文化之间的融合。

本 章 小 结

本章结合前文对国际化风险因素分析、评估及投资效益评价的基础上,基于企业国际化发展阶段和风险防范等理论,从企业国际化发展的准备、筹建、经营等不同阶段着手分析,建立了我国资源型企业国际化风险防范体系,提出了具有针对性的风险应对措施。在筹备阶段,审慎选择投资目标,选择合适的国际化路径,合理评估目标价值,做好国际化人才储备。在筹建阶段,选择恰当的投资方式,掌握商务谈判技巧,采取科学的资本运营模式,积极争取国家政策支持,构建合理的组织架构。在经营阶段,打造国际化管理团队,实施本土化经营战略,积极进行国际人力资源开发,提升企业技术创新能力,建立科学的利润分配模式,及时应对国际经济局势变化,等等。这些对策建议为指导和帮助我国资源型企业走出国门、迈向世界,进行安全高效的国际化发展与管理具有重要的借鉴意义。

第八章 结论与展望

本章提出了本书的研究结论与工作展望,包括采用的主要研究方法和取得的研究成果,对我国企业面临的各种国际化风险因素的系统性分析,以及国际化风险"三维"辨识理论框架的构建。同时,建立了风险因素的评价指标体系和投资目标的投资效益评价模型,完成了我国资源型企业国际化风险评估与投资效益评价的实证分析。最后,指出了本书研究存在的局限性。

第一节 研 究 结 论

21世纪以来,我国资源型企业国际化发展取得了较快的发展,但同时也存在较多的不确定性,面临着国内外复杂环境带来的各种风险问题。自从我国资源型企业开展国际化经营以来,如何有效地辨识、评价与防范各种国际化风险是目前资源行业普遍关注并亟待解决的热点问题。

近些年来,国内外的众多学者和专家在这一领域也取得了不少的研究成果。正是在此基础上,本书系统地研究了我国资源型企业国际化风险的辨识、评估、防范以及国际化投资项目效益的评价分析,取得了一定的创新性研究成果。

(1)通过对国内外相关的研究文献和相关理论的分析阅读,结合资源型企业自身特性和国内大型资源型企业国际化发展的实际状况,从我国资源型企业国际化路径和发展阶段两个视角进行分析,创建了资源型企业国际化风险"三维"辨识理论框架,形成了我国资源型企业国际化风险辨识路径。运用企业国际化风险辨识理论框架,对我国资源型企业国际化风险进行系统性分析。结合企业国际化风险的辨识方法、原则和程序,从"国家"和"企业"两个层面,辨识国际化的风险源、风险因素等,详细分析了国际化过程中面临的风险因子,提出了我国资源型企业国际化发展风险体系。具体包含三十五个风险因子,划分为八个风险类别,即:政治风险、政策风险、经济风险、文化风险、管理风险、资金风险、技术风险和市场风险等。

(2)把熵理论引入我国资源型企业国际化风险管理的研究,提出了资源型企业国际化风险熵,建立了资源型企业国际化风险评估模型。结合我国资源型企业自身特性和国际化发展的实际状况,阐述熵权、熵值的含义,对熵评估模型进行了适当的调整和优化,提出包含政治风险、政策风险、经济风险、文化风险、管理风险、资金风险、技术风险、市场风险等在内的我国资源型企业国际化风险评估指标体系。借助于国内大型资源型企业国际管理团队、煤炭工业协会、煤炭信息安全研究院以及高校科研机构的相关人员,运用实地调研和调查问卷等方法,对风险因子进行量化赋值。结合国内大型资源型企业国际化发展的实践经验以及相关领域科研工作者的研究成果,完成了我国资源型企业国际化风险评估的实证分析,对我国资源型企业国际化发展面临的八类风险进行量化分析。

（3）将数据包络分析方法(DEA)引入我国资源型企业国际化投资效益的评价研究,构建了资源型企业国际化投资效益评价模型。基于资源量、投资风险和国家区位等三个因素的考虑,选取了30多个主要资源国作为我国资源型企业国际化发展的投资目标对象。通过对各投资目标对象的国内外环境和发展局势的进一步分析,基于投资目标国面临的投资风险及资源的相关指标量,选取政治风险、经济风险、政策风险、支付风险为评价模型的输入变量,矿产资源的潜在储量、产量和消费量为评价模型的输出变量。结合国内外权威机构发布的统计数据的比较分析,运用 C^2R 模型对上述主要资源国的投资效益进行排序,完成我国资源型企业国际化投资效益评价的实证分析,为我国资源型企业国际化投资目标的选择提供参考依据。

（4）将净现值法(NPV)引入我国资源型企业国际化投资项目的评价研究,构建了基于风险修正的资源型企业国际化投资项目 NPV 评价模型。由于不同投资目标市场面临着不同的投资风险,结合对传统 NPV 评价模型的进一步分析,考虑不同投资目标国的国际化投资风险,通过引入国际化投资风险系数,对传统 NPV 评价模型做进一步的修正与完善,提出基于风险修正的 NPV 评价模型。结合国内外权威机构的统计数据的比较分析,完成我国资源型企业国际化投资项目效益评价的分析,运用风险修正的 NPV 评价模型对不同资源生产国的国际化投资项目进行评判,得出具有重要参考意义的分析结果,为我国资源型企业国际化投资项目的选择提供参考依据。

（5）在对国际化风险因素分析、辨识、评估及投资目标效益评价的基础上,结合企业国际化发展阶段和风险防范等理论,针对企业国际化发展的准备、筹建、经营等不同阶段,建立了我国资源型企业国际化风险防范体系,提出了具有针对性的风险应对措施。在准备阶段,审慎选择投资目标,选择合适的国际化路径,合理评估目标价值,做好国际化人才储备。在筹建阶段,选择恰当的投资方式,掌握商务谈判技巧,采取科学的资本运营模式,积极争取国家政策支持,构建科学合理的组织架构。在经营阶段,打造国际化管理团队,实施本土化经营战略,进行国际人力资源开发,提升技术创新能力,建立科学利润分配模式,及时应对国际经济局势变化,等等。这些对策建议为帮助和指导我国资源型企业跨出国门、走向世界,实现安全高效的国际化发展具有重要的参考依据与借鉴意义。

第二节　研　究　展　望

对我国资源型企业而言,其国际化经营只是近些年才被开始关注和重视的,对风险的认识和防范仍有很大的不足,还需要我们不断地研究和探讨使之更加深化与完善。对企业国际化风险的辨识、评估和防范,以及国际化项目投资效益的评价分析,在一定程度上可以指导我国资源型企业国际化更好的发展。但是,对于资源型企业国际化的探索和研究,尤其在国际化风险防范方面,仍有许多需要进一步完善和补充之处。

(1)由于全球经济一体化的日益加剧和国际环境的复杂多变,加之当前我国资源型企业国际化风险的管理体系尚不完善,因此,本研究提出的企业国际化风险指标体系,在使用过程中需要不断的补充和完善。

(2)由于数据获取方面存在一定的难度,基于资源量、地理区位和投资风险等要素对投资目标市场进行选取分析,设定的选取条件是否需要进一步优化,选取的投资目标市场是否科学和全面,也是需要继续研究的内容。

(3)当前的国际市场是处于动态发展变化的,无论建立多么完善的企业国际化风险防范体系,都不可能完全消除风险及其带来的损失。因此,在企业国际化发展的进程中,应不断地完善并改进企业国际化风险防范体系,以提高我国资源型企业国际化风险的应对能力。

综上所述,对于我国资源型企业国际化风险的管理问题,本书进行了系统性分析和探索,并针对不同的风险提出了具体的应对措施。但是,由于时间有限,在研究过程中难免出现一些不足和疏漏,后续研究中还需要不断地努力加以完善。同时,希望有更多的研究者来从事这一领域的研究,使之不断地得以补充和深化,为提高我国资源型企业国际化竞争力提供参考依据和经验借鉴。

参 考 文 献

［1］世界经济展望报告(World Economic Outlook).国际货币基金组织(IMF).2014.

［2］BP 世界能源统计年鉴.英国石油公司.2014.

［3］罗元华.我国矿产资源形势及发展规划思路［J］.国土资源科技管理,2001(5):7.

［4］牛克洪,宋瑞梅,周剑波,等.中国煤炭企业"走出去"的现状、特点与问题——中国煤炭企业国际化战略系列谈(二)［J］.煤炭经济研究,2014,06:18-23.

［5］刘文刚.中国企业"走出去"战略［M］.经济管理出版社,2002.

［6］汪莹,张畅,芦翠杰.我国矿产资源企业国际化发展的资本运营风险研究——基于海外并购的分析［J］.国际贸易,2015,05:47-52.

［7］马冰.中国石油企业国际化经营战略的探讨［J］.商业文化,2014,20:75.

［8］邵勇.中国企业国际化的相关问题和对策［J］.经营管理者,2015,02:239.

［9］彭迪云.跨国公司发展论［M］.经济科学出版社,2004.

［10］黄盛初,刘文革,等.中国资源型企业国际化战略与海外煤炭投资方向分析［J］.中国煤炭,2013,01:6-11.

［11］苏文.关于中国资源型企业国际化经营问题的思考［J］.中国矿业,2011,04:1-5.

［12］张元虹,迟大千.后金融危机时代国有企业海外并购风险及对策研究［J］.东北师大学报(哲学社会科学版),2012,02:205-207.

［13］赵麟,张淑英.我国矿业企业跨国并购必然性分析［J］.中国矿业,2010,10:24-27.

［14］李建军.企业海外投资风险预警与防范研究述评［J］.经济纵横,2014,10:114-117.

［15］邢梅,孙韶华.海外并购:一场没有硝烟的战争［N］.中国矿业报,2011(2):01-06.

［16］牛琦彬.中海油并购优尼科事件分析［J］.中国石油大学学报(社会科学版),2007(2):28-31.

［17］Kim W. C. , Hwang P. Global Strategy and Multinationals' Entry Mode Choice［J］. *Journal of International Business Studies*,1992,23(1):29-53.

［18］Miller K. D. A Framework for Integrated Risk Management in International Business［J］.*Journal of International Business Studies*,1992,Second Quarter:314-315.

［19］Brouthers K. D. , Brouthers L. E. , Werner S. Industrial Sector Perceived Environmental Uncertainty and Entry Mode Strategy［J］.*Journal of Business Research*,2002,55:

498-499.

　　[20] Root,F. R. ,1994.*Entry Strategies for International Markets*,Lexington:New York.

　　[21] 蒋冠宏,蒋殿春.中国对发展中国家的投资——东道国制度重要吗？[J].管理世界,2012,11:45-56.

　　[22] Agarwal, S. , Ramaswami, S. N. Choice of Foreign Market Entry Mode: Impact of Ownership,Location and Internalization Factors[J].*Journal of International Business Studies*,1992,(1).

　　[23] Miller K. D. A Framework for Integrated Risk Management in International Business[J].*Journal of International Business Studies*,1996(2):321-331.

　　[24] 熊小奇,凌娅.跨国公司技术风险管理新动向[J].现代经济探讨,2003(2):15-17.

　　[25] 李筱光.企业国际化经营中的风险管理[J].企业研究,2006(8):45-47.

　　[26] 许晖,姚力瑞.企业国际化进程中国际风险变化特征识别研究[J].经济经纬,2006(6):70-73.

　　[27] 许晖,余娟.企业国际化经营中关键风险的识别研究[J].南开管理评论,2007(4):92-97.

　　[28] 吴显英.企业国际化经营的文化风险辨识[J].经济管理,2003(1):19-22.

　　[29] 孙铭国.中国资源型企业对外直接投资中的国家风险评价研究[D].沈阳工业大学,2010.

　　[30] 高丽.中国资源型企业国际化经营风险辨识与控制研究[D].中国地质大学(北京),2011.

　　[31] 聂晓愚,李志祥,刘铁忠.石油涉外企业社会风险评价研究[J].中国科技论坛,2014,05:79-85.

　　[32] 田泽.中国企业对非洲境外投资风险评价研究[J].现代经济探讨,2014,11:30-34.

　　[33] 俞锋,池仁勇.中国企业跨国并购法律风险评价及"浙江模式"总结[J].技术经济,2015,05:86-93.

　　[34] 位春苗.企业跨国战略并购风险评估及风险规避[J].统计与决策,2015,10:180-182.

　　[35] Johanson J,Vahlne J E. The Internationalization Process of the Finns—A Model of Knowledge Development and Increasing Marke Commitment.[J].*Journal of International Business Studies*,1977(2).

　　[36] 理查德·罗宾逊.企业国际化导论[M].对外贸易教育出版社,1998.

　　[37] 鲁桐.企业的国际化——兼评中国企业的海外经营[J].世界经济与政治,1998(11):46-51.

　　[38] 梁能.公司治理结构:中国的实践与美国的经验[J].中国人民大学学报,2000(4):25.

［39］金润圭.国际企业管理［M］.中国人民大学出版社,2002.

［40］沈灏,杨建君,苏中锋.关于企业国际化的国外理论研究综述［J］.管理学报,2009(12):1709-1715.

［41］Hymer Stephen H. *The International Operation of National Firms:A Study of Direct Foreign Investment*.Cambridge Mass:The MIT Press,1976.

［42］Buckley,Peter J. and Casson Mark.*The Future of the Multinational Enterprise*.London,MacMillan,1976.

［43］Vernon,R. *International Investment and International Trade in the Product Cycle Quarterly of Economics*,May,1966.

［44］Dunning,J. H. *Economics Analysis and the Multinational Enterprise*. New York,Praeger,1975.

［45］Kojima,K. Direct Foreign Investment:A Japanese Model of Multinational［J］.*Business Operations*,New York:Praeger Press,1978.

［46］Mundell R. . International Trade and Factor Mobility［J］. *American Economic Review*,47,1957.

［47］Markuson,James R. and Svensson,Lars E. O. Trade in Goods and Factors with International Differences in Technology［J］.*International Economics Review*,1985,Vol. 26.

［48］Bhagwati,JN,Dinopoulos,E. and Wong,K. Quid Pro Quo Foreign Investment［J］. *American Economic Review*,Vol. 82,No. 2,May,1992,pp. 69-79.

［49］Tse,David K. , Yigang Pan & Kevin Y. Au.How MNCs Choose Entry Modes and Form Alliances:The China Experience［J］.*Journal of International Business Studies*,1997,28(4).

［50］Root,F. R. *Entry Strategies for International Markets*［M］. Lexington Books,D. C. Health and Co. ,Lexington,Mass,1987.

［51］张一弛,欧怡.企业国际化的市场进入模式研究述评［J］.经济科学,2001,04:11-19.

［52］Pan,Yigang,and David K. Tse. The Hierarchieal Model of Market Entry Modes［J］.*Journal of International Business Studies*,2000,31(4).

［53］Anderson,E. And Gatignon,H. Modes of Foreign Entry:A Transaction Cost Analysis and Proposit Ions.*Journal of International Business Studies*,Fall:1-26,1986.

［54］黄速建,刘建丽.中国企业海外市场进入模式选择研究［J］.中国工业经济,2009(1):108-117.

［55］鲁桐.中国企业跨国经营的思考［J］.理论与实践,2001,01:12-13.

［56］郭刚.经济全球化背景下企业国际化路径研究［D］.中国海洋大学,2006.

［57］Bilkey.W. and Tesar,G. The Export Behaviour of Smaller-Sized Wisconsin Manufacturing Firms［J］.*Journal of International Business Studies*,1977(8).

［58］Cavusgil S. T. On the Internationalization Process of Firms［J］.*European Research*,

1980,6(8):273-281.

[59] 小林规威 著,陈多友 译.日本企业的海外经营之道[M].花城出版社,1998:372-374

[60] Oviatt.B. M. & McDougall,P. P. Toward Theory of International New Ventures.[J] *Journal of International Business Studies*.1994(25).

[61] Knight,G. A. and Cavusgil,S. T. The Born Global Firm:A Challenge to Traditional Internationalization Theory[J].*Advances in International Marketing*,1996(8):11-26.

[62] 陈冲.中国资源型企业国际化经营风险辨识与对策研究[J].河南社会科学,2014,09:54-59.

[63] Kwok,Chuck C. Y,Reeb,David M. Internationalizatjon and Firm Risk:An Upstream—downstream Hypothesis[J].*Journal of International Business Studies*.2000.31(4):611-629.

[64] Subodh P. Kulkarni.The Influence of the Type of Uncertainty on the Mode of International Entry[J].*American Business Interview*,2001(1):96-108.

[65] Yothin Jinjarak.Foreign Direct Investment and Macroeconomic Risk [J].*Journal of Comparative Economics*,2007(35):509-519.

[66] Christian W. Schmidt,The Effect of Exchange Rate Risk on U. S. Foreign Direct Investment:An Empirical Analysis[J].*Dresden Discussion Paper in Economics*,2008(9):125-154.

[67] 刘宏伟.浅议商业银行的信贷风险管理机制[J].金融理论与实践,2002,05:16-18.

[68] 熊小奇.跨国"大公司"与"小公司"风险管理比较[J].合肥工业大学学报(社会科学版),2003,01:11-13.

[69] 杨申燕,姚艳虹.跨国企业人力资本投资的人为风险及其管理[J].国际贸易问题,2000(10):54-56.

[70] 王继红.关于企业投资风险的理性思考[J].合肥工业大学学报(社会科学版),2002(3):59-62.

[71] 仲谋,郭周明.中国企业海外施工的项目风险识别——以中铁建麦加项目为例[J].国际经济合作,2014,05:91-95.

[72] 桑一,刘晓辉.能源企业海外并购战略与风险识别分析——以中海油并购尼克森为例[J].财务与会计,2014,01:20-21.

[73] 徐莉.中国企业对外直接投资风险影响因素及控制策略研究[D].山东大学,2012.

[74] 李友田,李润国,翟玉胜.中国能源型企业海外投资的非经济风险问题研究[J].管理世界,2013,05:1-11.

[75] 翟玉胜.中国能源海外投资风险管理实证研究——以南苏丹石油投资为例[J].财经理论与实践,2015,04:74-79.

[76] 邵予工,郭晓,杨乃定.基于国际生产折衷理论的对外直接投资项目投资风险研究[J].中国软科学,2008(9):41-44.

[77] 刘红霞.中国境外投资风险及其防范研究[J].中央财经大学学报,2006(3):63-67.

[78] 成金华,童生.中国石油企业跨国经营的政治风险分析[J].中国软科学,2006,04:24-32.

[79] 单宝.中国企业跨国并购热中的风险因素及其规避措施[J].生产力研究,2007,03:121-122+143.

[80] 许晖,邹慧敏.基于股权结构的跨国经营中关键风险识别、测度与治理机制研究[J].管理学报,2009(5):684-691.

[81] 董海华.企业海外投资的环境责任风险[J].开放导报,2014,06:58-61.

[82] 陈传兴,徐颖.跨国并购企业财务风险及其应对策略[J].国际经济合作,2014,11:70-74.

[83] 米家龙,李一文.我国企业海外投资风险影响因素与防范策略[J].求索,2015,05:33-36.

[84] 宋华岭.广义与狭义管理熵理论[J].河北工业大学学报,1999,28(3):11-15.

[85] 邱菀华.管理决策与应用熵学[M].机械工业出版社,2001.

[86] 贾增科,邱菀华.风险、信息与熵[J].科学学研究,2009(8):1132-1136.

[87] 郭晋强.熵理论在建筑工程风险评估中的应用研究[D].北京工业大学,2005.

[88] 王润孝,张近乐.熵权分析法在大学出版社经营风险评估中的应用[J].兰州大学学报(社会科学版),2010,01:20-24.

[89] 郑婷婷.基于熵理论的煤炭产业可持续发展研究[D].太原理工大学,2010.

[90] 郭熹.基于风险熵模型的安防系统风险与效能评估技术研究[D].武汉大学,2011.

[91] 邢文洋.基于信息熵的城市配电网风险评估研究[D].东北电力大学,2013.

[92] 李夏怡.基于熵理论的企业财务危机管理研究[D].浙江财经学院,2011.

[93] 马若微.基于粗糙集与信息熵的上市公司财务困境预警指标的确立[J].当代经济科学,2005,02:45-50+110.

[94] 韩伟,李杰.基于熵权法的财务危机预警指标选择研究[J].北京交通大学学报(社会科学版),2007,04:65-68.

[95] 吴芃,吴应宇,仲伟俊.基于熵理论的上市公司财务预警模型的构建与实证研究[J].现代管理科学,2009,09:15-17+102.

[96] 李凡.基于熵权和相关性的财务预警指标选择研究[J].商业会计,2010,03:44-45.

[97] 朱启莲,李跃贞.信息熵理论在煤炭企业经济效益评价中的应用[J].西安科技学院学报,2002,03:341-344.

[98] 刘兵军.传统净现值法的局限性和解决方法[J].商业研究,2003,16:16-17.

［99］傅涛松,母小曼.投资决策中实物期权法与净现值法的比较［J］.经营与管理,2011,08:101-103.

［100］卢占凤.项目投资决策净现值法探讨［J］.湖北社会科学,2013,11:86-88.

［101］孙鹏.基于 DEA 方法的我国电力行业效率分析［D］.东北大学,2008.

［102］王秀岩.中国石油企业国际化经营战略研究［D］.哈尔滨工程大学,2008.

［103］王亚.我国钢铁主营业上市公司生产效率分析［D］.山东大学,2009.

［104］陈宏立,南召凤,蒋叶华.试论净现值法在投资决策中的缺陷及改进［J］.商业经济,2006,04:17-18+24.

［105］王岩,蔡小军.净现值指标的进一步分析及其修正算法研究［J］.数量经济技术经济研究,2004,12:70-75.

［106］魏宝香.关于提升净现值在项目投资评价中运用的研究［J］.经济问题,2013,06:95-98.

［107］周洛华,田立.对冲法取代净现值法的理论依据及其应用价值［J］.上海财经大学学报,2008,02:79-84+91.

［108］许晖,赵佳佳.我国中小企业国际化经营中的风险识别与防范管理研究［J］.未来与发展,2006(11):44-47.

［109］谢晓非,徐联仓.风险认知概况及理论框架［J］.心理学动态,1995,3(2):46-49

［110］谢晓非,徐联仓.工作情景中管理人员的风险认知研究［J］.心理学报,2000,(32):56-58.

［111］杜莹芬.企业风险管理［M］.经济管理出版社,2008.

［112］宁云才.矿业投资风险分析与管理［M］.石油工业出版社,2003.

［113］张岸元.境外投资的政治与政策风险［J］.中国海关,2007(6):5.

［114］梅新育.更多政治暴力风险——中国企业跨国经营政治性风险的发展趋势［J］.国际贸易,2004(10):9-13.

［115］梅新育.中国对外直接投资政治性风险为何高涨?［J］.现代国际关系,2011(8):4-6.

［116］戴晓峻.我国矿产资源企业跨国经营的适应性机制研究［D］.中国地质大学(北京),2008.

［117］张世超.我国非能源类矿业海外拓展企业战略与风险控制研究［D］.中南大学,2009.

［118］杨雪雁,等.论中国石油国际经营环境与策略［M］.石油工业出版社,2004.

［119］赵云峰.中国铜矿企业对外直接投资研究［D］.中国地质大学,2012.

［120］谢科范.试论企业跨国经营管理中的文化风险及其管理［M］.经济管理出版社,2001.

［121］杨震宁,刘雯雯,王以华.中国企业国际化进程中的边缘化风险与规避［J］.中国软科学,2008(10):86-97+117.

[122]陆国俊.论国际承包工程项目经营管理人员的素质[J].国际经济合作,1994(6):40-43.

[123]王能元.企业人力资源风险类型与控制分析[J].中国安防,2010,22(4):83-86.

[124]邓辉.以技术创新为先导的兖矿集团国际化战略研究与实践[D].山东师范大学,2012.

[125]王清刚.企业社会责任管理中的风险控制研究[J].会计研究,2012(10):54-64+96.

[126]黎少泉.企业投资风险的成因分析及控制对策[J].消费导刊,2008,08:69.

[127]徐向阳.我国矿产地质勘查风险投资运行机制探讨[D].中国地质大学(北京),2006.

[128]范道津,陈伟珂.风险管理理论与工具[M].天津大学出版社,2010.

[129]张近乐.基于熵理论的出版社经营风险研究——以我国大学出版社为例[M].人民出版社,2011.

[130]张近乐,王润孝.基于熵权的大学出版社经营绩效评价[J].出版发行研究,2010(1):25-28.

[131]张近乐,任杰.熵理论中熵及熵权计算式的不足与修正[J].统计与信息论坛,2011(1):3-5.

[132]王爱领,孙少楠.基于熵度量法的代建制项目风险评价研究[J].中国管理信息化,2009(9):108-111.

[133]季铸,等.全球100个国家国际贸易投资风险指数(ITIRI2009).北京工商大学经济学院世界经济研究中心(WERCCN)和北京工商大学北京流通研究基地中国经济指数中心(BCEIC).

[134]国家风险分析报告(亚洲篇、非洲篇).中国出口信用保险公司,2013:107-122+523-536.

[135]杨德玉.中国煤炭企业资源开发方略[M].企业管理出版社,2006.

[136]陶树人,等.技术经济学[M].石油工业出版社,2003.

[137]张彩霞,李因果.不确定性投资评价中NPV模型的扩展[J].统计与决策,2006,19:26-27.

[138]何江妮.基于实物期权定价的改进净现值法在风险投资项目评估中的应用[J].新疆师范大学学报(自然科学版),2007,04:28-31.

[139]郭峰.试论净现值法的修正与折现率选择[J].现代财经——天津财经学院学报,2004,08:36-39.

[140]陈正耀.A集团公司国际化经营的风险管理研究[D].兰州大学,2011.

[141]刘春胜.中国企业国际化发展进程中的政治风险及对策分析[D].暨南大学,2007.

[142]徐传谌,孔德海.中央企业国际化经营的战略定位研究[J].厦门大学学报(哲

学社会科学版),2013,01:20-28.

[143] 王茹.企业跨国经营的国家风险管控——国际经验与中国路径[J].国家行政学院学报,2012,03:79-83.

[144] 陈海花.国际商务谈判中的跨文化因素分析[J].江西社会科学,2007(1):154-157.

[145] 马小会.论企业筹资风险及其防范对策[J].统计与咨询,2008,(2):34-39.

[146] 于楠,吴国蔚.我国企业"走出去"中的政策风险防范[J].管理现代化,2006(3):22-24.

[147] 刘明坤.国际化银行组织架构分析与借鉴[J].金融论坛,2012(2):74-79.

[148] 赵曙明,杨忠.国际企业:跨文化管理[M].南京大学出版社,1994:59.

[149] 潘爱玲.跨国并购后目标企业管理人员的留用和选派策略[J].经济与管理研究,2005(6):48-50.

[150] 吴建祖,毕玉胜.高管团队注意力配置与企业国际化战略选择——华为公司案例研究[J].管理学报,2013,09:1268-1274.

[151] 周建,尹翠芳,陈素蓉.董事会团队属性对企业国际化战略的影响研究[J].管理评论,2013,11:133-143.

[152] 寇文煜.跨国公司研发本地化实证研究[M].中国财政经济出版社,2004:24.

[153] 陈巧霞.跨国公司跨文化管理的本土化策略[J].科技与管理,2006(6):34-37.

[154] 赵曙明,高素英,耿春杰.战略国际人力资源管理与企业绩效关系研究——基于在华跨国企业的经验证据[J].南开管理评论,2011(1):28-35.

[155] 陈寰.企业国际化经营与战略性人力资源管理[J].中国商贸,2011,26:100-101.

[156] 杨浩,刘佳伟.中国企业国际化进程中人力资源管理的影响因素研究[J].中国管理科学,2012,S2:664-669.

[157] 赵小宁,张岚.国外经验与技术创新能力对国际扩张路径的影响研究[J].科技管理研究,2010(10):94-96.

[158] 祝宁波.中国企业海外投资的法律风险与法律风险管理探索[J].华东理工大学学报(社会科学版),2013,03:85-94.

[159] 周炜,宋晓满,白云霞.国有企业利润分配制度研究[J].财会月刊,2011(22):3-5.

[160] 蔡立新,曹瑞兆.我国中央企业利润分配政策研究[J].商业会计,2011(31):7-9.

[161] 陈鑫,刘生旺.企业跨国筹资与利润分配活动的国际纳税筹划[J].财会月刊,2009(8):24-25.

[162] 施兵超,杨文泽.金融风险管理[M].上海财经大学出版社,1999.

[163] 陈炳才.中国如何避免加入 WTO 后的汇率风险[J].中国外汇管理,1999,

（8）:8-9.

[164]陈晓新.我国利用日元贷款状况及其汇率风险分析[J].管理世界,2000,(4):202-204.

[165]刘雪梅.金融工程和汇率风险防范[J].南开管理评论,1999,(2):28-31.

[166]涂永红.外汇风险管理[M].中国人民大学出版社,2004.

[167]汤吉军,安然.国有企业跨国并购风险防范的制度研究[J].经济体制改革,2015,03:118-123.

[168]孟醒,董有德.社会政治风险与我国企业对外直接投资的区位选择[J].国际贸易问题,2015,04:106-115.

[169]陈丙利.东道国风险与中国对外直接投资的区位选择——基于微观企业数据的实证分析[J].现代管理科学,2015,11:45-47.

[170]郑超.中国企业跨境资源类并购项目风险管理——以中铝并购力拓西芒杜项目为例[J].现代管理科学,2015,11:60-63.

[171]彭剑菁.中国企业在发展中国家投资矿业的风险与应对策略[J].东南亚纵横,2013,11:32-35.

附　录　一

关于兖矿集团在澳大利亚国际化项目中
投资风险评价分析的调查问卷

尊敬的企业领导,您好!

首先,非常感谢您在百忙之中支持我们的调查工作!

本问卷是一份学术性研究问卷,旨在了解您对兖矿集团在澳大利亚国际化项目投资过程中面临的各种风险的评价分析,目的是研究每一类风险对兖矿集团国际化投资经营的影响程度,从而利用熵理论构建风险评估理论体系,为兖矿集团甚至国内其他资源型企业国际化投资过程中防范风险以及建立科学预警机制提供有益参考。

请根据您管理、经营煤炭企业的经验,根据表1的说明,选择您认为合适的答案(注:本问卷所有题均为单项选择,请在表2中将您选择的数据打对钩,即画上"√"。)

问卷说明:

本问卷中每个风险指标下各有5种选择,分别用"1,2,3,4,5"表示,每个数字的含义如表1所示:

表1　打分说明表

风险影响等级	评价值	说明或定义
甚微,可忽略	1	风险一旦发生,对国际化发展没有影响,发展目标能完全达到
微小	2	风险一旦发生,国际化发展将受到轻度影响,发展目标仍能达到
适度(中度)	3	风险一旦发生,国际化发展将受到中度影响,发展目标部分达到
严重	4	风险一旦发生,国际化发展将受到严重影响,发展目标严重下降
危急,尤为严重	5	风险一旦发生,将导致国际化之路失败,甚至危及企业

请您根据您的真实观点和看法填写,注意不要遗漏选项,谢谢您的合作!

个人背景信息:

姓名:_____ 学历:_____ 所在企业性质:_____

单位:_____ 职务:_____ 职称:_____

表2 资源型企业国际化经营风险评价表

一、政治风险

风险指标	风险指标释义	风险影响评价值				
战乱风险	东道国由于局势动荡引发国内外骚乱和战争,从而给外国投资企业造成损失的可能性	1	2	3	4	5
制度风险	东道国政治制度及政权的更替或国际关系的变化等事件,使跨国投资企业利益遭受损失的可能性	1	2	3	4	5
国家干预风险	东道国与第三国通过直接制裁、施加压力、威胁、签订协议、制定法律等手段,达到阻碍外国投资者在东道国发展的目的	1	2	3	4	5
国有化风险	被并购方所在国政府依据本国的法律对国外投资者所有的财产实行征用、没收,使其转移到本国政府的风险	1	2	3	4	5
政府违约风险	东道国运用非法手段解除与国外投资企业签署的协议或拒不履行与投资项目相关的义务,给国外投资企业造成损失的可能性	1	2	3	4	5
延迟支付风险	由于东道国政府停止或延期支付,导致外国投资企业无法按时足额收回投资和利润带来的风险	1	2	3	4	5

二、政策风险

风险指标	风险指标释义	风险影响评价值				
财政货币政策风险	不同国家采取不同的财政、货币政策或者一定时期内政策的变化,给企业对外投资带来的风险	1	2	3	4	5
法律风险	东道国矿业相关法律法规、跨国企业母国法律环境及其与东道国之间的法律关系风险、国际公法及其与东道国之间关系的风险、投资争端处理法律风险	1	2	3	4	5

续表

风险指标	风险指标释义	风险影响评价值				
贸易壁垒风险	东道国根据本国经济发展的需要,从有利于本国企业发展的角度出发,通过对外国企业进行关税与非关税壁垒等方式限制产品的进口	1	2	3	4	5
外汇风险	东道国通过控制外汇水平和外汇形式来限制外国企业的发展	1	2	3	4	5
税费风险	一旦发现了矿产性资源,投资者就面临着主权国家准备提取多少资源性租金的问题,即税费	1	2	3	4	5
价格管制风险	一些关系公众利益的必需品、重要物资、重要商品等经常遭到价格限制,如最高限价和最低限价	1	2	3	4	5
环保政策风险	国家为了人员和财产的安全,以及保护环境、生态平衡的需要,出台严格的安全和环保政策	1	2	3	4	5

三、经济风险

风险指标	风险指标释义	风险影响评价值				
汇率风险	企业在国际经济、贸易、投资等活动中,以外币计价的投资资产或负债由于外汇汇率的变动,导致其以本币衡量的价值上升或下跌的可能性	1	2	3	4	5
利率风险	由于预期利率水平和到期实际市场利率水平产生差异而使企业暴露的资产或负债产生损失的可能性	1	2	3	4	5
通货膨胀风险	由于东道国经济发展出现通货膨胀现象,货币贬值、物价上涨带来的投资项目成本上升进而降低投资收益的可能性	1	2	3	4	5
经济周期波动风险	全球或某一地区总体经济增长上升与下降相互交替的周期性变化而给企业国际化经营发展带来一定的风险	1	2	3	4	5

四、文化风险

风险指标	风险指标释义	风险影响评价值				
价值观风险	价值观的不同必然会引起行为上的不同,不同国家的这种差异对跨国企业的经营决策产生重要影响,从不同侧面影响到公司的生存和发展	1	2	3	4	5
沟通风险	由于文化沟通障碍和沟通误会而导致沟通失败的风险	1	2	3	4	5

续表

风险指标	风险指标释义	风险影响评价值				
种族差异风险	由于不同文化所表现的心理的种族文化取向不同,来自一种文化的人具有较强的种族优越感,相信自己的行为方式优于他人,有偏见地对待异族文化而产生的风险	1	2	3	4	5

五、管理风险

风险指标	风险指标释义	风险影响评价值				
决策风险	在决策活动中,由于主、客体等多种不确定因素的存在,而导致决策活动不能达到顶期目的的可能性及其后果	1	2	3	4	5
项目经营管理风险	企业能否具备有海外项目经营管理的人才以及对海外项目进行科学有效地管理也是决定海外项目长远发展成败的重要因素	1	2	3	4	5
人力资源管理风险	包括人力资源招聘风险、人力资源薪酬风险和人力资源培训风险	1	2	3	4	5
组织管理风险	企业在投资的过程中面临着与本国投资完全不同的环境,很可能导致企业内部的组织结构与东道国的外部环境存在较大的不适应性	1	2	3	4	5
社会责任风险	企业在生产、销售过程中因担负产品质量、环境污染、人身安全等责任而面临的风险(对于资源性企业来说主要是环境污染和人身安全的社会责任风险)	1	2	3	4	5

六、资金风险

风险指标	风险指标释义	风险影响评价值				
筹资风险	使用负债筹资(包括优先股)时,由于资金供需情况和宏观经济环境等因素的变化,企业筹集借入资金给财务成果带来的不确定性	1	2	3	4	5
投资风险	企业在投资过程中或投资完成后,投资者发生经济损失和不能收回投资所带来的风险	1	2	3	4	5
资金运营风险	企业生产过程中对资金运作的不确定性所带来的风险,如应收账款总量居高不下,呆账坏账时有发生,存货周转不灵等	1	2	3	4	5
利润分配风险	企业不能将其经营成果合理地进行分配,影响企业的持续经营,它是对资本价值产生的可能影响,是财务风险的释放	1	2	3	4	5

七、技术风险

风险指标	风险指标释义	风险影响评价值				
勘探风险	由于矿床自然特性、人类的认识能力和认识水平有限以及外部环境的限制带来的风险	1	2	3	4	5
开采技术条件风险	开采的环境条件、设备动力、运输和工人的作业条件未能得到很好解决以及采用新工艺的条件不成熟等因素	1	2	3	4	5
安全生产技术风险	资源型企业在实际的生产过程中面临的物体打击风险、车辆伤害风险、机械伤害和触电风险、火灾风险、爆炸风险、塌方风险、透水风险以及中毒窒息的风险等	1	2	3	4	5

八、市场风险

风险指标	风险指标释义	风险影响评价值				
市场结构风险	产品在国际市场上所面临的消费者需求结构变化、产品市场供给状况、产品的市场容量等的变化对资源型企业跨国投资造成损失的可能性	1	2	3	4	5
市场竞争风险	无法预测产品市场中可获得的产品数量和类型,企业可能遭受来自同行业厂商的竞争压力	1	2	3	4	5
市场价格风险	矿产品市场的价格波动而导致价值未预料到,给企业未来的经济利益带来潜在的不确定性风险	1	2	3	4	5

附 录 二

全球 100 个国家国际贸易投资风险指数（ITIRI2009）

排序	国家（风险类别）	投资风险指数	排序	国家（风险类别）	投资风险指数
1	卢森堡	0.9331	23	斯洛伐克	0.8484
2	芬 兰	0.9182	24	巴 西	0.8470
3	新西兰	0.9115	25	西班牙	0.8460
4	斯洛文尼亚	0.9016	26	智 利	0.8440
5	奥地利	0.9007	27	马来西亚	0.8396
6	瑞 士	0.9002	28	墨西哥	0.8367
7	荷 兰	0.8994	29	喀麦隆	0.8334
8	挪 威	0.8988	30	英 国	0.8332
9	德 国	0.8968	31	爱尔兰	0.8285
10	韩 国	0.8960	32	希 腊	0.8195
11	澳大利亚	0.8953	33	秘 鲁	0.8168
12	加拿大	0.8910	34	捷克共和国	0.8051
13	突尼斯	0.8867	35	博茨瓦纳	0.8010
14	瑞 典	0.8785	36	冈比亚	0.7906
15	巴 林	0.8783	37	阿联酋	0.7849
16	比利时	0.8738	38	法 国	0.7839
17	波 兰	0.8663	39	阿尔巴尼亚	0.7837
18	摩洛哥	0.8638	40	纳米比亚	0.7826
19	丹 麦	0.8620	41	印 度	0.7787
20	美 国	0.8602	42	新加坡	0.7744
21	中 国	0.8516	43	泰 国	0.7726
22	以色列	0.8513	44	毛里求斯	0.7707

排序	风险类别 国家	投资风险指数	排序	风险类别 国家	投资风险指数
45	印度尼西亚	0.7705	73	厄瓜多尔	0.6790
46	哥斯达黎加	0.7653	74	吉尔吉斯斯坦	0.6674
47	意大利	0.7530	75	巴拿马	0.6657
48	哥伦比亚	0.7438	76	柬埔寨	0.6581
49	克罗地亚	0.7408	77	莫桑比克	0.6580
50	危地马拉	0.7391	78	罗马尼亚	0.6462
51	日本	0.7387	79	保加利亚	0.6391
52	葡萄牙	0.7354	80	肯尼亚	0.6386
53	埃及	0.7326	81	爱沙尼亚	0.6383
54	赞比亚	0.7277	82	尼日利亚	0.6383
55	菲律宾	0.7267	83	毛里塔尼亚	0.6353
56	匈牙利	0.7178	84	尼泊尔	0.6310
57	乌拉圭	0.7158	85	委内瑞拉	0.6267
58	孟加拉国	0.7066	86	玻利维亚	0.6243
59	土耳其	0.7064	87	俄罗斯联邦	0.6226
60	萨尔瓦多	0.7046	88	蒙古国	0.6100
61	约旦	0.7039	89	塔吉克斯坦	0.5986
62	斯里兰卡	0.7030	90	冰岛	0.5931
63	立陶宛	0.7013	91	拉脱维亚	0.5906
64	阿根廷	0.7010	92	巴基斯坦	0.5879
65	科威特	0.7009	93	马达加斯加岛	0.5876
66	特立尼达和多巴哥	0.6992	94	尼加拉瓜	0.5700
67	巴拉圭	0.6966	95	布隆迪	0.5653
68	阿尔及利亚	0.6903	96	埃塞俄比亚	0.5626
69	乌干达	0.6900	97	牙买加	0.5563
70	卡塔尔	0.6866	98	阿塞拜疆	0.5523
71	越南	0.6828	99	乍得	0.5188
72	乌克兰	0.6802	100	津巴布韦	0.3528

（备注：表中的指标采用0—1分制，所有指数指标分值在0—1之间，得分越高，风险越小。）

责任编辑:郭　娜
封面设计:毛　淳　徐　晖

图书在版编目(CIP)数据

中国资源型企业国际化风险辨识、评估与防范研究/陈冲 著.
　—北京:人民出版社,2016.7
(国家社科基金后期资助项目)
ISBN 978－7－01－016504－2

Ⅰ.①中…　Ⅱ.①陈…　Ⅲ.①能源工业-工业企业-国际化-
　经济发展-研究-中国　Ⅳ.①F426.2

中国版本图书馆 CIP 数据核字(2016)第 176335 号

中国资源型企业国际化风险辨识、评估与防范研究
ZHONGGUO ZIYUANXING QIYE GUOJIHUA FENGXIAN BIANSHI、
PINGGU YU FANGFAN YANJIU

陈　冲 著

人民出版社 出版发行
(100706　北京市东城区隆福寺街 99 号)

北京龙之冉印务有限公司印刷　新华书店经销

2016 年 7 月第 1 版　2016 年 7 月北京第 1 次印刷
开本:710 毫米×1000 毫米 1/16　印张:15
字数:290 千字

ISBN 978－7－01－016504－2　定价:36.00 元

邮购地址 100706　北京市东城区隆福寺街 99 号
人民东方图书销售中心　电话 (010)65250042　65289539